Les Passions Gourmandes

de

Philippe

Mollé

Coordination du projet: Rachel Fontaine
Révision des textes: Odette Lord
Maquette et montage: Josée Amyotte
Coordination de la production: Martine Lavoie
Traitement des images: Mélanie Sabourin

Illustrations des pages 27, 30, 77, 113, 176: Chantal Deslandes

Données de catalogage avant publication (Canada)

Mollé, Philippe
Les passions gourmandes de Philippe Mollé
Comprend un index.
1. Cuisine internationale. I. Titre.

TX725.A1M64 1995 641.59 C95-941268-9

Dépôt légal: 4e trimestre 1995
Bibliothèque nationale du Québec

ISBN 2-7619-1250-0

Ce livre a été produit grâce au système d'imagerie au laser des Éditions de l'Homme, lequel comprend:

- Un digitaliseur Scitex Smart™ 720 et un poste de retouche de couleurs Scitex Rightouch™;
- Les produits Kodak;
- Les ordinateurs Apple inc.;
- Le système de gestion et d'impression des photos avec le logiciel Color Central® de Compumation inc.;
- Le processeur d'images RIP 50 PL2 combiné avec la nouvelle technologie Lino Dot® et Lino Pipeline® de Linotype-Hell®.

DISTRIBUTEURS EXCLUSIFS:

- Pour le Canada et les États-Unis:
  LES MESSAGERIES ADP*
  955, rue Amherst,
  Montréal Québec
  H2L 3K4
  Tél.: (514) 523-1182
  Télécopieur: (514) 939-0406
  * Filiale de Sogides ltée
- Pour la Belgique et le Luxembourg:
  PRESSES DE BELGIQUE S.A.
  Boulevard de l'Europe 117
  B-1301 Wavre
  Tél.: (10) 41-59-66
  (10) 41-78-50
  Télécopieur: (10) 41-20-24
- Pour la Suisse:
  TRANSAT S.A.
  Route des Jeunes, 4 Ter
  C.P. 125
  1211 Genève 26
  Tél.: (41-22) 342-77-40
  Télécopieur: (41-22) 343-46-46
- Pour la France et les autres pays:
  INTER FORUM
  Immeuble Paryseine, 3 Allée de la Seine,
  94854 Ivry Cedex
  Tél.: (1) 49-59-11-89/91
  Télécopieur: (1) 49-59-11-96
  Commandes: Tél.: (16) 38-32-71-00
  Télécopieur: (16) 38-32-71-28

Les Passions Gourmandes

de Philippe Mollé

photographies:
Pierre Arpin

LES ÉDITIONS DE L'HOMME

À Chantal et à Laurence

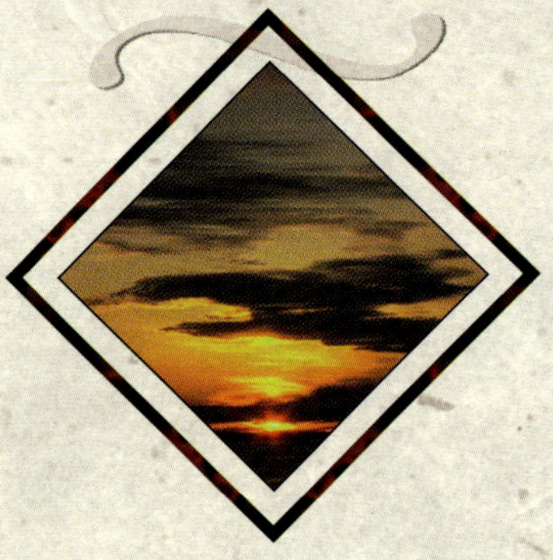

La faim et l'amour sont les deux axes du monde.
L'humanité roule tout entière sur l'amour et la faim.

Anatole France

Remerciements

Je dédie ce livre à tous les amateurs de bonne chère. Je les remercie de leur soutien constant, que ces amateurs soient des autodidactes, des passionnés, des professionnels, des journalistes ou des amis.

Je remercie aussi Lionel, Guy, Karim, Max, Jacques ainsi que ma famille, qui est toujours là pour m'épauler. Je remercie tout spécialement mon éditeur, qui m'a laissé carte blanche et qui m'a soutenu tout au long de la réalisation de cet ouvrage. Merci à Danièle Raymond, pour sa patience à lire mes pattes de mouche. Merci aussi au photographe Pierre Arpin, qui s'est révélé un collaborateur hors pair, pour le plus grand plaisir de vos yeux. Merci également à Chantal, qui a réalisé les huiles et les dessins que l'on trouve dans cet ouvrage.

Finalement, je vous souhaite autant de plaisir à parcourir ces pages que j'en ai eu à rédiger ce livre... pour le plus grand plaisir de nos sens.

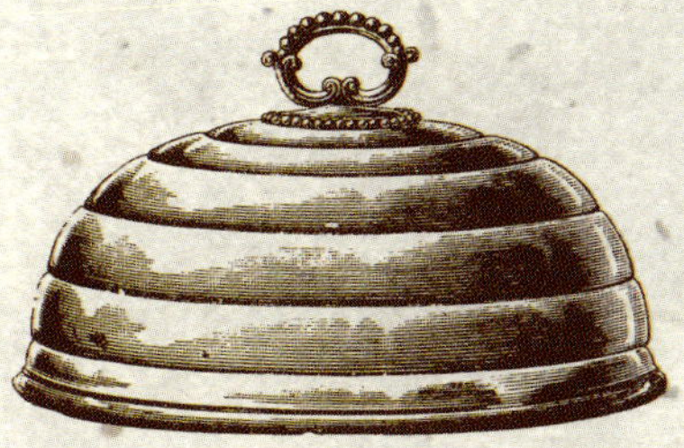

Une aventure gastronomique

J'aimerais vous faire partager l'aventure et l'évolution gastronomique que j'ai vécues depuis une vingtaine d'années. J'aimerais aussi vous transporter de plaisir, ce plaisir d'admirer, de toucher, de humer et de déguster tous ces bons aliments qui se trouvent à notre portée.

Pour rédiger ce livre, je suis parti à la découverte de nouvelles sensations et de bonnes odeurs, animé d'une grande soif d'apprendre. J'ai exploré les techniques de l'Asie, les produits de l'Océanie, la tradition de l'Europe et j'ai suivi l'évolution nord-américaine. Avec le temps, à mon plaisir de cuisiner s'est ajouté le plaisir de manger et de savoir l'apprécier. Il m'apparaît évident encore plus aujourd'hui, car nous pouvons choisir cette fonction nécessaire de manger, par plaisir.

Ma cuisine est souvent simple, mais elle fait ressortir la saveur des aliments. Je troque facilement la crème ou le beurre contre l'huile d'olive extra-vierge, ou encore le persil contre la coriandre. Au fil des années, ma cuisine s'est modifiée, et je regrette que certains oublient parfois que ce noble métier n'est pas seulement instinctif, mais qu'il requiert un apprentissage et une grande connaissance des produits alimentaires. Il nous faut aussi respecter l'éducation en matière d'alimentation. On note souvent plusieurs différences d'un peuple à l'autre, et parfois dans un même pays. On peut observer ces différences entre la cuisine de l'Italie du Nord et celle de l'Italie du Sud, entre celle du Périgord et celle de la Provence, par exemple.

Je ne veux en aucune façon faire changer des habitudes déjà bien ancrées dans nos mœurs, je voudrais plutôt vous donner le goût de ce que j'aime: manger par plaisir.

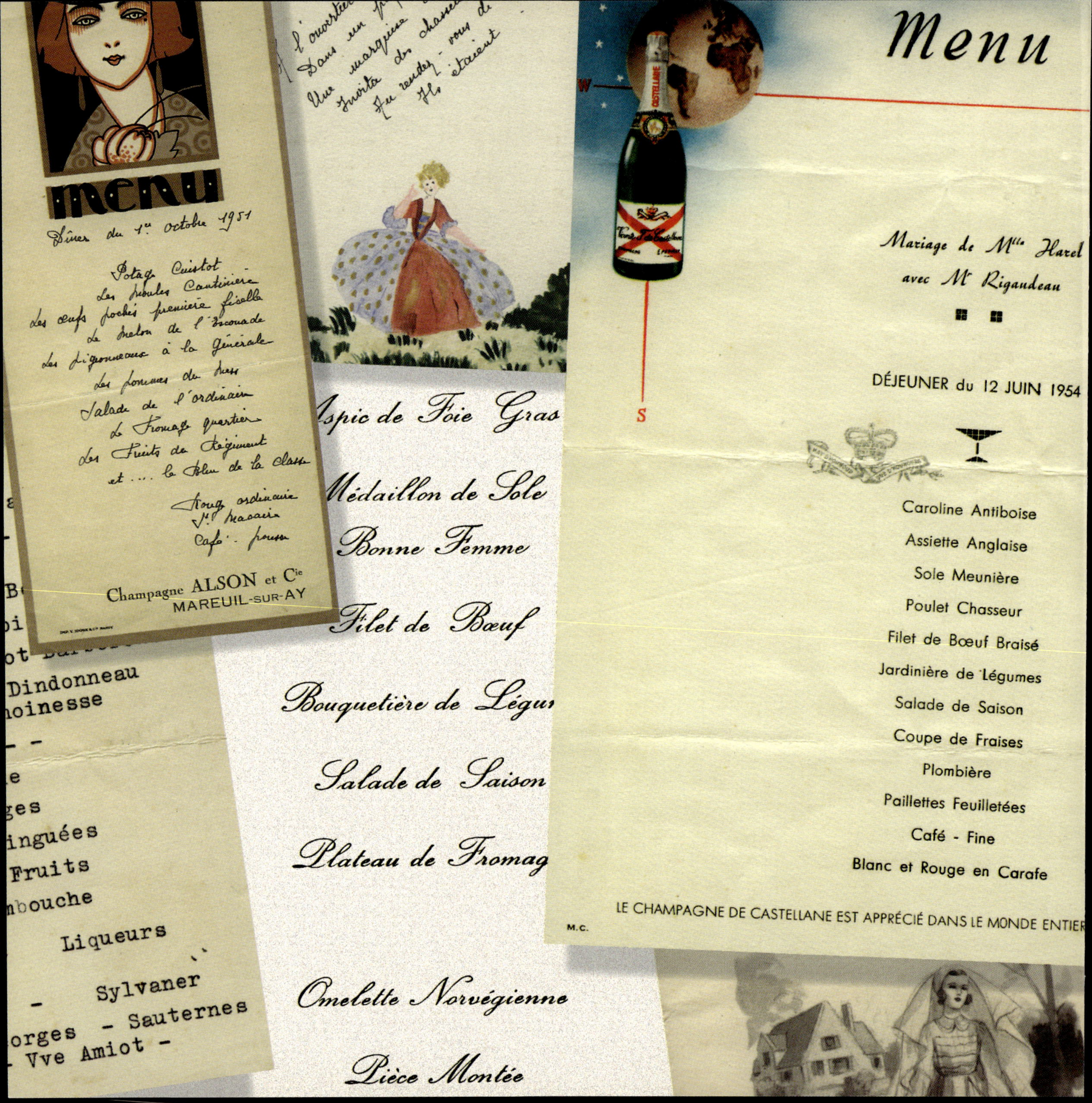
MENU
Dîner du 1er octobre 1951
Potage Cuistot
Les Moules Cantinière
Les œufs pochés première ficelle
Le Melon de l'Escouade
Les Pigeonneaux à la Générale
Les pommes de terre
Salade de l'ordinaire
Le Fromage quartier
Les Fruits du Régiment
et .... le Bleu de la classe
Rouge ordinaire
Vin Mousseux
Café - pousse
Champagne ALSON et Cie
MAREUIL-SUR-AY
Dindonneau
hoinesse
ges
inguées
Fruits
mbouche
Liqueurs
Sylvaner
orges - Sauternes
Vve Amiot -
Aspic de Foie Gras
Médaillon de Sole
Bonne Femme
Filet de Bœuf
Bouquetière de Légum
Salade de Saison
Plateau de Fromag
Omelette Norvégienne
Pièce Montée
Menu
W
S
Mariage de Mlle Harel
avec Mr Rigaudeau
DÉJEUNER du 12 JUIN 1954
Caroline Antiboise
Assiette Anglaise
Sole Meunière
Poulet Chasseur
Filet de Bœuf Braisé
Jardinière de Légumes
Salade de Saison
Coupe de Fraises
Plombière
Paillettes Feuilletées
Café - Fine
Blanc et Rouge en Carafe
LE CHAMPAGNE DE CASTELLANE EST APPRÉCIÉ DANS LE MONDE ENTIER
M.C.

Comment construire vos menus en fonction d'éléments précis

Les principaux facteurs dont nous devons tenir compte lors de l'élaboration de menus sont les suivants:

- Est-ce que j'ai assez de temps pour tout faire ce que j'ai planifié?
- Est-ce que je peux me procurer tous les produits dont j'ai besoin?
- Combien de personnes dois-je recevoir?
- Combien cela me coûtera-t-il?
- Pour que mon repas soit une réussite, il ne suffit pas que les mets soient bons, ils doivent aussi être servis chauds, si la recette le requiert. La table doit également être belle, l'ambiance, agréable et les vins d'accompagnement, choisis avec soin.

Tout cela ne veut, en aucun cas, dire préparer des plats hors de prix. Il y a, et je le démontre tout au long de ce livre, moyen de cuisiner pour le plaisir et à moindre coût.

Je ne conseille jamais de préparer un repas gastronomique pour plus de 10 personnes, sauf si l'on veut servir un plat unique, accompagné de salades, ou si l'on opte pour le style buffet.

Il est important pour l'hôte ou pour l'hôtesse d'être avec ses invités pendant le repas. Évitez de poser des questions du genre «Est-ce bon?» ou encore de dire des choses comme «Je l'avais moins fait cuire la dernière fois.» Laissez vos invités apprécier vos plats et rappelez-vous qu'une petite erreur n'est jamais un drame. S'il arrive qu'à la dernière minute vous ayez raté votre sauce ou que votre soupe soit trop salée, dites-le à vos invités et riez-en! Servez alors une bonne salade et pourquoi pas un plat de pâtes? Cela est toujours apprécié.

Dans la réalisation de vos plats, respectez certains principes. Évitez d'aller trop vite sans avoir compris le principe de base. N'oubliez pas que la cuisine, c'est aussi de la chimie. Chaque aliment est vivant.

En pâtisserie, le dosage doit être précis, et même la grosseur d'un œuf est importante. Vérifiez vos appareils de cuisson et ajustez-vous en conséquence. Je me souviens d'un cours que je donnais. Tous les élèves disposaient d'un four et ils devaient y cuire un poulet. Or, ils n'arrivaient pas tous au même résultat. Personne n'avait songé à vérifier la température du four qui, en fait, était déréglé. Pensez donc à vérifier l'exactitude de la température réelle de votre four à l'aide d'un simple thermomètre prévu à cet usage.

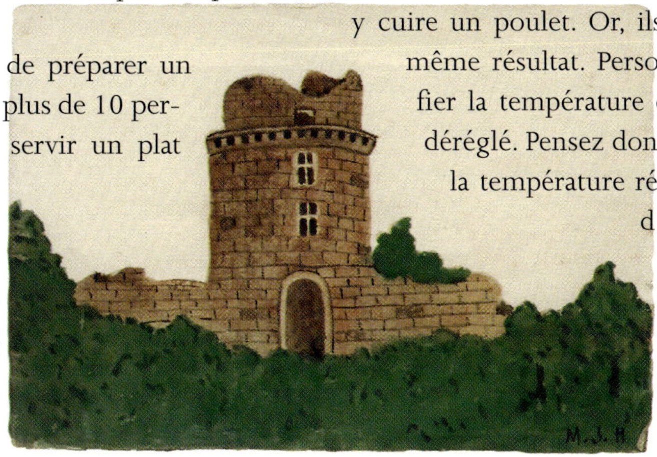

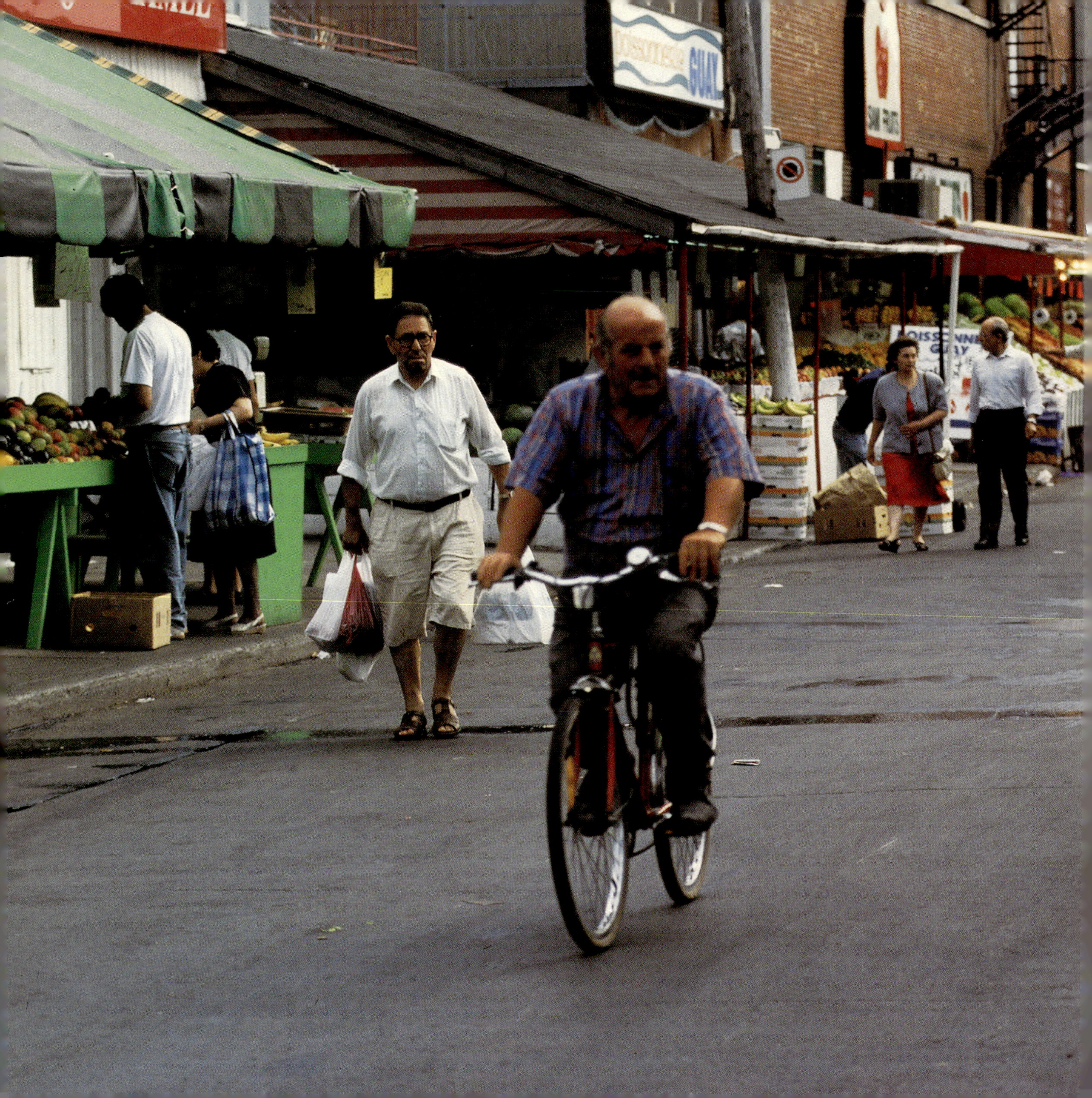
GUAY

Des ingrédients de qualité

On ne le dira jamais assez, le choix des ingrédients est le facteur principal de la réussite ou, plus encore, de la finesse et de la texture d'un plat.

J'ai choisi des ingrédients que vous pourrez vous procurer où que vous soyez, mais je vous parlerai aussi des substituts qui vous permettront le remplacement. Prenez toujours le temps de faire vos achats et de choisir les produits les plus frais.

Un œuf de poule qui a été nourrie au grain n'a pas la même saveur qu'un œuf de poule qui a été nourrie à la chaîne avec une moulée aseptisée et sans goût.

J'utilise de l'huile d'olive première pression à froid. Elle est quelquefois un peu trop verte, mais beaucoup plus savoureuse. Je regrette le beurre du marché, fait avec du lait cru. Il avait parfois, après les foins, une saveur d'herbes ou d'ail qui s'épanouissait dans le palais.

N'hésitez pas à utiliser de la crème, si cela est nécessaire. Le yogourt ne la remplacera jamais complètement et la caroube ne remplacera jamais le vrai chocolat. Achetez vos fruits et légumes lorsqu'ils sont mûrs. Choisissez vos tomates mûres et bien rouges. Il est préférable d'utiliser des tomates en conserve si vous ne pouvez trouver de bonnes tomates fraîches. Choisissez vos salades tendres et pâles, vos fromages affinés. Optez pour un pain qui n'aura pas été fabriqué avec des farines blanchies et cuit dans des moules pour ressortir sans couleur et sans goût, alors que le goût de la sole lui donne une saveur et un croquant particuliers.

Il est essentiel de protéger notre culture et tous les métiers de bouche, car cet artisanat de la bonne chère doit demeurer. La meilleure façon d'y participer et d'en profiter pleinement est d'encourager les marchés publics. Les plaisirs du marché sont nombreux, il suffit de penser aux bonnes odeurs et aux jeux de couleurs de ces endroits animés. Aux discussions aussi que l'on peut avoir avec ces artisans qui ont su faire de notre terre un coin de jardin. Il nous reste à souhaiter que nos enfants puissent, dans le futur, en dire autant.

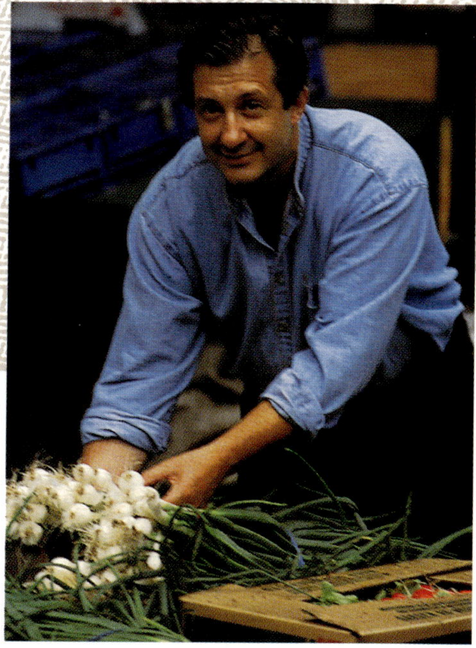

Sel, épices, aromates et condiments

Il m'arrive souvent de rencontrer des personnes qui confondent les épices, les aromates, les condiments et les herbes.

Les épices ont longtemps été sources de trafic, d'échange ou servaient tout simplement de monnaie. Il fallut attendre la fin du Moyen Âge pour découvrir réellement leurs propriétés gustatives et d'assaisonnement. Jadis, on les utilisait pour camoufler le goût faisandé ou avancé des viandes, gibiers ou volailles. Elles pouvaient également servir à embaumer et à parfumer!

Le sel

Depuis l'Antiquité, le sel est une denrée précieuse, symbole d'amitié et d'hospitalité. Dans différents pays, il est encore offert aujourd'hui comme présent.

Les Romains utilisaient le sel pour conserver les olives, la viande ou le fromage, et le sel participait aussi à la rétribution des soldats — d'ailleurs, le mot salaire vient du mot sel.

Au Moyen Âge, par les routes du sel, tant en France qu'en Scandinavie, on transportait le poisson salé et séché à travers les capitales. La gabelle, impôt créé au XIVe siècle, obligeait les particuliers à acheter, dans les «greniers du roi», une quantité de sel à un prix fixe. Cette pratique fut abolie en 1790, après la Révolution française.

On trouve sur le marché deux sortes de sel:

- Le sel gemme existe à l'état de cristaux dans la terre et le plus souvent dans des carrières ou dans des lacs salés d'Afrique, d'Asie ou d'Amérique.
- Le sel marin, extrait de l'eau de la mer par évaporation, soit 30 kg/m^3. On trouve ce sel gris non traité ou raffiné.

Le sel, élément indispensable à l'alimentation, joue un rôle prépondérant dans notre équilibre et influence énormément le goût d'un plat. Les besoins en sel d'un être humain sont de 5 g par jour, et le sel contribue à maintenir la pression osmotique des cellules.

On trouve sur le marché le sel sous trois formes:

- Le gros sel (raffiné ou non) et celui que je préfère, le sel gris non traité. Il dégage aisément son parfum d'iode et on doit l'utiliser de façon rationnelle, de préférence en cuisine plutôt que pour la table.
- Le sel de cuisine en petits cristaux, sel gemme ou sel de mer. Il doit être protégé de l'humidité.
- Le sel fin ou sel de table, bien que traditionnellement raffiné, on le trouve aujourd'hui à l'état nature non raffiné. Dans le commerce, il est utilisé comme assaisonnement et condiment de table. On y ajoute différents produits comme le carbonate de magnésium et le silicoaluminate de sodium, dont la proportion ne doit pas excéder 2 %.

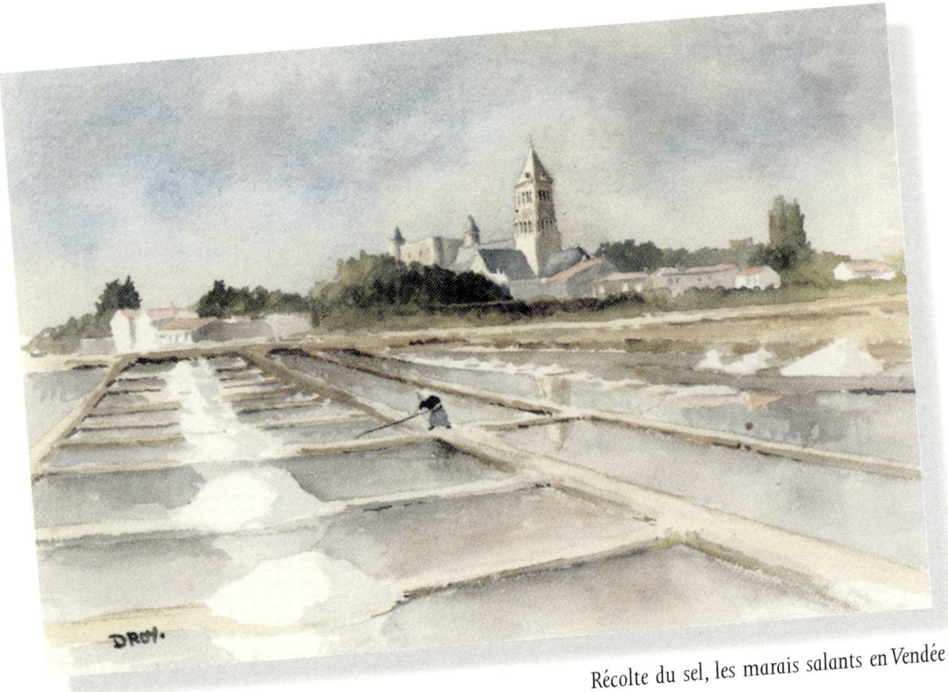

Récolte du sel, les marais salants en Vendée.

Les sel particuliers:

- Le sel nitrite (salpêtre), spécialement réservé à l'industrie de conservation, est un sel auquel on a ajouté du nitrate de sodium et/ou de potassium et du nitrite de sodium. Très utilisé en salaisons et en charcuteries, son emploi est strictement contrôlé, car il ne faut pas en abuser.
- Le sel de céleri est un sel fin mélangé avec du céleri-rave séché et broyé. On l'utilise surtout dans la préparation de cocktails ou pour aromatiser les bouillons ou les jus.
- Les sels aromatiques (aux herbes, algues, etc.) s'utilisent dans les salades, les soupes, les sauces et même sur les grillades. Il est important de lire l'étiquette avant de les acheter.
- Le sel de régime (réduit en sodium) est en fait un succédané complètement ou partiellement dépourvu de chlorure de sodium. Il peut convenir à certaines personnes ou être utilisé sur recommandation médicale. Ce type de sel est malheureusement dépourvu d'intérêt gustatif.

Différents sels composés ou aromatiques font leur apparition sur le marché et disparaissent souvent aussi vite qu'ils sont apparus.

Rien n'égalera le sel des marais salants, cette fleur de sel qui se produit très rarement quand souffle le vent d'est sur la Guérande. Le sel des marais ressemble à de l'or blanc, tantôt gris. On pourrait le confondre avec le blanc de la neige du Québec. Sauf que le sel fin du Québec fond au printemps…

La route des épices

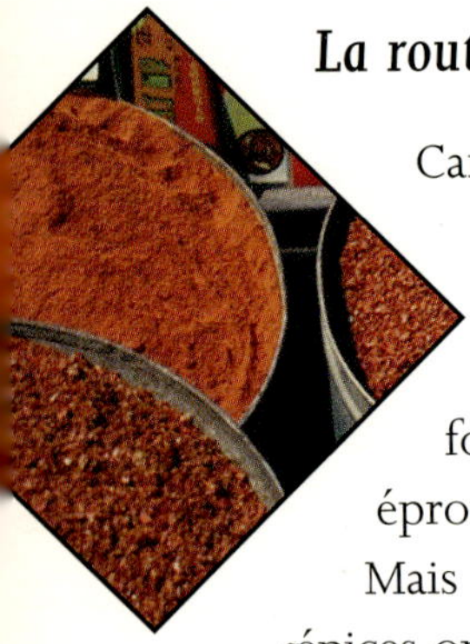

Carême voyait dans l'abus des épices un des ennemis de la bonne cuisine. On lit dans ses mémoires que, lorsqu'il est arrivé à la cour d'Angleterre, la cuisine était si forte et si aromatisée que le prince en éprouvait des douleurs pendant plusieurs jours. Mais il est intéressant de voir à quel point les épices ont influencé la cuisine au fil des siècles. Et, à mon avis, ce n'est pas terminé. Nous venons à peine de découvrir une toute petite parcelle de la montagne de saveurs qu'il faut connaître avant de les utiliser. Au Québec, on se sert du clou de girofle, de muscade et de cannelle dans de nombreux plats traditionnels comme les cretons ou la tourtière. Tandis qu'en Europe, on utilise beaucoup plus le safran et le paprika pour assaisonner les plats. De plus, l'Asie nous réserve un choix de parfums comme le gingembre, la coriandre et le sésame. Autant de plats et presque autant d'épices ou d'aromates qu'un novice doit apprendre à maîtriser avant de s'en servir. Car, ne l'oublions pas, un mélange peut être délicieux, mais il peut aussi être mauvais s'il est mal utilisé.

Même si Baudelaire clamait que l'épice anoblit la nourriture, que les substances coloniales ou poussières exotiques donnent de l'élégance et de l'attrait aux mets, il ne faut jamais que le goût de l'épice, de l'huile, de l'aromate ou du condiment l'emporte sur le goût du mets de base.

Aujourd'hui, les épices se distinguent plus facilement que celles qu'on utilisait au Moyen Âge. À l'époque, ces épices pouvaient aussi bien être de la fleur de cannelle que des épices pour «verdir» (persil et oseille) ou que des épices pour détremper (vinaigre, verjus et lait). En fait, le mot épice désignait alors «espèce», marchandise souvent difficile à trouver.

Reste à savoir de quelle façon ces épices et aromates devraient être classifiées maintenant, puisqu'ils peuvent provenir de fruits, de plantes, de racines ou encore de graines. Une chose est certaine cependant, on doit les acheter en petites quantités pour éviter une perte de saveur et, de préférence, les moudre à la toute dernière minute afin de leur conserver tout leur arôme.

Les herbes fraîches ou séchées

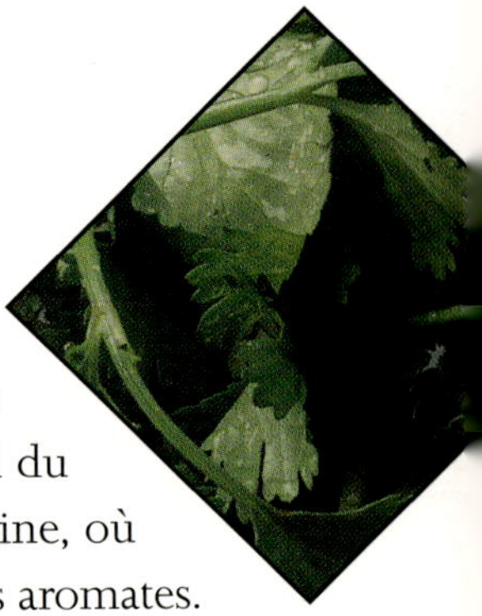

On associe souvent l'utilisation des herbes à la sorcellerie. L'herboriste est la personne qui connaît bien le secret des herbes. C'est un métier qui a évolué au fil du temps, en pharmacologie comme en cuisine, où l'on mélangeait aussi bien les herbes et les aromates.

Les herbes à feuilles vertes, que l'on nomme les herbes à potage, comme l'épinard ou l'oseille, sont souvent confondues avec les fines herbes, comme le persil, la ciboulette, le cerfeuil ou l'estragon. De leur côté, les herbes de Provence sont plus aromatiques. Les plus connues sont le thym, le basilic, la sauge, le romarin et le laurier.

À la différence des herbes fines que l'on utilise surtout comme touche finale d'un plat ou d'une salade, les herbes de Provence sont plus souvent utilisées en cuisson comme sur les grillades et même dans les plats mijotés où elles apportent parfums et arômes de la Méditerranée.

On trouve ces herbes à l'état frais, mais aussi à l'état sec. Comme pour les épices, il est recommandé de les acheter en petites quantités, pour éviter qu'elles ne s'éventent, et de les conserver au sec, à l'abri de la lumière. Sur le marché, on trouve des herbes en pâte, conservées dans des huiles d'olive, et des herbes surgelées séparément (par le procédé appelé S.S., en français, et I.Q.F., en anglais, pour *individually quick frozen*). On peut utiliser ces herbes de la même façon que les herbes fraîches.

Je vous propose un tableau où l'on trouve les épices et aromates à assaisonnement, les herbes sèches et les fines herbes que j'utilise le plus souvent.

Liste des épices et herbes à assaisonnement les plus couramment utilisées:

Épices à assaisonnement	Herbes sèches	Fines herbes/ herbes fraîches
anis	basilic	basilic
baie de genièvre	cerfeuil	cerfeuil
cannelle	cumin	ciboulette
cardamome	laurier	citronnelle
cari (mélange d'épices)	origan	coriandre
clou de girofle	persil	estragon
curcuma	romarin	hysope
fenouil (en grains)	sauge	laurier
gingembre	thym	livèche
moutarde		marjolaine
muscade		mélisse
paprika		menthe
piment		origan
poivre		oseille
safran		persil
poivre rose *(schinus molle)*		romarin
sésame		sarriette
raifort (frais ou séché)		thym

Cette liste n'est pas exhaustive, mais c'est un point de départ pour se familiariser avec les épices.

Les condiments

Comme les épices et les aromates, les condiments ont subi la même évolution. On trouve beaucoup de mélanges d'aromates ou de condiments qui n'existaient pas il y a quelques années. Voici les condiments que j'utilise le plus dans ma cuisine.

- Les câpres fines: Qui n'ont rien à voir avec les boutons de la capucine.
- Les chutneys: Ils sont faits avec des fruits, des légumes, des racines, etc.
- Les cornichons fins.
- La moutarde: Nature, à l'ancienne ou aromatisée (aux poivrons, au miel, etc.).
- La moutarde japonaise (wasabi).
- Le nuoc-mâm: Il est issu d'une fermentation de soja et de poisson.
- Le pesto: Je le considère comme un condiment et je l'utilise beaucoup.
- Le raifort en pâte.
- La sauce tamari: Elle est issue d'une fermentation de soja.
- Le vinaigre: De vin, aromatisé ou non, et mon favori, le vinaigre balsamique.

J'utilise aussi plusieurs condiments asiatiques, comme les sauces satay, Hoisin et plusieurs autres que je vous invite à découvrir une à une.

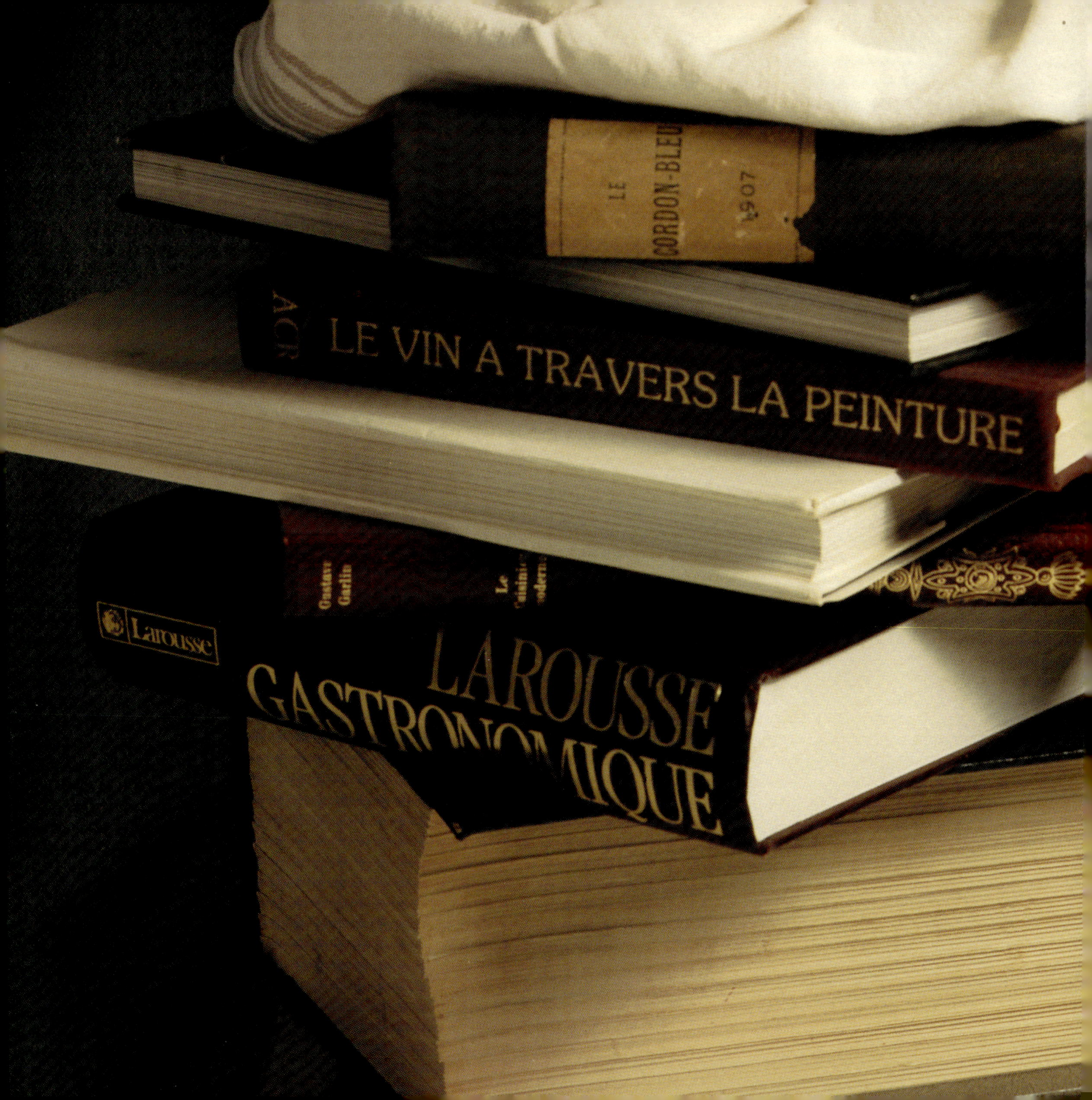
LE
CORDON-BLEU
1907
LE VIN A TRAVERS LA PEINTURE
Gustave
Garlin
Larousse
LAROUSSE
GASTRONOMIQUE

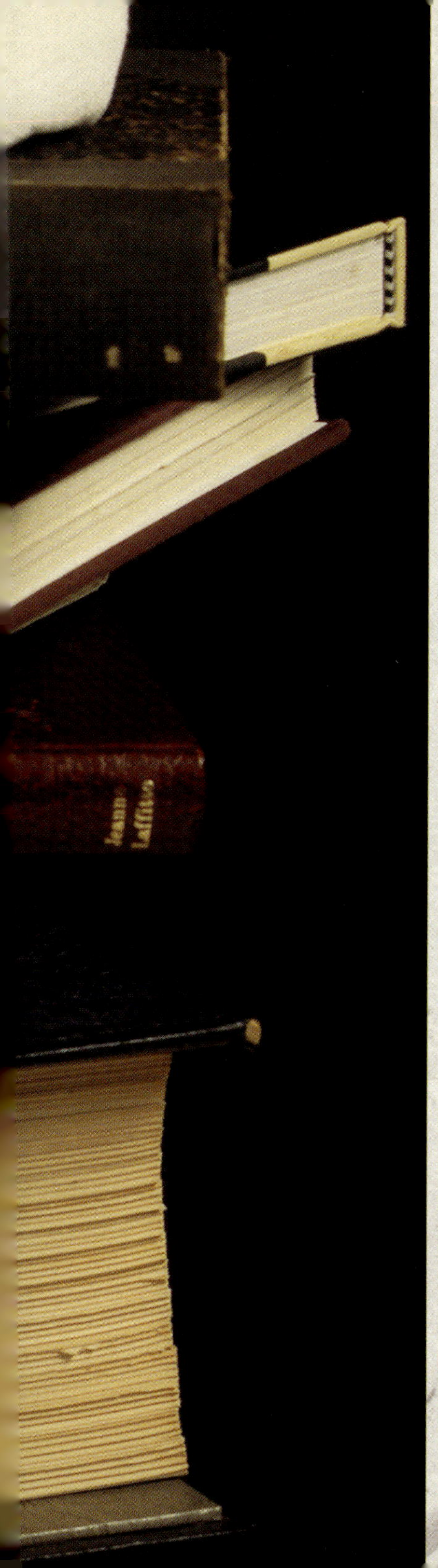

Les bases de la cuisine

On néglige souvent les bases, éléments essentiels à la réussite des repas ou de préparations alimentaires. Il est tout aussi important pour un peintre de passer un apprêt avant de faire de la peinture que de faire ou d'utiliser un bon fond ou une bonne base pour un cuisinier. Je divise les bases en liquides et en solides. Les bases liquides que j'utilise sont les suivantes:

- Base de bœuf
- Base de volaille
- Base de poisson
- Base de légumes
- Base thaï
- Base de tomates et céleri
- Base de sauce au vin blanc
- Base de sauce hollandaise

Toutes ces bases peuvent être congelées, sauf la sauce hollandaise.

Voici d'autres bases que l'on utilise souvent:

- Roux blanc
- Roux brun
- Sauce crème d'oignon au poivre noir
- Pâte à pizza
- Base pour les pâtes alimentaires

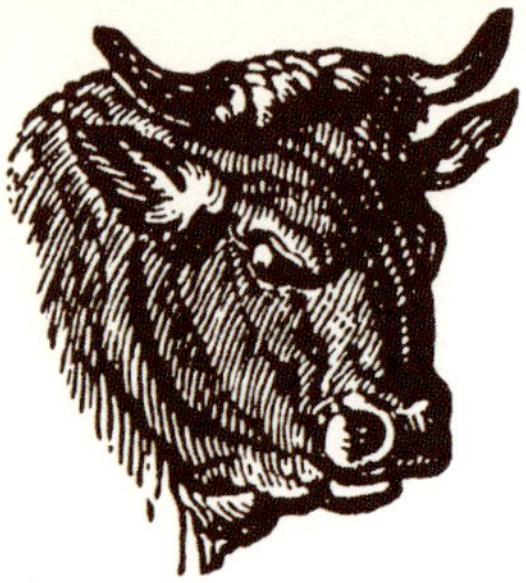

Base de bœuf

Le fond de bœuf est peut-être la base la plus utilisée dans la cuisine. Si l'on veut être tatillon, je dirais qu'une base ou un fond de veau a encore meilleur goût. Cependant, il est plus facile de se procurer des os de bœuf que des os de veau.

Donne 3 litres (12 tasses)

150 g (5 oz) de viande de bœuf
3 kg (6½ lb) d'os de bœuf mélangés (tibias, côtes, os à moelle, etc.)
60 ml (4 c. à soupe) d'huile végétale
2 poireaux
2 oignons
2 carottes
1 branche de céleri
2 tomates
60 ml (4 c. à soupe) de pâte de tomate
1 bouquet garni
2 gousses d'ail, sans le germe
10 litres (40 tasses) d'eau
un peu de sel

Prenez une plaque à four et faites rôtir la viande et les os avec l'huile, à four très chaud, pendant 20 à 25 minutes. Ajoutez les légumes coupés en morceaux, puis la pâte de tomate. Mélangez bien le tout et remettez au four pendant 15 minutes.

Retirez du four et disposez les os et les légumes dans une grande casserole. Ajoutez le bouquet garni, l'ail, puis versez l'eau. Portez à ébullition et laissez cuire ainsi pendant 15 minutes. Retirez l'écume, puis faites mijoter à découvert pendant deux heures, en écumant souvent. Passez le bouillon et réservez. Salez et poivrez si nécessaire.

Vous pouvez réduire doucement ce bouillon pour obtenir un concentré. Ce fond peut aussi être lié avec un roux brun, de la fécule ou de la farine grillée. Je recommande cependant de l'utiliser tel quel sous forme de bouillon.

Base de volaille

Il n'est pas toujours nécessaire d'utiliser des volailles entières pour faire une bonne base. On peut utiliser les parties moins nobles pour faire un fond. Toutefois, il faut éviter d'utiliser trop de gras, le gras de la volaille compris. Ce fond se congèle très bien.

DONNE 3 LITRES (12 TASSES)

1,5 kg (3⅓ lb) de carcasses de poulet ou de bouts d'ailes
45 ml (3 c. à soupe) de beurre
1 carotte
1 branche de céleri
1 gros oignon
1 blanc de poireau
250 ml (1 tasse) de vin blanc
5 litres (20 tasses) d'eau
1 bouquet garni
sel et poivre au goût

Rincez bien les carcasses pour les débarrasser des particules de sang. Concassez grossièrement les carcasses en petits morceaux. Faites fondre le beurre, puis ajoutez les légumes que vous avez lavés, asséchés et coupés en morceaux. Faites cuire à feu moyen pendant 3 à 4 minutes. Ajoutez le vin blanc et cuisez de nouveau pendant 3 minutes. Ajoutez l'eau et le bouquet garni. Faites mijoter pendant 15 minutes, puis retirez l'écume de surface. Laissez cuire encore pendant 50 minutes, à découvert, puis filtrez le bouillon. Salez et poivrez si nécessaire.

Congelez vos fonds dans de petits bacs à glaçons. Lorsque les cubes sont durs, mettez-les par groupe de huit dans de petits sacs en plastique identifiés.

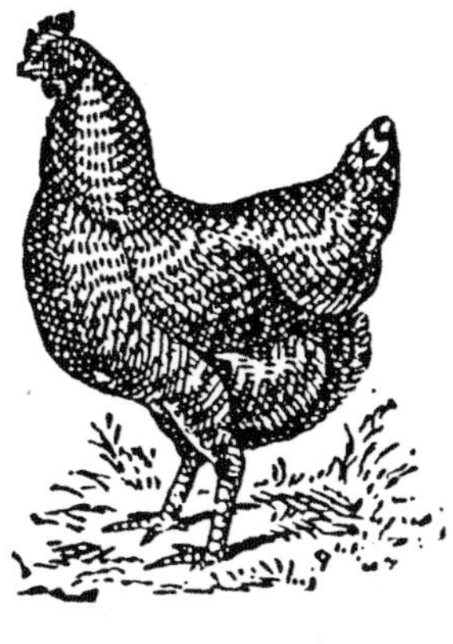

Base de poisson

J'ai souvent conseillé à bon nombre de mes élèves ou de mes amis de ne pas utiliser n'importe quelle sorte de poisson ou d'arêtes pour faire un fumet de poisson. N'utilisez pas la peau ni les gros poissons comme le saumon. Utilisez plutôt des poissons blancs comme la sole, la plie, le turbot, le mérou, etc.

DONNE 3 LITRES (12 TASSES)

1,5 kg (3⅓ lb) d'arêtes ou de têtes de poissons blancs
60 ml (4 c. à soupe) de beurre doux
le blanc de 2 poireaux émincés finement
4 échalotes hachées, en rondelles
1 oignon émincé
1 carotte
250 ml (1 tasse) de vin blanc sec
3 litres (12 tasses) d'eau
1 bouquet garni

Faites tremper les têtes et les arêtes dans l'eau courante pendant 30 à 40 minutes. Faites fondre le beurre et faites suer les poireaux, les échalotes, l'oignon et la carotte avec les arêtes et les têtes de poisson pendant 4 à 5 minutes. Ajoutez le vin blanc, puis verser les 3 litres (12 tasses) d'eau. Ajoutez le bouquet garni et faites cuire à feu moyen en laissant mijoter pendant 30 minutes. Filtrez le fumet et dégraissez avant de congeler.

Pour effectuer un velouté, liez ce fumet avec un roux blanc ou mélangez avec de la crème et réduire. On peut tout aussi bien faire un velouté avec une liaison crème et jaune d'œuf.

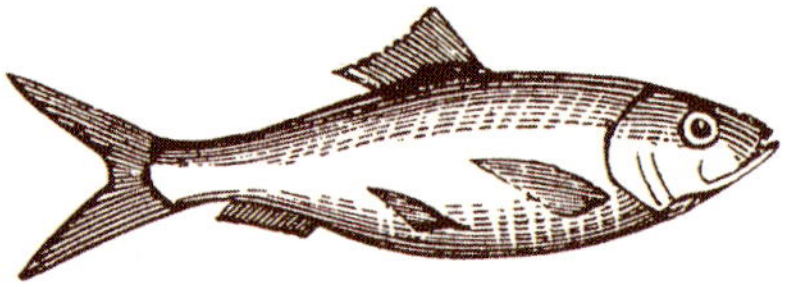

Base de légumes

Je l'utilise souvent avec du riz ou encore lorsque je travaille au wok. Dans la cuisine asiatique, ce fond peut très bien servir à faire des coulis ou des sauces à base de légumes. Il peut aussi être pris comme bouillon santé quand on est malade ou qu'on n'a tout simplement pas envie de manger de viande. Ce fond peut aussi se congeler.

DONNE 3 LITRES (12 TASSES)

60 ml (4 c. à soupe) d'huile d'olive
2 poireaux lavés et coupés en morceaux
2 navets blancs, épluchés et coupés en morceaux
¼ de chou moyen, coupé finement
10 champignons blancs, émincés
3 carottes coupées en dés
2 tomates mûres
5 litres (20 tasses) d'eau
1 petit bouquet de coriandre fraîche, hachée
1 bouquet garni
30 ml (2 c. à soupe) de sauce tamari
2 gousses d'ail, sans le germe
sel et poivre au goût

Chauffez l'huile d'olive et faites revenir vivement tous les légumes, sauf l'ail. Ajoutez l'eau, la coriandre et le bouquet garni. Portez à ébullition, puis retirez l'écume de surface et laissez mijoter à feu moyen pendant 4 ou 5 minutes. Ajoutez la sauce tamari et l'ail, puis faites cuire à feu moyen pendant 50 minutes. Filtrez le bouillon. Salez et poivrez si nécessaire. Les légumes peuvent être réduits en purée ou mangés tels quels en salade, parfumés de fines herbes, d'huile d'olive et d'une touche de vinaigre balsamique.

Base thaï

Depuis quelques années, je me passionne pour la cuisine asiatique. Je m'intéresse surtout à la recherche de produits très savoureux comme le gingembre, le satay et la coriandre que j'utilise fréquemment en mariant techniques européennes et produits orientaux.

DONNE 2 LITRES (8 TASSES)

60 ml (4 c. à soupe) d'huile de soja
1 oignon haché
2 gousses d'ail hachées, sans le germe
10 champignons émincés
90 ml (6 c. à soupe) de sauce tamari
1 litre (4 tasses) de bouillon de légumes (voir recette ci-contre)
1 litre (4 tasses) de bouillon de volaille (voir recette p. 21)
30 ml (2 c. à soupe) de gingembre frais, râpé
60 ml (4 c. à soupe) de coriandre
30 ml (2 c. à soupe) de sauce nuoc-mâm
15 ml (1 c. à soupe) de beurre d'arachide ou de pâte d'arachide

Faites chauffer l'huile de soja et faites revenir pendant 2 à 3 minutes l'oignon, puis ajoutez l'ail, les champignons, la sauce tamari, le bouillon de légumes, le bouillon de volaille, le gingembre, la coriandre et la sauce nuoc-mâm. Ajoutez ensuite le beurre ou la pâte d'arachide. Faites cuire pendant 10 minutes à feu moyen. Filtrez le bouillon. Gardez les légumes que vous pouvez consommer en salade. Laissez refroidir avant de congeler.

Cette base est concentrée et doit s'utiliser modérément.

Base de tomates et céleri

Cette base méditerranéenne que j'aime beaucoup doit être faite avec des tomates fraîches bien mûres. En général, pour cette recette, je choisis des tomates italiennes oblongues qui servent à faire des sauces pour les pâtes ou les pizzas.

DONNE 3 LITRES (12 TASSES)

2 kg (4½ lb) de tomates italiennes fraîches
60 ml (4 c. à soupe) d'huile d'olive
4 échalotes hachées
4 branches de céleri, émincées
1 gousse d'ail, sans le germe
1 pincée de cannelle
60 ml (4 c. à soupe) de sucre
1 litre (4 tasses) de bouillon de volaille (voir recette p. 21)
4 feuilles de basilic, hachées ou 2 ml (½ c. à thé) de basilic séché
2 litres (8 tasses) d'eau

Pratiquez une incision à l'extrémité des tomates, puis plongez-les dans l'eau bouillante pendant 2 minutes. Passez-les aussitôt à l'eau froide et retirez-en la peau.

Faites chauffer l'huile d'olive, puis faites suer sans coloration les échalotes et le céleri pendant 3 à 4 minutes. Ajoutez les tomates grossièrement hachées, l'ail, la cannelle et le sucre. Faites cuire l'ensemble pendant 3 à 4 minutes. Ajoutez le bouillon de volaille, le basilic et l'eau, puis faites cuire à feu moyen pendant 20 minutes. Passez ensuite le tout au mélangeur. Laissez refroidir avant de congeler.

Je n'ajoute pas de sel à cette préparation afin d'en conserver la délicieuse saveur naturelle.

Base de sauce au vin blanc

Cette base peut s'utiliser avec des légumes, des viandes blanches, des poissons et des crustacés. Il n'est pas nécessaire de toujours utiliser de grands vins pour faire une bonne sauce. On peut trouver de très bons petits vins à utiliser pour la cuisine. Consultez notre liste de suggestions, p. 198. Pour retirer l'acidité du vin et l'alcool, on le fait chauffer et, lorsqu'il commence à bouillir, on le flambe.

DONNE 2 LITRES (8 TASSES)

1 litre (4 tasses) de vin blanc sec
20 ml (4 c. à thé) de beurre
6 échalotes hachées
75 ml (5 c. à soupe) de fécule de maïs ou de pomme de terre
30 ml (2 c. à soupe) d'eau pour diluer la fécule
1,5 litre (6 tasses) de bouillon de volaille
sel au goût

Faites bouillir le vin blanc et flambez-le pour en retirer l'acidité. Faites suer au beurre les échalotes pendant 2 à 3 minutes. Délayez la fécule dans un peu d'eau et liez légèrement ce bouillon. Salez et poivrez si nécessaire.

On peut bonifier cette base en ajoutant une réduction de crème.

La liaison peut se faire tout aussi bien avec un roux blanc (voir recette p. 26).

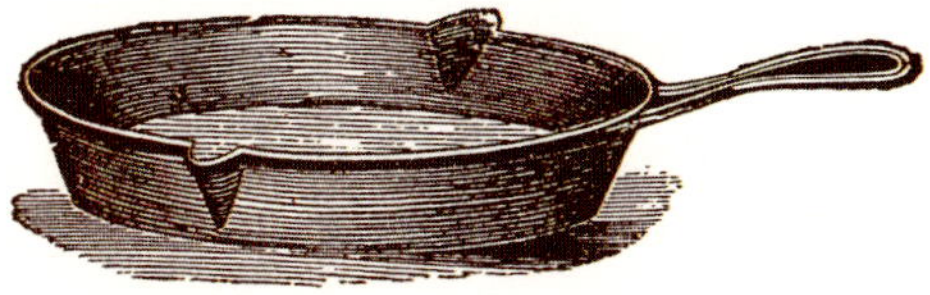

Base de sauce hollandaise

Cette base ou sauce émulsionnée est un des grands classiques de la cuisine. On peut s'en servir tel quel ou l'ajouter dans les sauces pour liaison, ou encore l'utiliser pour gratiner.

DÉRIVÉS DE LA SAUCE HOLLANDAISE

- *Sauce béarnaise: hollandaise, échalote, poivre, vinaigre, vin blanc et estragon.*
- *Sauce choron: hollandaise et tomates concassées.*
- *Sauce paloise: hollandaise, échalote, poivre, vinaigre, vin blanc et menthe.*

DONNE 1 LITRE (4 TASSES)
POUR 8 PERSONNES

6 jaunes d'œufs moyens
60 ml (4 c. à soupe) d'eau
454 g (1 lb) de beurre doux
2 citrons ou 60 ml (4 c. à soupe) de jus de citron
sel et poivre blanc

Faites fondre le beurre. Préparez une casserole avec de l'eau pour faire un bain-marie. Disposez les jaunes d'œufs dans un saladier inoxydable. Ajoutez 60 ml (4 c. à soupe) d'eau et fouettez le mélange. Disposez le saladier sur la casserole et chauffez à feu moyen, tout en fouettant jusqu'à consistance crémeuse. Ôtez du feu, retirez le petit-lait du beurre fondu et versez progressivement, toujours hors du feu. Ajoutez le jus de citron, salez et poivrez.

Gardez la sauce dans un endroit tiède. Ne jamais congeler ni réfrigérer.

Cette préparation doit toujours se faire au bain-marie. Si la sauce tourne, reprendre le tout en ajoutant un jaune d'œuf ou un peu de glace pilée.

Le jus d'un citron pressé donne environ 30 ml (2 c. à soupe) de liquide.

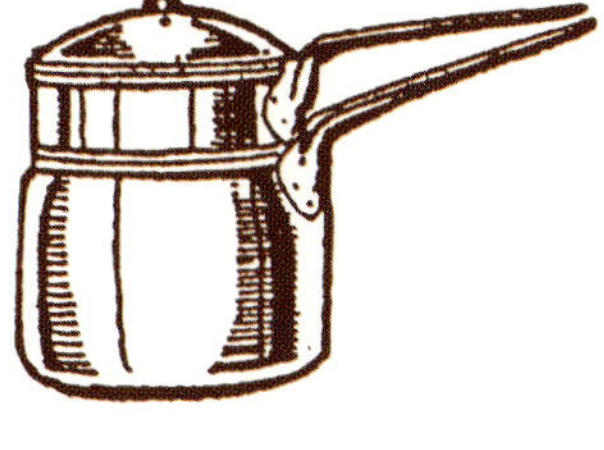

Roux blanc

Utilisez ce roux pour vos sauces, poissons, volailles, légumes, béchamel, etc.

DONNE 1 LITRE (4 TASSES)

70 g (2½ oz) de beurre doux
70 g (2½ oz) de farine

Faites fondre le beurre, puis ajoutez la farine et remuez à feu très doux. Laissez cuire pendant 4 à 5 minutes.

Un roux peut se garder au réfrigérateur jusqu'à l'utilisation.

Roux brun

Utilisez ce roux pour vos sauces brunes qui accompagnent viande, gibier, etc.

Même méthode que pour le roux blanc. Il faut cependant laisser cuire le roux plus longtemps de façon à obtenir une couleur caramel. On peut le conserver de la même façon qu'un roux blanc.

Si l'on veut obtenir une sauce beaucoup plus épaisse, il faut utiliser 90 g (3 oz) de farine et 90 g (3 oz) de beurre. Cuisson recommandée pour un roux brun: de 15 à 25 minutes, en remuant sans arrêt.

Sauce crème d'oignon au poivre noir

DONNE 250 ML (1 TASSE)
POUR 4 À 6 PERSONNES

60 ml (4 c. à soupe) d'huile d'olive
1 oignon blanc, espagnol
5 ml (1 c. à thé) de sucre
15 ml (1 c. à soupe) de poivre noir, concassé
125 ml (½ tasse) de vin rouge
125 ml (½ tasse) de bouillon de volaille, d'agneau ou de bœuf (voir recettes p. 21 et 20)
sel et poivre au goût
60 ml (4 c. à soupe) de beurre

Faites chauffer l'huile et faites revenir l'oignon à feu moyen pendant 10 à 15 minutes. Ajoutez le sucre et le poivre noir. Faites cuire de nouveau pendant 3 minutes. Faites chauffer le vin rouge et faites-le flamber. Ajoutez-le à l'oignon et faites réduire de moitié. Ajoutez le bouillon de votre choix. Salez, poivrez, puis passez au robot en ajoutant progressivement le beurre très froid. Réchauffez sans faire bouillir.

Vous pouvez servir cette sauce avec n'importe quelle viande, volaille ou même poisson.

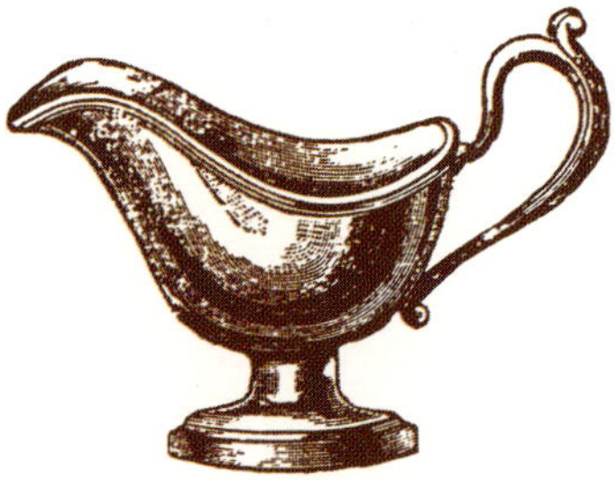

Pâte à pizza

DONNE 2 PIZZAS

45 ml (3 c. à soupe) de lait
10 ml (2 c. à thé) de levure sèche
500 g (env. 1 lb) de farine
15 ml (1 c. à soupe) d'herbes de Provence
175 ml (3/4 tasse) d'eau (plus ou moins)
5 ml (1 c. à thé) de sel
15 ml (1 c. à soupe) d'huile d'olive

Faites tiédir le lait et ajoutez la levure. Laissez activer pendant 3 minutes. Mélangez le lait et la levure avec la farine, puis ajoutez les herbes de Provence, l'eau et le sel. Ajoutez ensuite l'huile d'olive progressivement. Travaillez la pâte pendant 3 à 5 minutes. Formez une boule et laissez-la reposer à couvert dans un endroit tiède pendant 30 minutes. Rompez la pâte et retravaillez-la pendant 2 minutes. Gardez au froid avant l'utilisation ou congelez-la tout simplement, séparée en deux.

La quantité d'eau peut varier selon les farines utilisées. La pâte doit se détacher sans coller.

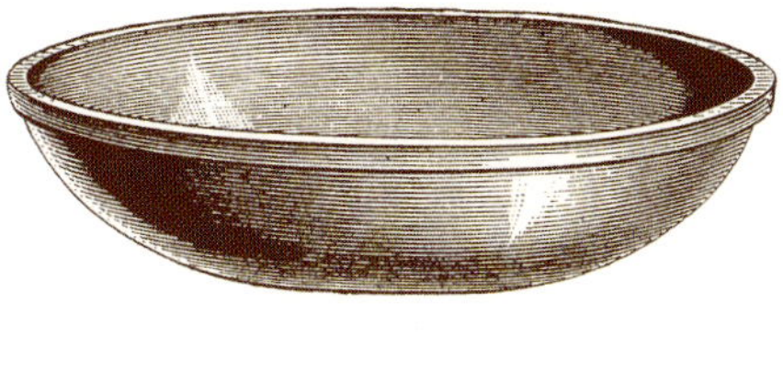

Base pour les pâtes alimentaires

POUR 30 PERSONNES

10 œufs (facultatif)
150 ml (env. 2/3 tasse) d'huile d'olive
15 ml (1 c. à soupe) de sel
3 kg (6 1/2 lb) de semoule (*semolina*)
ou farine de blé dur, granulée
1 litre (4 tasses) d'eau

Battez les œufs, puis mélangez-les avec l'huile d'olive et le sel. Incorporez progressivement la farine de blé dur (ou semoule) et l'eau. Travaillez du bout des doigts jusqu'à détachement de la pâte, puis réfrigérez au moins une heure avant de confectionner les pâtes.

Si la pâte ne se détache pas, ajoutez de la farine. Si la pâte est trop sèche et ne peut absorber toute la farine, ajoutez un peu d'eau.

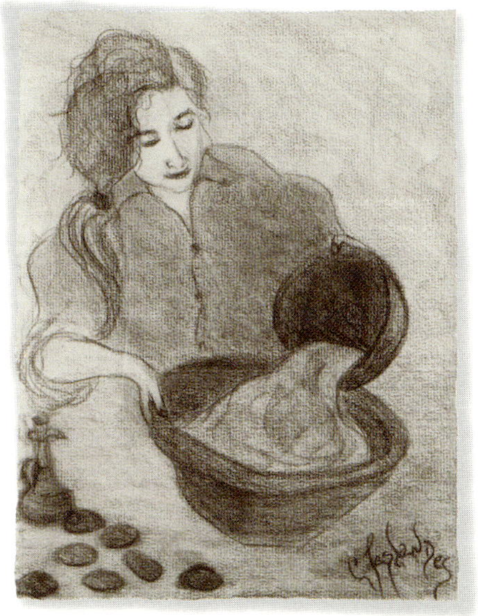

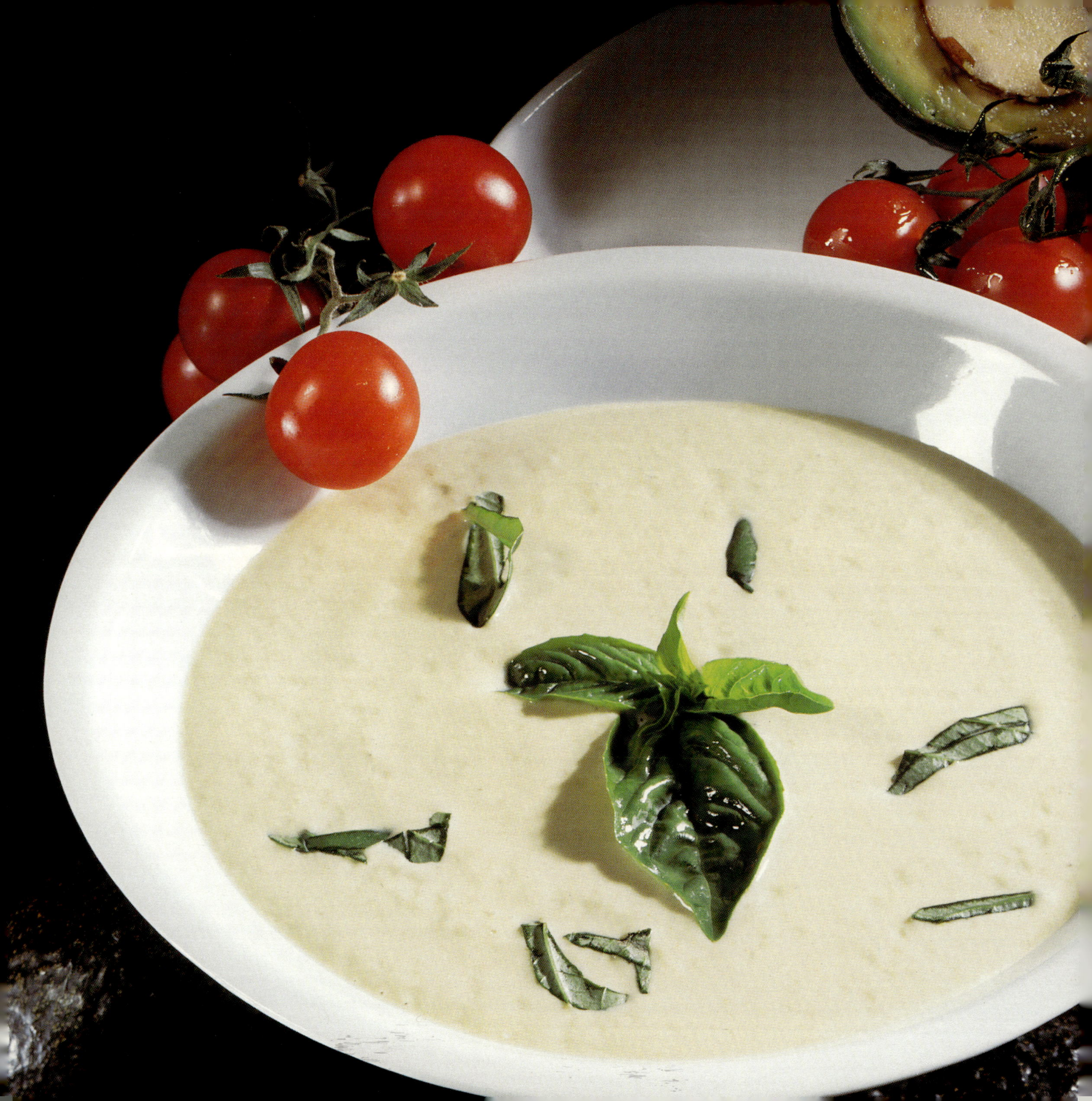

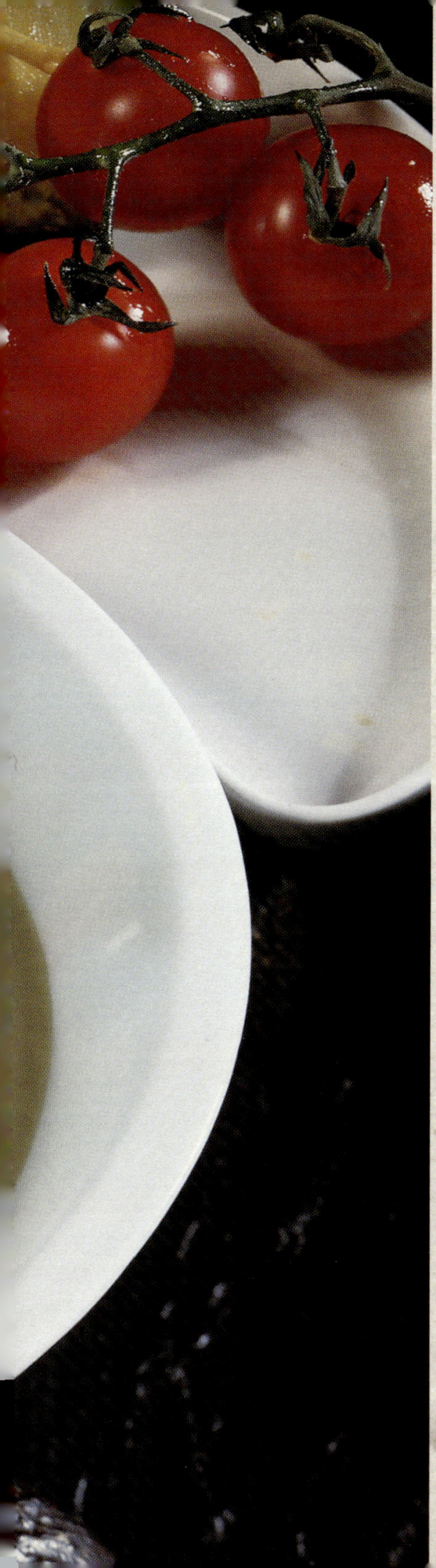

Les soupes

Faut-il nécessairement être une «grande personne» pour aimer la soupe? Les soupes, les potages, les veloutés ou les consommés, sans oublier les bisques, trônent au premier rang de ce que Carême, grand maître cuisinier, considérait comme l'indispensable dans un repas.

- Crème d'avocat au porto et au basilic
- Soupe froide aux trois melons
- Gaspacho de tomates et poivrons au basilic
- Soupe mijotée fromage et pomme de terre
- Soupe au pesto
- Potage maraîcher Jean-Talon
- Soupe de poisson aux patates douces
- Soupe fine de homard à la tonkinoise
- Crème de moules en croûte Jacques Brel
- Crème de citrouille au fromage de chèvre
- Velouté de champignons au cresson
- Soupe veloutée de petits pétoncles et confit de tomates

Crème d'avocat au porto et au basilic, p. 31.

Je me souviens des concours auxquels nous participions en Polynésie lorsque le président de la République française du moment avait remis à Paul Bocuse la Légion d'honneur. Invité à l'Élysée (palais présidentiel), Bocuse avait alors créé la soupe aux truffes. Pour Valéry Giscard d'Estaing, c'était un plat d'honneur. Mais pour nous, il s'agissait quelquefois de plats «d'horreur», quand nous pensions aux plats que nous manquions! Lors de ces joyeux concours, se joignit à nous un homme qui, par la suite, est devenu un ami, grâce à la cuisine, Jacques Brel. Nous pouvions passer des heures, avec Brel et quelques amis, à discuter de telle ou telle technique de cuisson ou de celles des grands restaurants du moment. Mais j'étais surtout, et je suis toujours en admiration devant le talent, la prestance et le charisme de ce poète que je n'oublierai jamais. Je lui dédie une recette de soupe. Je l'appelle Crème de moules en croûte Jacques Brel. Vous pouvez la trouver dans ce chapitre.

Saint Fortunat, le patron des cuisiniers, est un poète latin né près de Trévise vers l'an 530. Il s'établit en Gaule vers 565 et devint conseiller spirituel de Radegonde. La future sainte, épouse du plus jeune fils de Clovis, avait fui le domicile conjugal devant les brutalités de son mari. Peut-être pour s'assurer d'obtenir l'absolution (de leurs péchés communs...), Radegonde préparait pour son confesseur, le bon Fortunat, des mets succulents. Fortunat la remerciait à son tour par des épîtres gourmandes qui frisaient presque «l'érotisme culinaire».

À cette crème que tu m'envoies est un présent plus doux que ceux des rois.

Soit donc en joie, ô ma chère sœur!
Je t'y invite, ainsi que votre amie
Car j'éprouve à l'instant où je t'écris
Le très doux plaisir d'être à table!

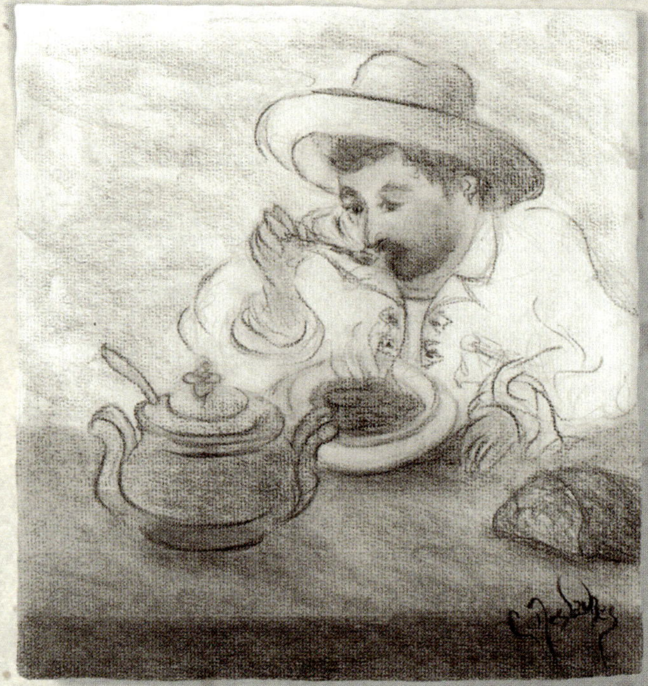

Crème d'avocat au porto et au basilic

J'ai surtout appris à découvrir le porto sur le continent Nord-Américain. Pour cette recette, il n'est pas nécessaire d'utiliser un grand porto de 20 ans, tel un Ramos Pintos ou un Graham's de grande année. Dans cette recette, la finesse et le doux sucré du porto rehaussent la saveur de l'avocat et lui donnent une onctuosité et une délicatesse en bouche que vient compléter une touche de basilic.

Pour 4 personnes

2 avocats Hass, mûrs
le jus d'un citron
500 ml (2 tasses) de bouillon de volaille
(voir recette p. 21)
30 ml (2 c. à soupe) de vinaigre balsamique
¼ de gousse d'ail, hachée
8 gouttes de sauce Tabasco
30 ml (2 c. à soupe) de sauce Worcestershire
120 ml (8 c. à soupe) de porto
sel et poivre au goût
4 feuilles de basilic ciselées

Épluchez les avocats, retirez-en les noyaux, coupez-en grossièrement la chair, puis arrosez-les de jus de citron. Disposez dans un mélangeur ou un robot culinaire, ajoutez le bouillon de volaille et le vinaigre ainsi que l'ail haché. Faites tourner pendant environ 2 minutes. Ajoutez la sauce Tabasco, la sauce Worcestershire, le porto, salez et poivrez. Versez dans des assiettes à potage et décorez de basilic ciselé.

Si ce potage épaissit au froid, allongez-le avec un peu d'eau ou de bouillon de volaille. Salez et poivrez de nouveau.

Voir recette illustrée à la p. 28.

Soupe froide aux trois melons

Très rafraîchissant l'été, ce potage froid peut aussi se servir au dessert, en ajoutant de 30 à 45 ml (2 à 3 c. à soupe) de fromage blanc.

Pour 4 personnes

½ cantaloup
⅓ melon miel
1 belle tranche de melon d'eau
125 ml (½ tasse) de porto
8 feuilles de menthe fraîches, hachées
250 ml (1 tasse) de base de légumes
(voir recette p. 23)
le jus de deux oranges
poivre du moulin au goût

Épluchez les melons et retirez-en les pépins. Passez les melons au robot, tout en laissant de petits morceaux entiers. Ajoutez le porto et la menthe. Versez progressivement la base de légumes et le jus d'orange. Laissez bien refroidir et servez avec un peu de poivre du moulin.

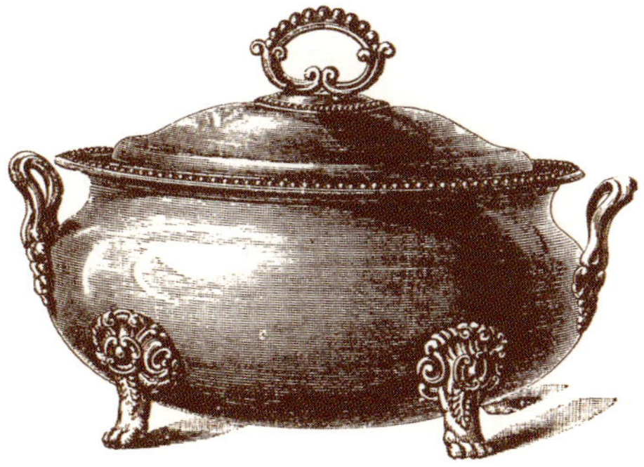

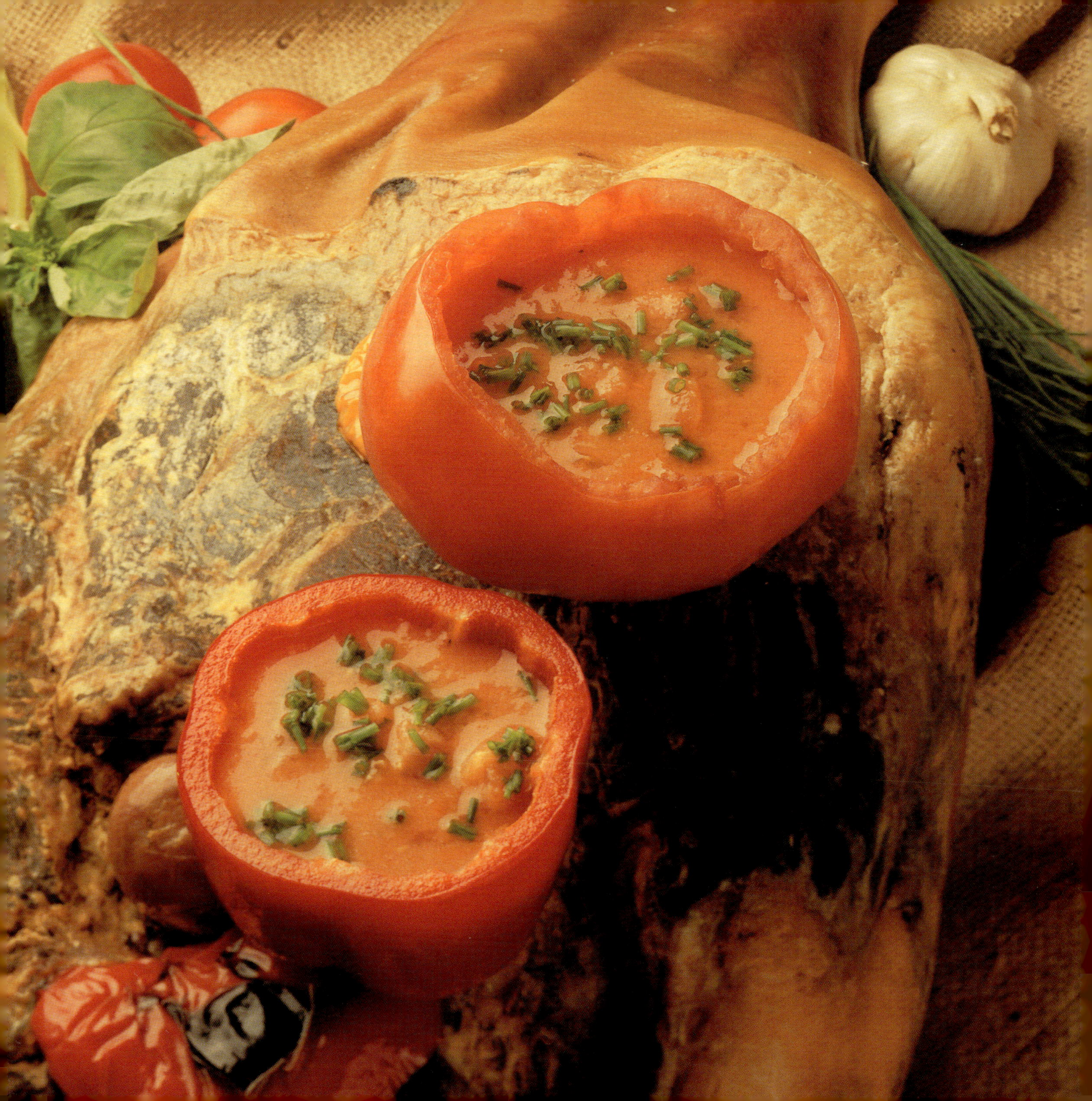

Gaspacho de tomates et poivrons au basilic

Traditionnellement, cette recette provient d'Andalousie, mais je me suis permis de l'adapter. Le poivron rouge, grillé, lui donne une touche de cuisine cajun ou mexicaine.

POUR 4 PERSONNES

1 poivron rouge épépiné
4 belles tomates mûres, émondées et épépinées
1 oignon haché très finement
2 gousse d'ail, sans le germe, hachées très finement
1 pincée de sucre
250 ml (1 tasse) d'huile d'olive extra-vierge
100 ml (env. 1/3 tasse) de jus de tomate
30 ml (2 c. à soupe) de basilic frais, haché
sel et poivre au goût
45 ml (3 c. à soupe) de vinaigre balsamique
5 à 6 gouttes de sauce Tabasco

Faites griller le poivron sur le gril ou au four pendant 6 à 7 minutes. Découpez-le ensuite en petits morceaux ainsi que les tomates. Ajoutez l'oignon et l'ail, puis le sucre. Montez la soupe avec l'huile d'olive. À la fin, versez le jus de tomate et ajoutez le basilic. Salez et poivrez si nécessaire, puis ajoutez le vinaigre balsamique et la sauce Tabasco. Servez en soupière dans des bols individuels.

Certaines personnes aiment déguster ce potage froid, lié. Pour ce faire, il suffit de passer le tout au mélangeur sans insister trop longtemps. Ajoutez ensuite une garniture de poivron et tomate. Vous pouvez aussi allonger le potage trop épais avec du jus de tomate et du citron. Le goût du poivron grillé donne un petit air de cuisine d'été.

Soupe mijotée fromage et pomme de terre

Cette soupe, si appréciée lorsque l'hiver est installé, recherchée et savourée lorsque feuilles colorées, et qui nous fait saliver pendant l'été, marie raffinements et subtilités. Je vous laisse donc l'essayer.

POUR 4 PERSONNES

60 ml (4 c. à soupe) de xérès
3 litres (12 tasses) de bouillon de bœuf
(voir recette p. 20)
30 ml (2 c. à soupe) de ciboulette fraîche, hachée
½ gousse d'ail
30 ml (2 c. à soupe) de beurre
1 baguette de pain rassis, coupée finement
150 g (5 oz) de fromage comté, coupé en lamelles fines
1 pomme de terre, coupée en petits dés
sel et poivre au goût
15 ml (1 c. à soupe) de ciboulette fraîche, hachée
15 ml (1 c. à soupe) d'estragon frais, haché

Faites cuire des bas morceaux de bœuf avec légumes, herbes et des os à moelle qui apportent richesse et velouté au bouillon. Mélangez le xérès au bouillon et ajoutez la ciboulette. Frottez une terrine en terre cuite avec l'ail. Beurrez la terrine, ajoutez une fine couche de pain frotté à l'ail, puis une fine couche de comté. Arrosez avec le bouillon pour imbiber et continuez ainsi jusqu'à la mi-hauteur. Mettez ensuite la pomme de terre et le fromage jusqu'aux trois quarts du remplissage. Salez et poivrez, puis couvrez. Laissez mijoter pendant deux heures et demie à 150°C (300°F) et ajoutez, toutes les demi-heures, environ 200 ml (3/4 tasse) de bouillon. Avant de servir, saupoudrez de ciboulette et d'estragon, hachés.

Soupe au pesto

Cette soupe-repas est en fait une interprétation personnelle de la minestrone. Il vaut mieux en faire plus, car cette soupe est presque meilleure lorsqu'elle est réchauffée.

POUR 4 PERSONNES

120 g (4 oz) de petits haricots blancs, secs
3 litres (12 tasses) d'eau ou de bouillon de volaille (voir recette p. 21)
454 g (1 lb) de haricots verts, coupés en bâtonnets
2 grosses pommes de terre, coupées en dés
3 tomates pelées, épépinées et concassées
4 courgettes coupées en dés
30 ml (2 c. à soupe) de petites nouilles
3 gousses d'ail hachées, sans le germe
10 feuilles de basilic frais
le zeste d'une orange
60 ml (4 c. à soupe) d'huile d'olive
sel et poivre au goût

Faites tremper les haricots blancs, secs pendant une heure ou une heure et demie dans l'eau froide, puis égouttez. Dans une grande casserole, versez l'eau ou le bouillon de volaille, ajoutez les haricots blancs, les pommes de terre et faites cuire de nouveau pendant 10 minutes. Ajoutez ensuite les tomates, les courgettes, les haricots verts et les nouilles, puis faites cuire de nouveau pendant 10 minutes. Pilez au mortier l'ail, le basilic et le zeste d'orange, et incorporez progressivement l'huile d'olive. Disposez le mélange dans la soupière et versez la soupe sur le dessus. Salez et poivrez si nécessaire. Servez avec de petits croûtons frottés à l'ail.

Potage maraîcher Jean-Talon

Ce potage peut tout aussi bien se servir chaud ou froid.

POUR 4 PERSONNES

1 branche de céleri
1 poireau
1 navet
1 carotte
1 pomme de fenouil
30 ml (2 c. à soupe) de beurre
30 ml (2 c. à soupe) de moutarde provençale
1,5 litre (6 tasses) de bouillon de bœuf (voir recette p. 20) ou d'eau
sel et poivre au goût
2 os à moelle
1 gousse d'ail, hachée
15 ml (1 c. à soupe) de coriandre fraîche
15 ml (1 c. à soupe) de cerfeuil frais
15 ml (1 c. à soupe) de ciboulette fraîche
1 jaune d'œuf

Épluchez tous les légumes et lavez-les bien. Taillez-les en petits dés, au robot ou au couteau. Faites fondre le beurre et faites suer sans coloration tous les légumes pendant 2 à 3 minutes. Ajoutez la moutarde, versez le bouillon, puis ajoutez sel et poivre au goût. Laissez cuire à couvert pendant 25 à 30 minutes, à feu moyen.

Pochez les os à moelle de façon à retirer la moelle. Coupez la moelle en petits dés et mélangez avec l'ail, les herbes et le jaune d'œuf. À feu doux, incorporez le mélange de moelle au potage et rectifiez l'assaisonnement avant de servir.

Soupe de poisson aux patates douces

Pour 4 personnes

30 ml (2 c. à soupe) de beurre
3 échalotes hachées
le blanc d'un poireau émincé
15 ml (1 c. à soupe) de gingembre râpé
2 patates douces, épluchées et coupées en dés
250 ml (1 tasse) de vin blanc sec
5 ml (1 c. à thé) de paprika doux
1 litre (4 tasses) d'eau
30 ml (2 c. à soupe) de persil haché
sel et poivre au goût
100 g (3½ oz) de saumon frais, taillé en cubes
100 g (3½ oz) de lotte ou de poisson blanc, à chair ferme
12 croûtons de pain
1 gousse d'ail

Faites fondre le beurre sans coloration, puis ajoutez les échalotes et le poireau. Faites suer le tout pendant 2 à 3 minutes. Ajoutez le gingembre râpé, puis les dés de patates douces. Versez le vin blanc et ajoutez le paprika. Complétez avec 1 litre (4 tasses) d'eau. Ajoutez le persil, un peu de sel et de poivre, et laissez cuire pendant 10 minutes. Salez et poivrez de nouveau si nécessaire et ajoutez les dés de poisson. Faite cuire encore 5 minutes et servez directement en soupière avec des croûtons de pain frottés à l'ail et une sauce rouille au pesto (voir recette p. 89).

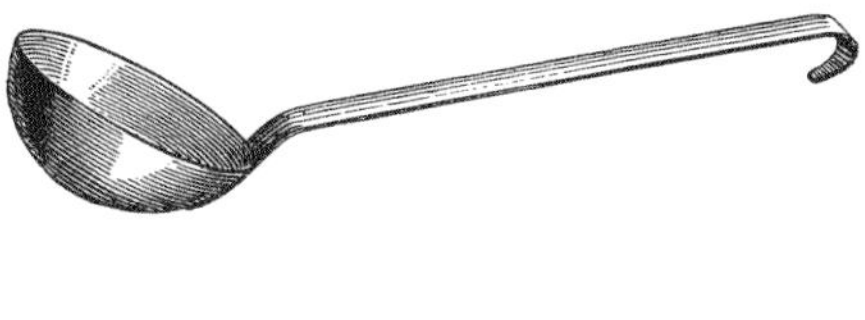

Soupe fine de homard à la tonkinoise

Pour 4 personnes

2 homards de 454 g (1 lb) chacun ou 1 homard et 2 crabes pour remplacer
250 ml (1 tasse) de base thaï (voir recette p. 23)
1,5 litre (6 tasses) de fumet de poisson (voir recette p. 22)
250 ml (1 tasse) de vin blanc sec
60 ml (4 c. à soupe) de sauce nuoc-mâm
45 ml (3 c. à soupe) de beurre
le blanc d'un poireau coupé en julienne
½ poivron coupé en julienne
2 tomates coupées en dés
30 ml (2 c. à soupe) de gingembre taillé finement
sel et poivre au goût

Faites cuire les homards, ou le homard et les crabes, à l'eau bouillante salée pendant 5 à 6 minutes, puis retirez-les de l'eau et découpez-les, en ayant soin d'enlever la poche à gravier et l'intestin. Récupérez la chair du coffre et des pinces, et découpez-la en petits dés. Dans une casserole, mettez les carapaces broyées, la base thaï, le fumet de poisson et le vin blanc, puis la sauce nuoc-mâm. Laissez cuire pendant 15 minutes à couvert. Filtrez le bouillon dans une autre casserole, faites fondre le beurre et faites suer le poireau, le poivron, la tomate et le gingembre pendant 3 minutes. Verser le bouillon et laissez cuire pendant 15 minutes à feu moyen, à découvert cette fois-ci. À la fin, ajoutez les dés de homard, salez, poivrez et servez aussitôt.

La saison du homard commence au début de juin, il est donc préférable, compte tenu du prix, d'utiliser le homard pendant cette période. On peut cependant faire cette recette toute l'année, mais on peut aussi remplacer le homard par du crabe.

Crème de moules en croûte Jacques Brel

Pour 4 personnes

1 kg (2¼ lb) de moules fraîches
30 ml (2 c. à soupe) de beurre
2 échalotes hachées finement
1 poireau émincé finement, lavé et égoutté
10 champignons coupés en quartiers
30 ml (2 c. à soupe) de coriandre fraîche, hachée
1 gousse d'ail hachée, sans le germe
500 ml (2 tasses) de vin blanc sec
poivre moulu
250 ml (1 tasse) de crème épaisse (crème à 35 %)
roux (voir recette p. 26) ou fécule diluée
500 g (env. 1 lb) de pâte feuilletée
1 jaune d'œuf
sel au goût

Lavez les moules dans plusieurs eaux jusqu'à ce que la dernière eau soit claire. Dans une casserole, faites fondre le beurre et ajoutez l'échalote, le poireau et les champignons. Faites-les suer au beurre pendant 3 minutes à feu moyen, puis ajoutez les moules, la coriandre et l'ail. Versez le vin blanc, poivrez, couvrez et laissez ouvrir les moules pendant 5 minutes.

À l'aide d'une passoire, retirez les coquilles. Décortiquez-les et réservez les moules avec les champignons. Faites chauffer le jus de cuisson et ajoutez la crème. Laissez cuire pendant 5 minutes, puis liez légèrement la soupe avec un roux ou de la fécule diluée. Passez le tout au mélangeur et laissez refroidir.

Garnissez le fond de 4 bols à soupe (style tête de lion) avec les moules et remplissez aux trois quarts avec la crème de moules. Étalez la pâte feuilletée au rouleau à 0,5 cm (¼ po) d'épaisseur. Découpez des ronds plus larges de 1,5 cm (¾ po) que la circonférence des bols à soupe. Mélangez le jaune d'œuf avec très peu d'eau et badigeonnez le tour extérieur des bols à soupe. Posez les ronds de pâte et fixez-les tout autour. Badigeonnez le dessus de nouveau avec l'œuf battu. Faite cuire au four à 200°C (400°F) pendant 6 minutes, puis faites réduire à 175°C (350°F) pendant encore 6 minutes. Salez si nécessaire. Servez ainsi et dégustez très chaud.

Cette crème peut aussi être liée en ajoutant 4 jaunes d'œufs. Il faut toutefois éviter de faire bouillir, et ajouter la crème et les jaunes d'œufs à la fin seulement. On peut également ajouter une touche de safran pour la couleur, mais aussi pour le parfum.

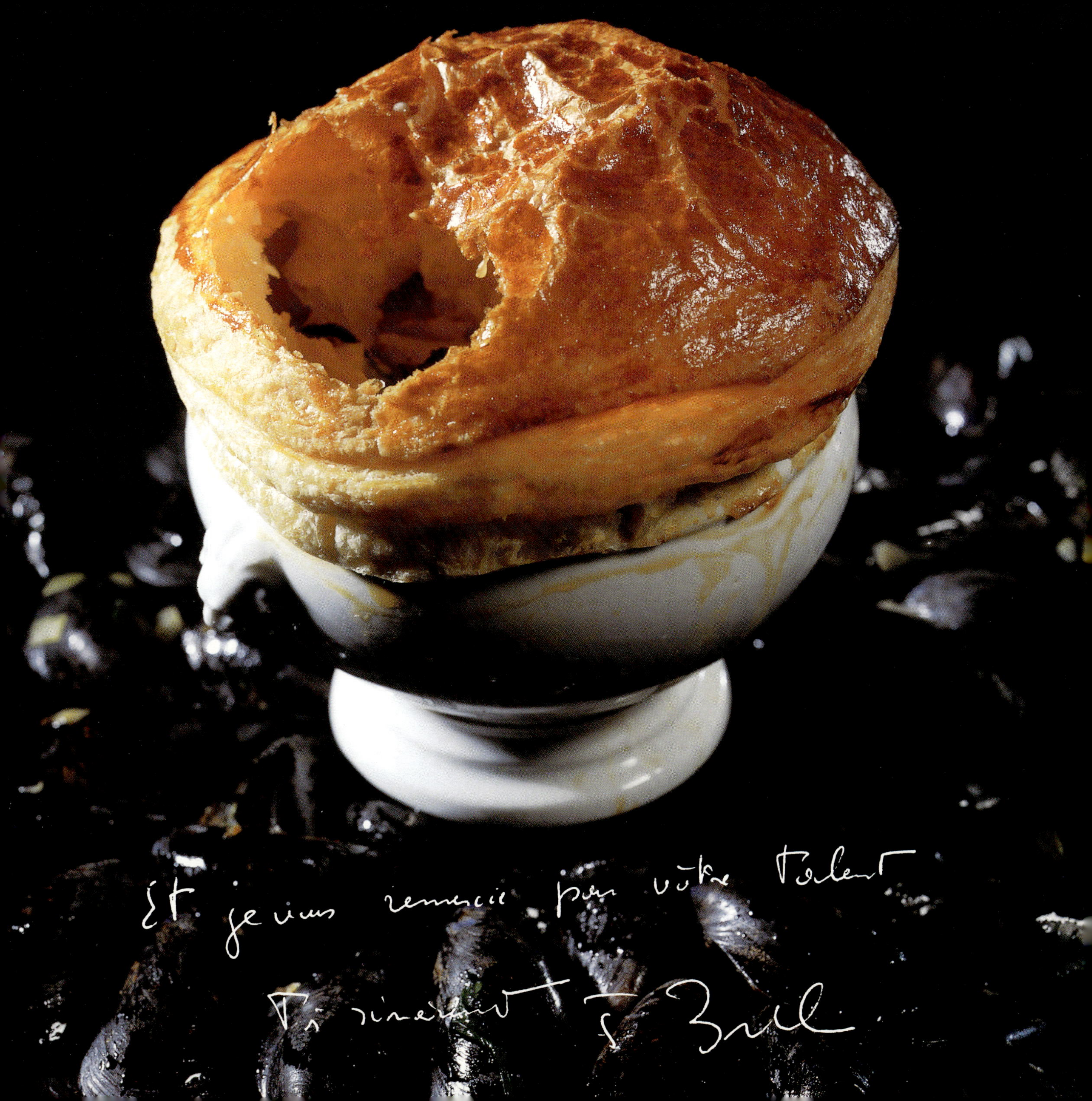
Et je vous remercie pour votre talent

Crème de citrouille au fromage de chèvre

Pour 4 personnes

1 citrouille ou un potiron
d'environ 2 kg (4½ lb)
60 ml (4 c. à soupe) d'huile d'olive
1 oignon finement haché
le blanc de deux poireaux lavés et émincés
1 pomme de terre épluchée, lavée et coupée grossièrement
1,5 litre (6 tasses) de bouillon de volaille (voir recette p. 21) ou d'eau
1 poivron rouge épépiné et coupé en dés
1 petite poignée de persil
150 g (5 oz) de fromage de chèvre frais
12 croûtons de baguette
1 gousse d'ail
60 ml (4 c. à soupe) de parmesan râpé
sel et poivre au goût

Retirez la calotte de la citrouille et conservez-la. À l'aide d'une cuillère, évidez l'intérieur de la citrouille en ayant soin de séparer les pépins de la chair. Réservez la citrouille évidée.

Faites chauffer l'huile d'olive, puis faites suer les oignons en transparence avec le blanc des poireaux pendant 2 minutes. Ajoutez la citrouille hachée grossièrement, la pomme de terre et le poivron rouge, et faites cuire encore pendant 2 à 3 minutes. Versez le bouillon de volaille, couvrez la casserole et laissez cuire à feu moyen pendant 30 minutes. Passez le tout au mélangeur avec le persil et le fromage de chèvre. Salez et poivrez si nécessaire.

Faites griller les croûtons et frottez-les à l'ail. Versez la soupe dans la citrouille évidée et mettez la citrouille sur une plaque à four. Disposez les croûtons sur le dessus et gratinez avec le parmesan pendant 2 à 3 minutes.

Si la crème est trop épaisse, allongez-la avec du lait chaud ou du bouillon de volaille. Cette recette peut aussi être servie dans des bols à soupe à l'oignon, puis gratinée.

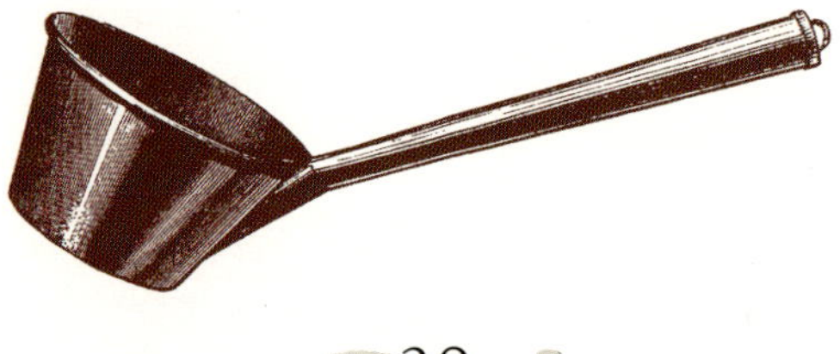

Velouté de champignons au cresson

Pour 4 personnes

60 ml (4 c. à soupe) de beurre
le blanc d'un poireau émincé
2 échalotes hachées finement
1 botte de cresson
250 g (env. 8 oz) de champignons de Paris
50 g (env. 2 oz) de champignons séchés, mélangés (morilles, cèpes, chanterelles, etc.)
1 litre (4 tasses) de fond de volaille (voir recette p. 21)
3 tranches de pain brun, sans la croûte
125 ml (½ tasse) de lait
3 jaunes d'œufs
sel et poivre au goût
60 ml (4 c. à soupe) de crème épaisse (crème à 35 %)

Faites fondre le beurre et faites suer sans coloration le poireau et les échalotes avec le cresson pendant 3 à 4 minutes. Ajoutez les champignons et le fond de volaille, puis faites cuire pendant 15 minutes, à couvert. Humectez la mie de pain dans le lait et les œufs mélangés, puis ajoutez au bouillon. Ajoutez du sel et du poivre au goût. Passez l'ensemble au mélangeur, ajoutez la crème, puis salez et poivrez de nouveau. Passez le velouté au chinois et servez en soupière.

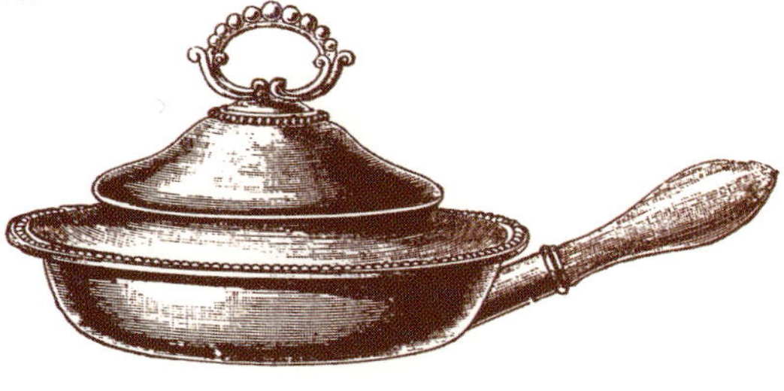

Soupe veloutée de petits pétoncles et confit de tomates

Les bébés pétoncles, très petits, sont excellents dans la garniture de la soupe. On doit cependant retirer la partie du nerf qui sert en fait d'attache à la coquille.

Pour 4 personnes

60 ml (4 c. à soupe) d'huile d'olive extra-vierge
2 tomates émondées et épépinées
30 ml (2 c. à soupe) d'échalotes hachées
15 ml (1 c. à soupe) de sucre
1 gousse d'ail, hachée, sans le germe
1 tomate séchée, coupée finement
4 feuilles d'oseille, ciselées finement
sel et poivre au goût
1 litre (4 tasses) de velouté de poisson
125 ml (½ tasse) de vermouth blanc
250 ml (1 tasse) de bébés pétoncles
le zeste d'un citron, blanchi à l'eau bouillante salée
petits croûtons et fromage râpé, au goût

Dans une casserole, faites chauffer l'huile d'olive et faites suer les tomates et les échalotes. Ajoutez le sucre, l'ail haché, la tomate séchée et l'oseille, salez, poivrez et laissez cuire à feu très doux, à couvert, pendant 5 minutes, puis réservez.

Faites chauffer le velouté avec le vermouth jusqu'au premier bouillon et pochez les pétoncles pendant 1 minute. Salez et poivrez. Dans le fond des bols à soupe, répartissez le confit de tomates et le citron. Versez la soupe et servez à part les croûtons et le fromage râpé.

À défaut de bébés pétoncles, utilisez des pétoncles ordinaires, en lamelles.

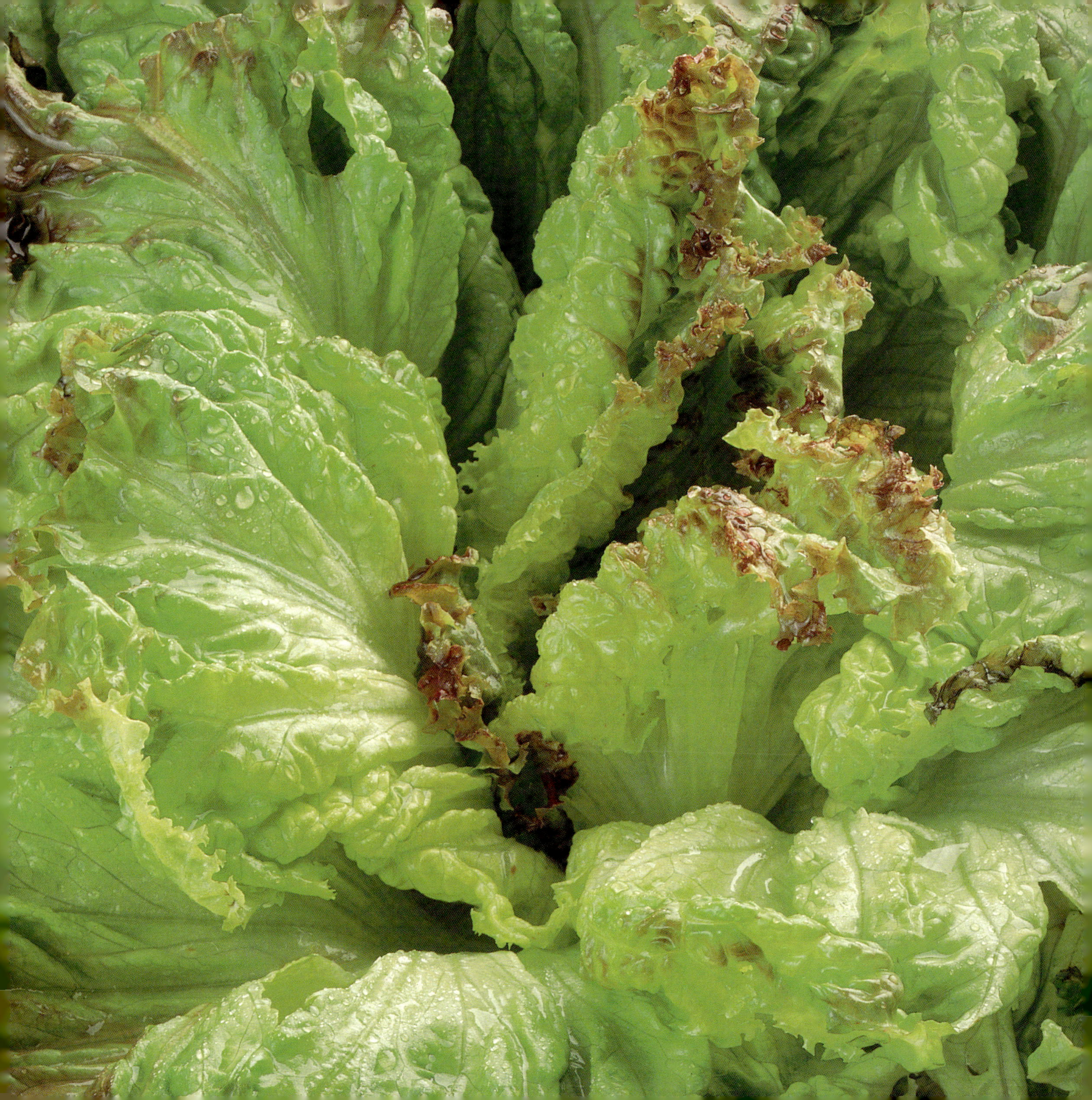

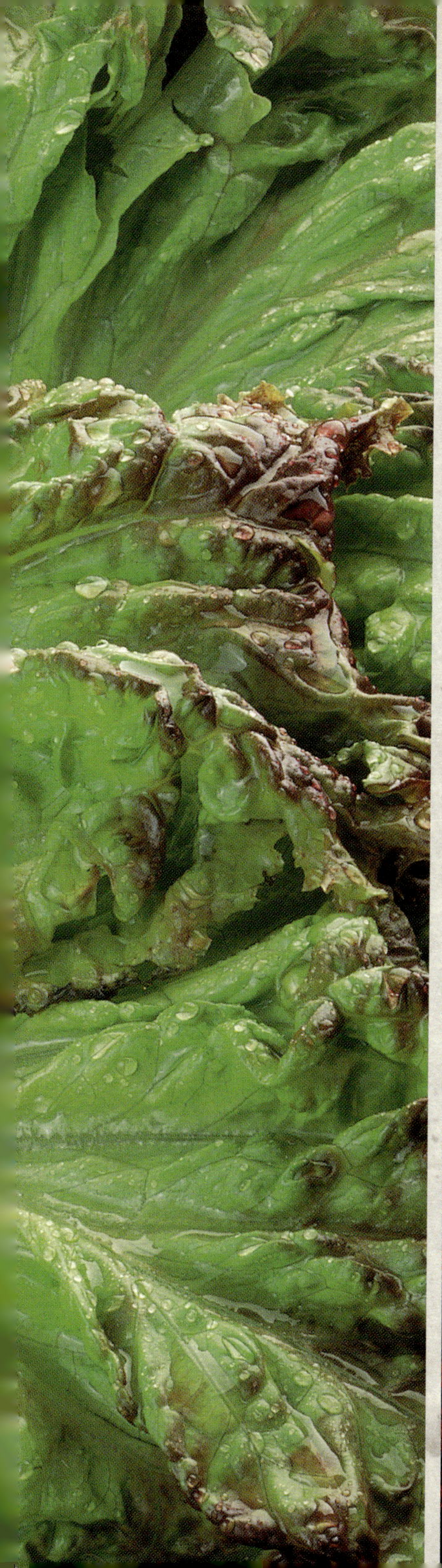

Les salades

- Salade de fonds d'artichaut et de fenouil
- Salade de poireaux au cheddar
- Salade de pissenlit au bacon et aux croûtons
- Salade de pommes de terre tièdes à l'éclat de tomate et d'anchois
- Salade de caviar d'aubergine aux poivrons
- Salade César à ma façon
- Salade d'endives au chèvre tiède
- Salade de champignons aux lardons
- Salade de petits céleris braisés à l'orange
- Salade de betteraves tièdes à la coriandre
- Salade de haricots rouges cotonnière
- Salade de calmars farcis à l'orientale
- Salade de homard au vin de Banyuls
- Salade de homard à l'avocat
- Salade de saumon de l'Atlantique aux asperges
- Salade de pétoncles marinés dans le lait de coco
- Salade de petits légumes à la moelle et au gros sel
- Salade de lentilles vertes aux boulettes de porc épicé

Le choix des salades vertes que l'on peut se procurer toute l'année est considérable. Pour ma part, je garde une préférence pour la salade de cresson, qui malheureusement est encore mal connue du grand public, pour le pourpier et pour la mâche.

Il ne faut pas masquer le goût des salades en leur ajoutant des éléments qui les dénaturent et il faut éviter de mettre l'assaisonnement trop tôt afin de ne pas «cuire» les feuilles tendres et fragiles.

Aujourd'hui, le mot salade s'applique à bon nombre d'entre elles, de la salade de foies de volailles à la salade du chef, de la salade de légumes à la salade de poisson, sans oublier la traditionnelle salade de fruits.

La plupart des salades sont cultivées dans les champs ou dans les serres, soit en terre, soit en culture hydroponique. Pour éviter d'avoir du sable, de la terre ou de petits insectes dans la salade, lavez-la dans beaucoup d'eau avec un filet de vinaigre d'alcool. Essorez la salade et asséchez-la avec un linge ou un papier absorbant.

Variétés de salades et moment où on peut se les procurer

Salades	Moment de l'année
barbe de bouc	printemps
batavia	toute l'année
capucine	printemps/été
chicorée frisée	toute l'année
cresson	toute l'année
endive	toute l'année
iceberg	toute l'année
laitue	toute l'année
mâche	hiver/printemps
mesclun	toute l'année
pissenlit	printemps
pourpier	printemps/été/automne
radicchio	toute l'année
raiponce	toute l'année en serre
romaine	toute l'année
roquette	toute l'année
scarole	toute l'année
trévise	toute l'année

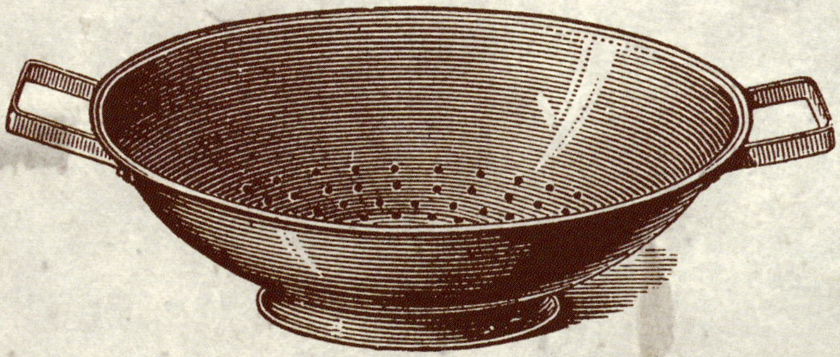

Salade de fonds d'artichaut et de fenouil

Pour 4 personnes

4 gros artichauts
2 bulbes ou pommes de fenouil
30 ml (2 c. à soupe) de beurre
125 ml (½ tasse) de jus d'orange
250 ml (1 tasse) de bouillon de volaille
(voir recette p. 21)
sel et poivre au goût
4 tranches de saumon fumé
30 ml (2 c. à soupe) de moutarde forte
1 jaune d'œuf
30 ml (2 c. à soupe) de vinaigre balsamique
1 tomate coupée en dés
15 ml (1 c. à soupe) de gingembre râpé
15 ml (1 c. à soupe) d'huile d'olive
15 ml (1 c. à soupe) de persil frais, haché

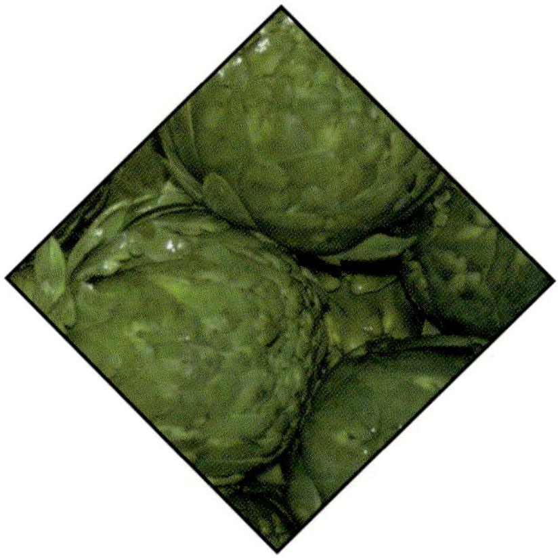

Récupérez les fonds d'artichaut (les feuilles peuvent être dégustées, accompagnées de vinaigrette). Épluchez les premières feuilles de fenouil et coupez les bulbes de fenouil en deux. Disposez-les sur une plaque à four, beurrée au préalable. Ajoutez le jus d'orange et le bouillon de volaille. Salez, poivrez et faites cuire au four à 180°C (350°F) pendant 30 à 35 minutes, à couvert. Retirez les bulbes de fenouil et laissez-les refroidir. Découpez les fonds d'artichaut en quatre et entourez chaque morceau de saumon fumé. Prenez le jus qui reste de la cuisson du fenouil, puis mélangez-le avec la moutarde et le jaune d'œuf. Ajoutez le vinaigre, les dés de tomate et le gingembre. Découpez les bulbes de fenouil grossièrement et répartissez-les sur un plat en mettant, tout autour, les artichauts entourés de saumon fumé. Arrosez d'un filet d'huile d'olive, puis du jus que vous avez préparé. Salez, poivrez et saupoudrez de persil.

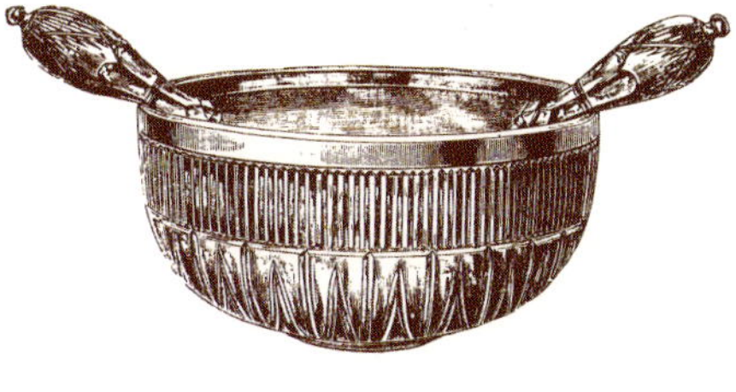

Salade de poireaux au cheddar

On donne communément au poireau le surnom d'«asperge du pauvre». Je suis donc heureux d'être pauvre et de pouvoir apprécier autant les poireaux, surtout quand ils sont jeunes et tendres comme les asperges.

Pour 4 personnes

8 petits et jeunes poireaux
45 ml (3 c. à soupe) d'huile d'olive
45 ml (3 c. à soupe) de tamari ou de sauce soja
30 ml (2 c. à soupe) de vinaigre balsamique
1 échalote hachée très finement
1 ml (1/4 c. à thé) d'ail haché finement
15 ml (1 c. à soupe) de menthe fraîche, hachée
75 ml (5 c. à soupe) de cheddar doux, râpé
poivre du moulin
30 ml (2 c. à soupe) de menthe fraîche, hachée

Lavez bien les poireaux dans plusieurs eaux afin de vous assurer qu'il n'y ait ni terre ni sable. Faites cuire les poireaux à l'eau bouillante salée pendant 30 à 35 minutes, puis égouttez-les en ayant soin de les essuyer. Préparez la marinade avec l'huile, la sauce tamari, le vinaigre balsamique, l'échalote hachée, la pointe d'ail et la menthe. Découpez les poireaux en tronçons et laissez-les mariner pendant 15 à 20 minutes. Égouttez-les grossièrement et disposez-les dans un plat à four. Saupoudrez-les de cheddar et assaisonnez-les de poivre du moulin. Gratinez au maximum de puissance pendant 2 à 3 minutes et servez avec de la menthe fraîche hachée.

Salade de pissenlit au bacon et aux croûtons

Pourquoi certains attendent-ils avec hâte le retour du printemps pour cueillir les pissenlits, tandis que d'autres s'évertuent à les couper avec la tondeuse? Saviez-vous que les fleurs de pissenlit sont aussi comestibles? Il faut cependant les cueillir vert tendre, au début du printemps.

Pour 4 personnes

4 tranches de bacon
8 poignées de jeunes pissenlits
ou 1 litre (4 tasses) de jeunes pissenlits
1 échalote hachée finement
1/4 de gousse d'ail, hachée
2 anchois hachés
60 ml (4 c. à soupe) de vinaigrette de votre choix
30 ml (2 c. à soupe) de fromage cheddar doux, râpé
sel et poivre au goût
125 ml (1/2 tasse) de croûtons

Découpez le bacon en lanières et faites-les revenir sans utiliser de gras, dans une poêle en téflon, puis égouttez-les sur du papier absorbant. Nettoyez les pissenlits et lavez-les à l'eau vinaigrée. Retirez le pied, égouttez les pissenlits et essuyez-les. Mélangez-les avec le bacon, l'échalote, l'ail et l'anchois, puis ajoutez la vinaigrette et le cheddar. Salez, poivrez et servez aussitôt, accompagné de croûtons.

Il est préférable de goûter, avant de saler et de poivrer, car les pissenlits sont souvent poivrés, et le sel de l'anchois peut suffire.

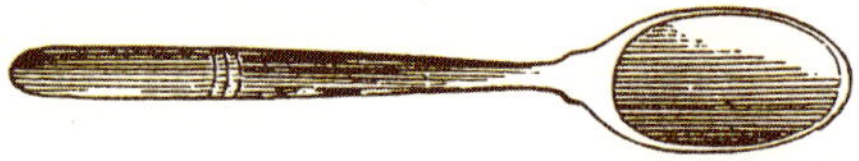

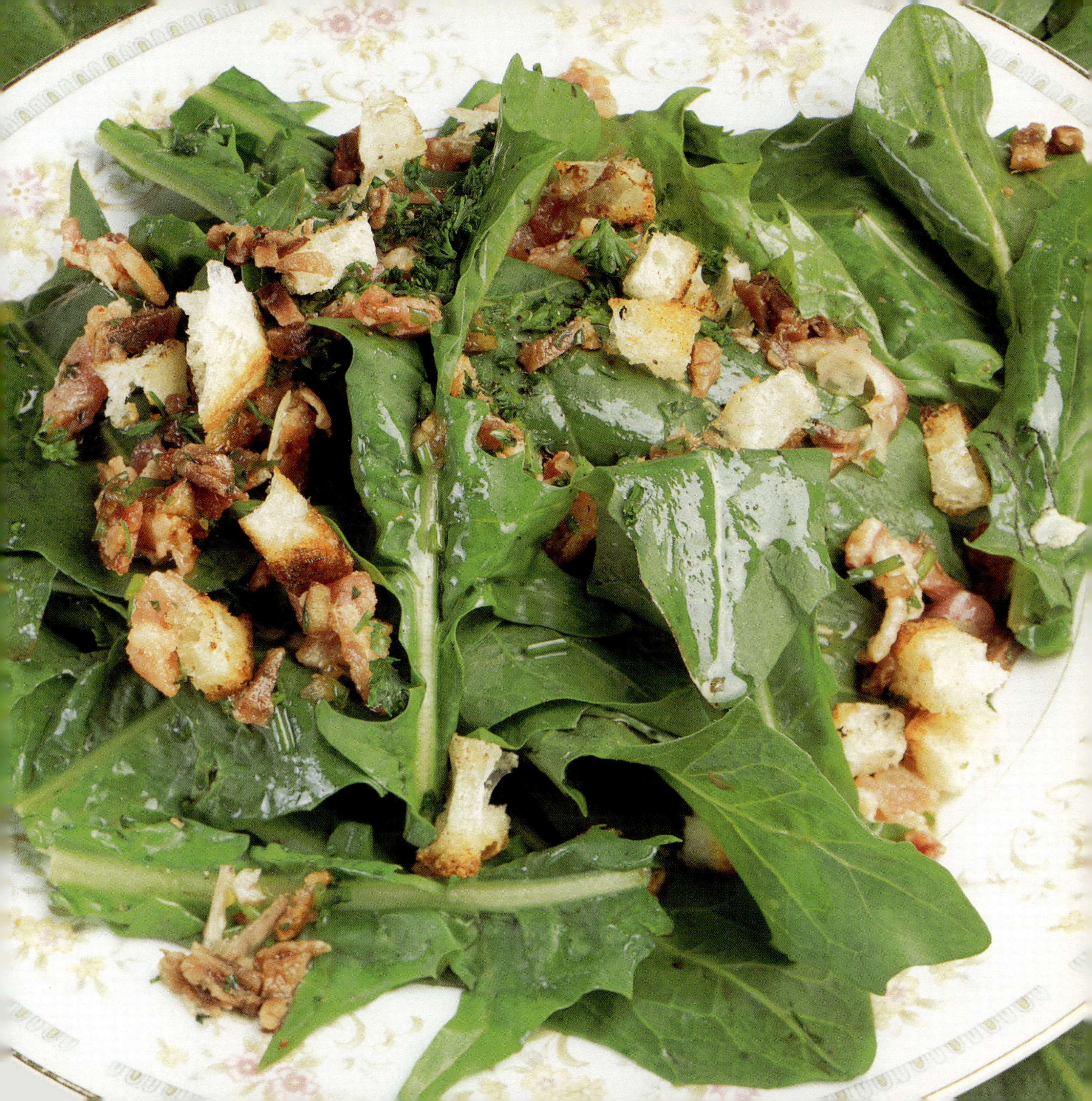

Salade de pommes de terre tièdes à l'éclat de tomate et d'anchois

La pomme de terre nouvelle, éclatante de santé, croquante à souhait, vous invite en permanence à la créativité. Ce tubercule, si longtemps méconnu, ne fait que commencer à nous révéler ses secrets.

Pour 4 personnes

10 pommes de terre nouvelles
30 ml (2 c. à soupe) de beurre
30 ml (2 c. à soupe) d'huile d'olive
gros sel au goût
60 ml (4 c. à soupe) de fromage à raclette râpé
3 tranches de tomates séchées, hachées
3 anchois hachés
poivre du moulin

Lavez les pommes de terre, mais ne les épluchez pas. Faites cuire les pommes de terre à l'eau bouillante salée ou à la vapeur une première fois, jusqu'à ce qu'elles soient presque cuites. Coupez-les en tranches de 1 cm (½ po) d'épaisseur. Dans une poêle, faites chauffer le beurre et l'huile d'olive. Faites dorer successivement les pommes de terre et assaisonnez-les au gros sel. Disposez les tranches dans un plat à four. Répartissez sur le dessus les dômes de fromage à raclette, puis au milieu, la tomate et l'anchois, hachés. Faites cuire au four à 160°C (325°F) pendant 10 minutes. Servez les pommes de terre accompagnées de pissenlits ou d'épinards et de la vinaigrette de votre choix. Assaisonnez avec le poivre du moulin.

Salade de caviar d'aubergine aux poivrons

Cela n'a rien à voir avec le caviar, sauf peut-être les grains. Mais l'aubergine est délicieuse de bien des façons, et le mélange de l'œuf, du fromage et de la pulpe d'aubergine en fait une délicieuse salade, agréable toute l'année.

Pour 4 personnes

4 belles aubergines
45 ml (3 c. à soupe) de jus de citron
45 ml (3 c. à soupe) d'huile d'olive
1 œuf dur, haché
30 ml (2 c. à soupe) de coriandre fraîche, hachée
15 ml (1 c. à soupe) de vinaigre balsamique
sel et poivre au goût
½ poivron rouge, coupé en petits dés
30 ml (2 c. à soupe) d'huile d'olive
1 échalote hachée
45 ml (3 c. à soupe) de parmesan râpé

Faites cuire l'aubergine, en la piquant au préalable avec une fourchette pour éviter qu'elle n'explose, au four à 190°C (375°F) pendant 20 à 25 minutes. À l'aide d'une cuillère, retirez la pulpe de l'intérieur et écrasez-la à l'aide d'un presse-purée. Incorporez le jus de citron et l'huile d'olive. Ajoutez l'œuf dur haché, la coriandre hachée et le vinaigre. Salez et poivrez. Faites sauter le poivron à l'huile d'olive avec l'échalote pendant 2 à 3 minutes. Salez et poivrez de nouveau. Ajoutez la purée d'aubergine, puis le parmesan râpé. Servez dans des ramequins ou dans un saladier avec des croûtons grillés ou encore avec les œufs durs, coupés en tranches.

Salade César à ma façon

Bien que je ne sois pas un adepte de la salade romaine, j'aime particulièrement cette recette que j'ai travaillée et qui demeure si populaire en Amérique du Nord.

POUR 6 À 8 PERSONNES

1 salade romaine
2 tranches de bacon, coupées en petits dés
2 tranches de pain
1 jaune d'œuf
30 ml (2 c. à soupe) de moutarde forte
½ gousse d'ail
30 ml (2 c. à soupe) de gin
45 ml (3 c. à soupe) d'huile d'olive
30 ml (2 c. à soupe) de vinaigre de vin
15 ml (1 c. à soupe) de fromage bleu au roquefort
30 ml (2 c. à soupe) de gruyère râpé très finement
poivre au goût

Nettoyez bien les feuilles de salade, essuyez-les et découpez-les grossièrement à la main. Dans une poêle, faites dorer les dés de bacon, puis égouttez-les. Retirez la croûte du pain et découpez le pain en croûtons. Faites-les griller au four pendant 3 à 4 minutes. Passez au robot le jaune d'œuf avec la moutarde, l'ail, le gin, l'huile et le vinaigre, puis ajoutez le fromage bleu et le gruyère. Mélangez le tout avec la salade, le bacon et les croûtons. Salez, poivrez et servez.

On peut aussi ajouter un ou deux anchois hachés.

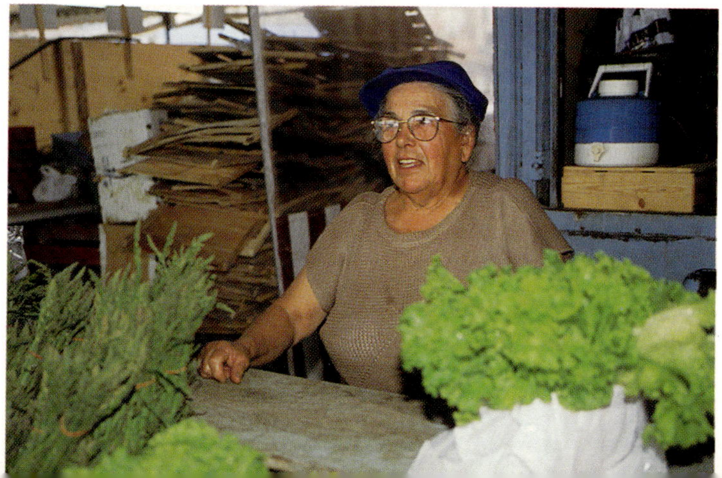

Salade d'endives au chèvre tiède

*Ce chicon, originaire de Belgique, est cultivé dans beaucoup de pays.
La meilleure endive est probablement l'endive belge. Une bonne endive doit être bien blanche, avec juste ce qu'il faut de jaune pour être douce.*

POUR 4 PERSONNES

4 tranches de fromage de chèvre affiné
75 ml (5 c. à soupe) d'huile d'olive
15 ml (1 c. à soupe) d'herbes de Provence
30 ml (2 c. à soupe) de cognac
4 croûtons de baguette
1 gousse d'ail
30 ml (2 c. à soupe) de beurre
15 ml (1 c. à soupe) de moutarde
5 ml (1 c. à thé) d'estragon frais, haché
1 échalote hachée
2 tranches de tomates séchées, hachées
30 ml (2 c. à soupe) de vinaigre balsamique
(plus une touche pour la fin)
6 endives
8 petits morceaux de parmesan
sel et poivre au goût

Faites mariner les tranches de fromage de chèvre de 1 cm (½ po) d'épaisseur pendant une heure avec l'huile, les herbes et le cognac. Frottez les croûtons des baguettes taillées en biseau avec la gousse d'ail. Mélangez le beurre, la moutarde et l'estragon, puis tartinez légèrement les croûtons de ce mélange. Égouttez le fromage et posez-le directement sur le pain. Faites gratiner au four à 180°C (350°F) pendant 3 à 4 minutes. Ajoutez à la marinade du fromage l'échalote hachée, la tomate séchée et le vinaigre balsamique. Nettoyez, puis mélangez les endives. Salez et poivrez. Servez sur une assiette avec les croûtons chauds. Ajoutez sur le dessus le parmesan et une touche de vinaigre balsamique. Poivrez.

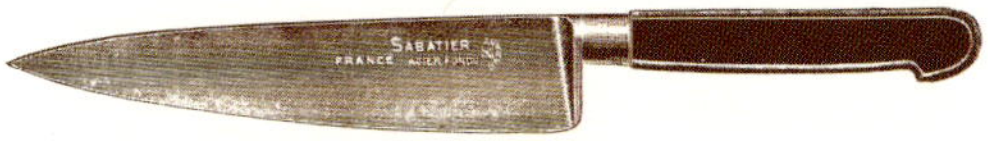

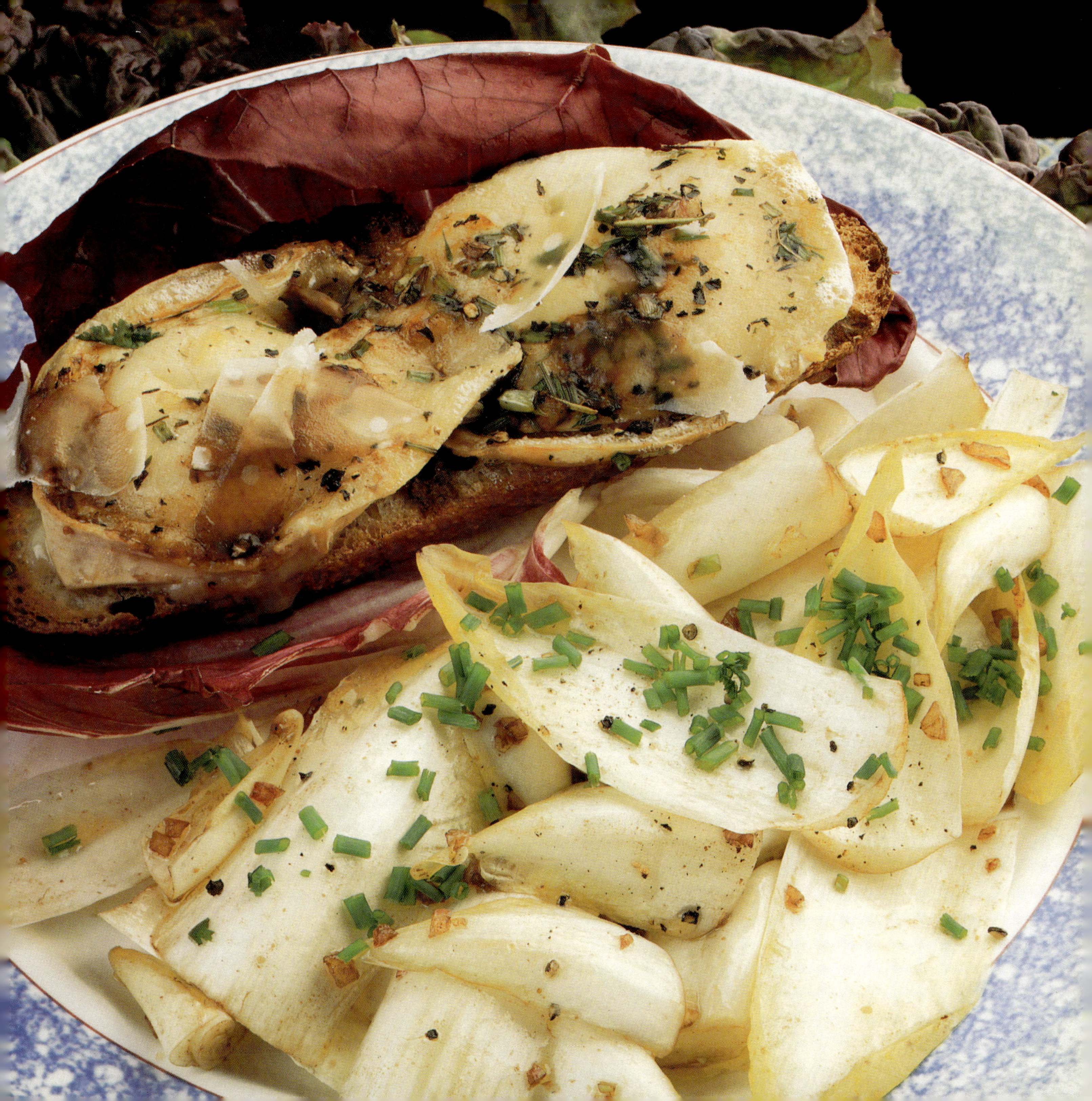

Salade de champignons aux lardons

Si les premiers champignons de couche, appelés champignons de Paris, furent cultivés à Paris, on les retrouve maintenant partout. Ce ne sont pas les champignons qui ont le meilleur goût, mais ils sont tendres, faciles à travailler et surtout, on peut se les procurer toute l'année.

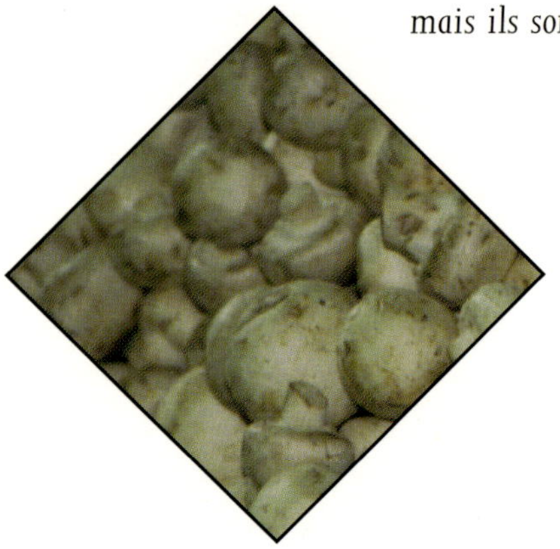

POUR 4 PERSONNES

1 casseau de champignons
4 tranches de bacon en lanières
30 ml (2 c. à soupe) de yogourt nature
15 ml (1 c. à soupe) de jus de citron
30 ml (2 c. à soupe) d'huile d'olive
¼ de gousse d'ail, hachée finement
45 ml (3 c. à soupe) de persil italien, haché finement
sel et poivre au goût
8 gouttes de sauce Tabasco

Essuyez les champignons et coupez-les en tranches. Faites revenir le bacon sans gras, puis égouttez le surplus de gras. Mélangez le yogourt avec le jus de citron et l'huile d'olive, puis ajoutez les champignons avec l'ail et le persil. Salez et poivrez. Ajoutez le bacon et la sauce Tabasco. Gardez au froid pendant une heure avant de servir.

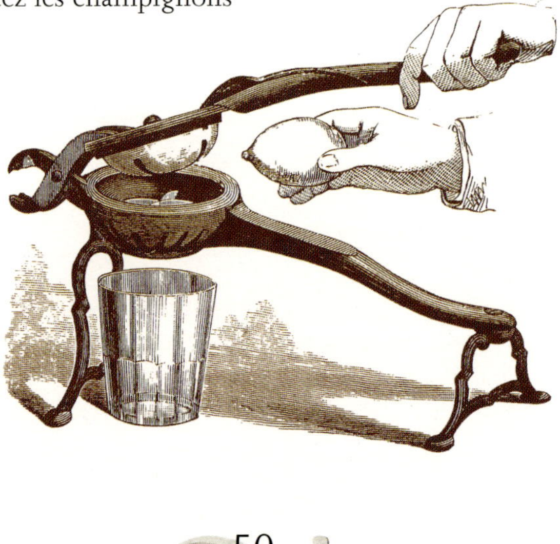

Salade de petits céleris braisés à l'orange

Le mélange du céleri et de l'orange, rehaussé du piment de la Jamaïque, en fait un accord parfait.

Pour 4 personnes

2 pieds de céleri
60 ml (4 c. à soupe) de beurre
sel et poivre au goût
2 oranges
250 ml (1 tasse) de base de légumes
(voir recette p. 23)
30 ml (2 c. à soupe) d'eau de fleur d'oranger
2 piments pili-pili, hachés
45 ml (3 c. à soupe) d'huile d'olive
30 ml (2 c. à soupe) de vinaigre balsamique

Épluchez le céleri avec un couteau économe, puis découpez-le grossièrement en tronçons de 5 à 6 cm (2 à 2½ po). Beurrez une plaque à four, puis salez-en et poivrez-en le fond. Disposez les morceaux de céleri sur cette plaque. Pressez les oranges, répartissez-en le jus et la base de légumes sur le céleri, puis ajoutez l'eau de fleur d'oranger et les piments pili-pili, hachés. Faites cuire au four à 180°C (350°F) pendant 20 à 25 minutes. Baissez ensuite la température du four à 100°C (200°F) et faites cuire encore pendant 10 minutes. Pour finir, ajoutez l'huile d'olive et le vinaigre balsamique, puis poivrez de nouveau. Servez tiède.

Si on aime les plats moins épicés, on peut utiliser un seul piment haché.

Salade de betteraves tièdes à la coriandre

Très longtemps, j'ai dédaigné, pour ne pas dire détesté, les betteraves. Depuis une dizaine d'années, j'ai appris à les redécouvrir et à les aimer. Surtout servies tièdes avec de la coriandre et une pointe d'ail... une véritable touche de passion!

Pour 4 personnes

600 g (1⅓ lb) de betteraves
1 jaune d'œuf
30 ml (2 c. à soupe) d'échalote hachée
15 ml (1 c. à soupe) de moutarde forte
1 pomme de terre cuite, sans la peau
250 ml (½ tasse) de fond de veau (voir recette p. 20)
60 ml (4 c. à soupe) d'huile d'olive
½ tomate coupée en dés
60 ml (4 c. à soupe) de coriandre hachée
sel et poivre au goût
30 ml (2 c. à soupe) de vinaigre balsamique
parmesan frais, râpé (facultatif)

Faites cuire les betteraves dans l'eau salée ou à la vapeur pendant 45 à 50 minutes, puis épluchez-les. Préparez la sauce. Fouettez le jaune d'œuf avec l'échalote et la moutarde, puis avec la pomme de terre cuite, écrasée. Versez le fond de veau et l'huile d'olive. Ajoutez ensuite les dés de tomate et la coriandre. Salez, poivrez et ajoutez une touche de vinaigre balsamique. Mélangez les betteraves tièdes dans cette sauce et servez avec du fromage parmesan frais, râpé, si désiré.

Salade de haricots rouges cotonnière

Un jour, envoyé par le gouvernement provincial québécois à une manifestation culturelle en Louisiane, je fus invité par le directeur d'un grand hôtel qui me dit: «Où aimerais-tu aller dîner?» Je lui répondis: «N'importe où, sauf dans un hôtel! J'aimerais découvrir la vraie cuisine cajun.» Aussitôt dit, aussitôt fait. C'est ainsi que je découvris cette recette.

POUR 8 PERSONNES

500 g (env. 1 lb) de haricots rouges*
1 oignon haché
1 carotte hachée
1 bouquet garni
1 petit piment haché
1 gousse d'ail hachée, sans le germe
sel et poivre au goût
125 ml (½ tasse) de fromage en crème
30 ml (2 c. à soupe) de persil frais, haché
15 ml (1 c. à soupe) de sauce Worcestershire
45 ml (3 c. à soupe) d'huile végétale
30 ml (2 c. à soupe) de vinaigre
bouillon de volaille en quantité suffisante
(voir recette p. 21)
4 tranches de jambon fumé, coupées en dés
sauce Tabasco (facultatif)
15 ml (1 c. à soupe) de persil frais, haché, pour la finition

Faites tremper les haricots pendant au moins trois heures. Dans une casserole, ajoutez successivement les haricots, les légumes, le bouquet garni, le piment et l'ail. Remplissez la casserole d'eau aux trois quarts et laissez cuire à feu moyen pendant deux heures, à couvert. Salez et poivrez. Retirez le couvercle et laissez évaporer le jus qui reste. Laissez refroidir les haricots pendant trois à quatre heures.

Mélangez le fromage à la crème avec le persil haché et la sauce Worcestershire. Détendez ce mélange avec l'huile et le vinaigre, puis avec du bouillon de volaille. Salez et poivrez. Mélangez les haricots avec le jambon et avec cette sauce qui peut être relevée avec de la sauce Tabasco. Saupoudrez de persil et servez.

** On appelle aussi les haricots rouges* kidney beans*, parce que leur forme rappelle celle des rognons.*

Salade de calmars farcis à l'orientale

Les calmars, déjà très prisés par les Latins, ont été découverts par les Nord-Américains qui les apprécient maintenant beaucoup. Hélas, ces derniers les mangent le plus souvent en friture. Voici une recette que vous pouvez servir dans un antipasto, si vous faites un buffet froid, ou que vous pouvez préparer tout simplement pour vous faire plaisir.

Pour 4 personnes

8 petits calmars, déjà cuits
75 ml (5 c. à soupe) de fromage à la crème
2 anchois hachés finement
5 ml (1 c. à thé) de pesto déjà prêt
4 olives noires, hachées finement
100 g (3½ oz) de riz *arborio*
1 gousse d'ail, hachée
sel et poivre au goût
1 tomate coupée en dés
250 ml (1 tasse) de vin blanc sec
125 ml (½ tasse) de bouillon de volaille (voir recette p. 21)
30 ml (2 c. à soupe) de basilic frais, haché
30 ml (2 c. à soupe) d'huile d'olive

Nettoyez bien les calmars et surtout, retirez le cartilage de l'intérieur. Préparez la farce avec le fromage, les anchois, le pesto, les olives et le riz. Ajoutez l'ail, salez et poivrez. Remplissez l'intérieur des calmars aux trois quarts avec le mélange, puis fermez à l'aide d'un cure-dent. Disposez les calmars sur un plat à four. Ajoutez la tomate, le vin, le bouillon de volaille et le basilic. Salez et poivrez le dessus. Faites cuire au four, à couvert, à 180°C (350°F) pendant 20 à 25 minutes. Laissez refroidir, puis ajoutez l'huile d'olive au jus de cuisson. Servez sur les calmars.

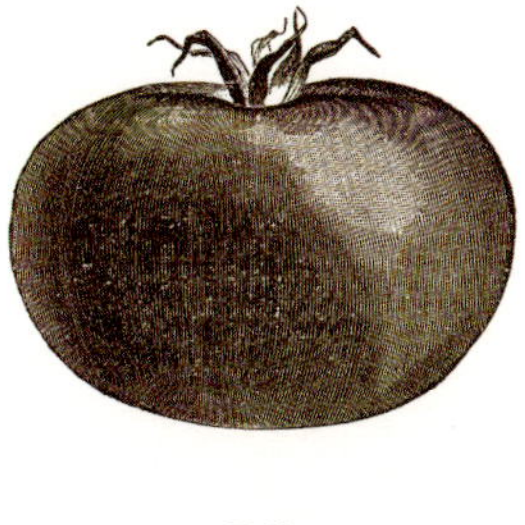

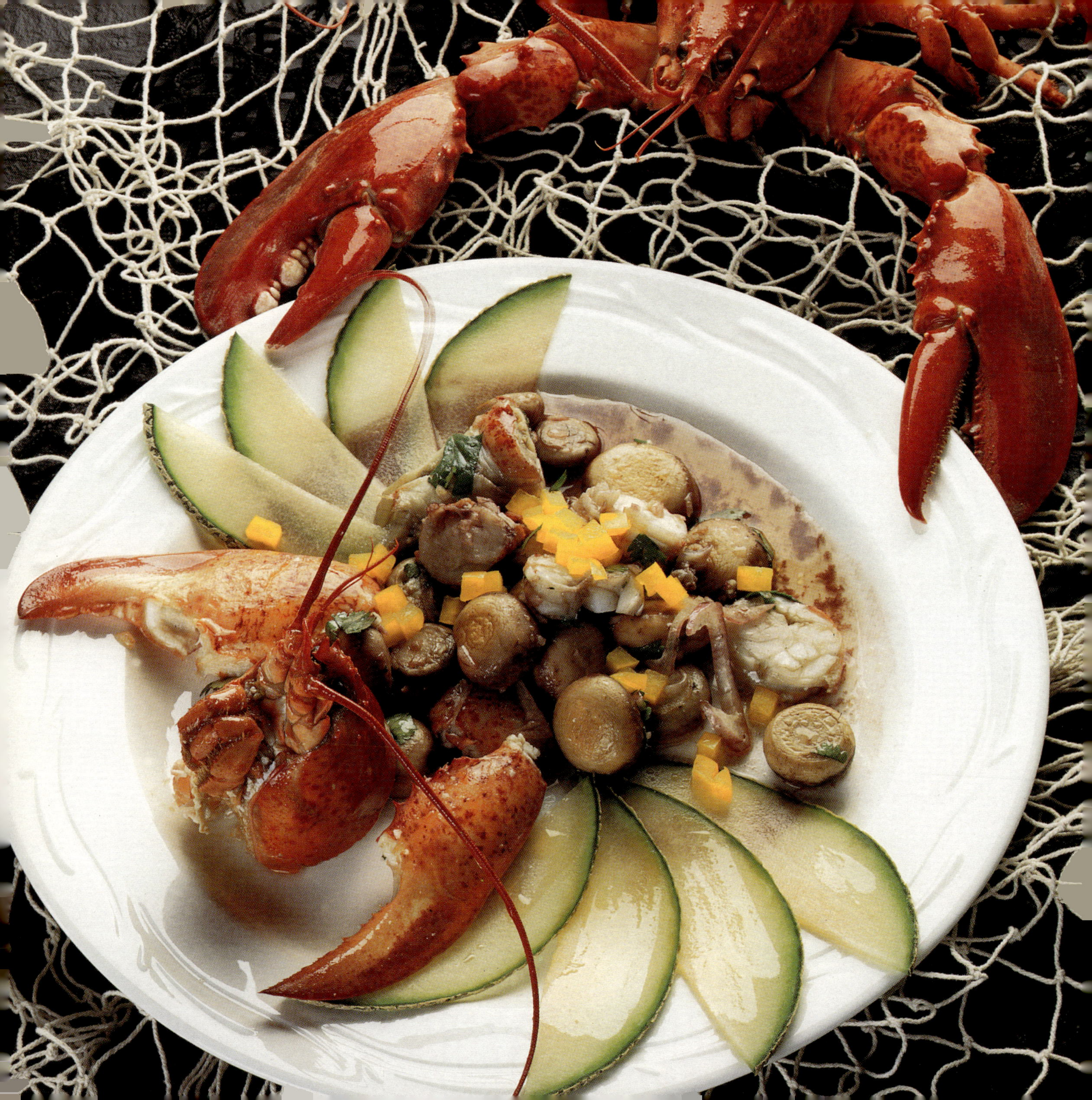

Salade de homard au vin de Banyuls

Comment aurais-je pu oublier ce merveilleux crustacé, juste cuit à point, mariné avec huile, coriandre et vinaigre, puis servi avec de petits boutons de champignons et du vin de Banyuls? Une aventure…

Pour 4 personnes

3 homards de 454 g (1 lb) chacun
125 ml (½ tasse) de vin de Banyuls
1 échalote hachée finement
30 ml (2 c. à soupe) de coriandre fraîche, hachée
500 ml (2 tasses) de boutons de champignons de Paris
45 ml (3 c. à soupe) d'huile d'olive
sel et poivre au goût
15 ml (1 c. à soupe) de vinaigre balsamique
45 ml (3 c. à soupe) de poivron jaune, coupé en dés
½ cantaloup coupé en tranches fines
15 ml (1 c. à soupe) de ciboulette fraîche, hachée

Faites cuire les homards à l'eau bouillante salée et vinaigrée pendant 10 minutes, puis pratiquez une incision sur la tête et laissez-les égoutter. Retirez la chair du coffre et des pinces. Enlevez le boyau amer, appelé aussi intestin, puis découpez la chair en tronçons.

Mélangez le Banyuls avec l'échalote et la coriandre. Faites sauter les boutons de champignons à l'huile d'olive pendant 4 à 5 minutes, salez et poivrez. Retirez et conservez le tout dans un plat, ajoutez le homard et le vin, puis ajoutez le vinaigre balsamique et les dés de poivron jaune. Servez avec de fines tranches de melon et saupoudrez de ciboulette hachée.

On peut se procurer du homard toute l'année, par contre, la meilleure saison se trouve pendant les mois de juin, de juillet et d'août.

Salade de homard à l'avocat

Pour 4 personnes

2 homards femelles de 454 à 570 g (1 à 1¼ lb)
2 avocats Hass, à peine mûrs
1 citron
45 ml (3 c. à soupe) de jus d'orange
15 ml (1 c. à soupe) de moutarde à l'estragon
45 ml (3 c. à soupe) de yogourt
30 ml (2 c. à soupe) d'huile d'olive
1 échalote hachée
1 pointe d'ail, hachée
30 ml (2 c. à soupe) de vinaigre balsamique
sauce Tabasco au goût
sel et poivre au goût
2 pommes de radicchio
15 ml (1 c. à soupe) de ciboulette hachée

Faites cuire les homards à l'eau bouillante salée pendant 10 minutes. Égouttez-les, puis ouvrez-les. Enlevez la poche à gravier et le boyau amer qui se trouve au milieu. Cassez les pinces et récupérez la chair. Découpez la chair du coffre en morceaux. Coupez les avocats et retirez-en les noyaux. Enlevez la peau, puis frottez-la au citron. Découpez-la grossièrement en morceaux. Mélangez le jus d'orange avec la moutarde et le yogourt. Ajoutez l'huile d'olive et l'échalote hachée, puis l'ail et le vinaigre. Mélangez le homard et l'avocat à cette sauce, puis relevez avec de la sauce Tabasco. Salez et poivrez. Servez sur une chiffonnade de radicchio et saupoudrez de ciboulette hachée.

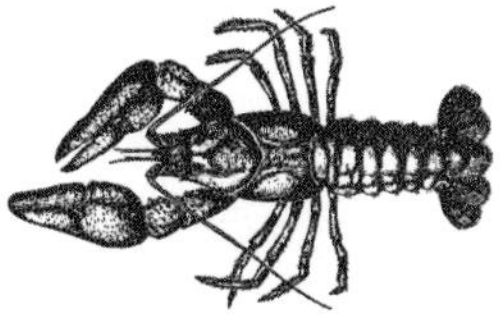

Salade de saumon de l'Atlantique aux asperges

Existe-t-il un meilleur poisson que le saumon de l'Atlantique fraîchement pêché? Passant de l'ocre au rosé lorsqu'il s'est nourri de crevettes, il est à son meilleur au début du printemps.

Pour 4 personnes

200 g (7 oz) de saumon frais
60 ml (4 c. à soupe) d'huile d'olive extra-vierge
2 citrons
2 tranches de jambon cru
1 botte d'asperges vertes
2 endives
poivre au goût
15 ml (1 c. à soupe) de cerfeuil frais, haché
30 ml (2 c. à soupe) de parmesan frais

Coupez le saumon en petites tranches et aplatissez-les entre deux morceaux de papier plastique. Disposez-les dans un plat large et faites mariner avec l'huile d'olive et le jus de deux citrons. Préchauffez le four à température tiède, soit à 65°C (150°F), et laissez sécher le jambon cru pendant 30 minutes, puis hachez-le et ajoutez-le à la marinade. Découpez les pointes d'asperges et faites-les cuire une première fois à l'eau bouillante salée pendant 3 minutes. Égouttez-les et disposez-les dans un plat de service. Essuyez les endives et découpez-les grossièrement en morceaux, puis ajoutez-les aux asperges. Répartissez sur le dessus les tranches de saumon et la marinade. Passez au four à *broil*, pendant 2 minutes, puis ajoutez le poivre du moulin, le cerfeuil haché et le parmesan.

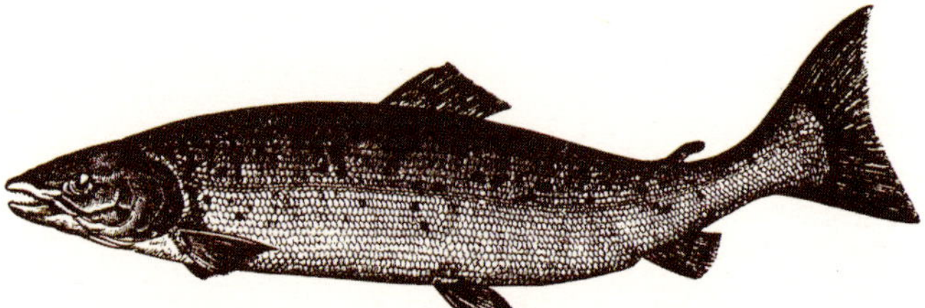

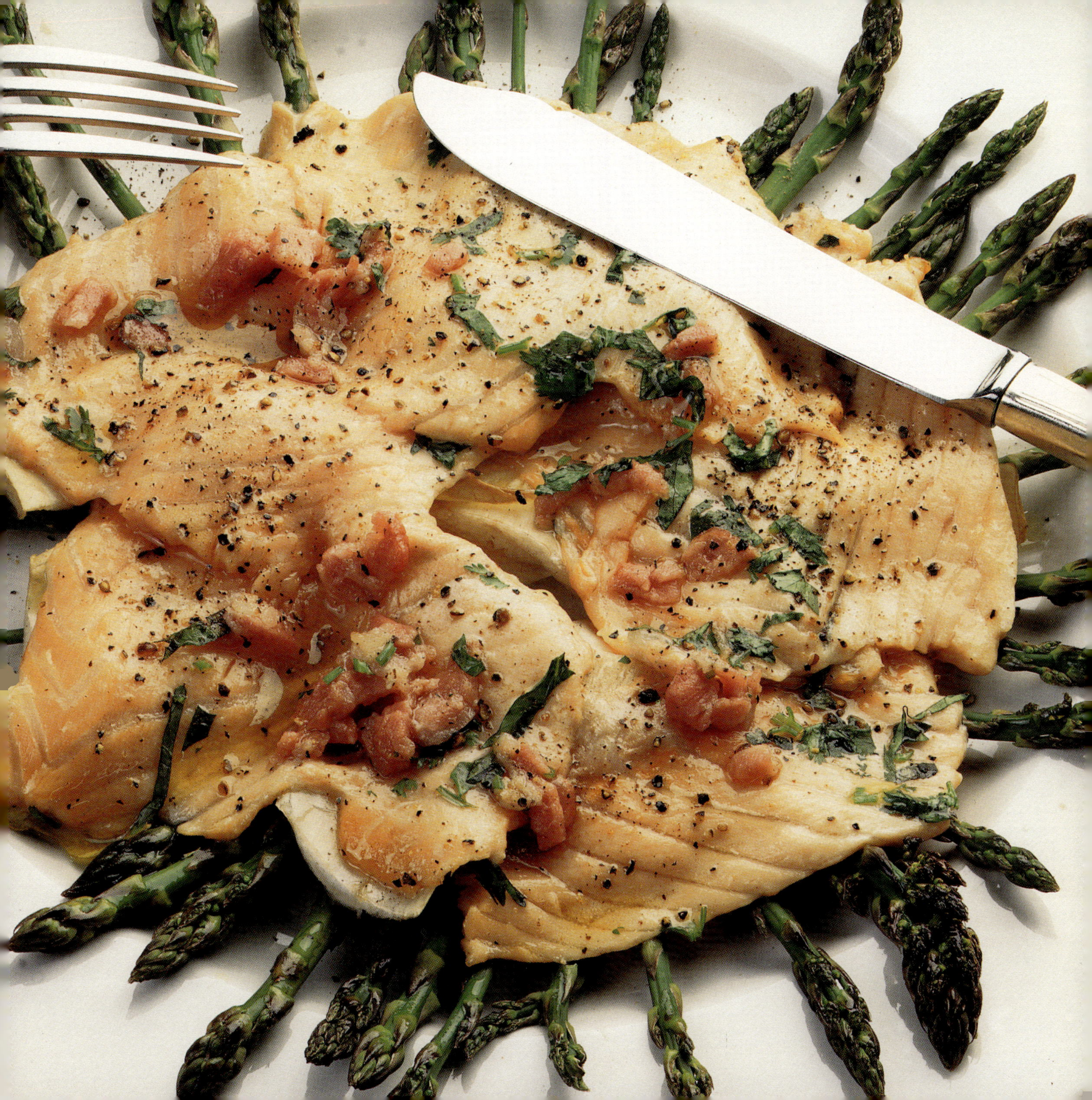

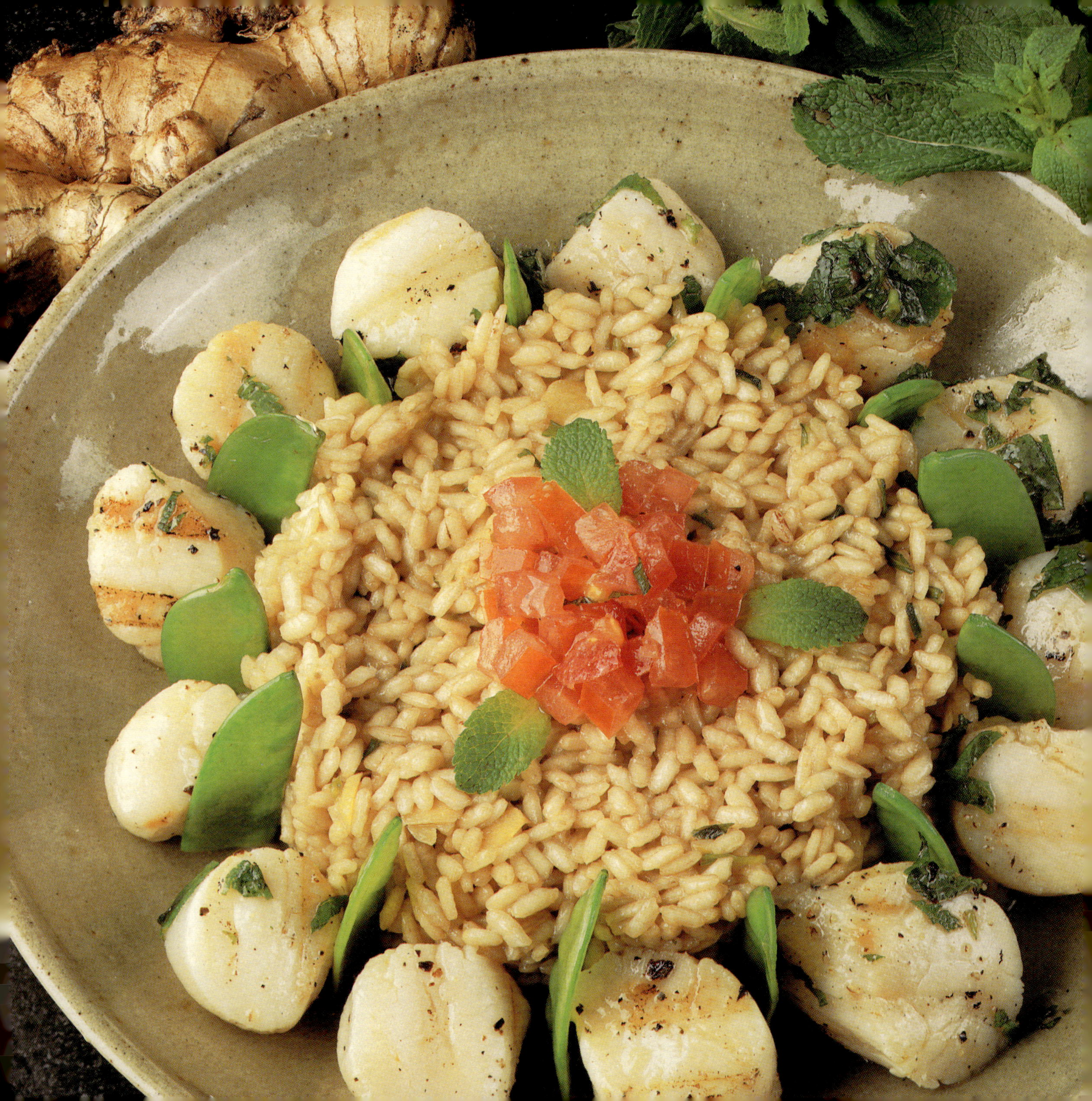

Salade de pétoncles marinés dans le lait de coco

POUR 4 PERSONNES

300 g (10 oz) de pétoncles frais
ou de coquilles Saint-Jacques décortiquées
1 petit oignon émincé
½ poivron vert, coupé en julienne
½ gousse d'ail, hachée
½ concombre émincé
6 citrons verts
sel et poivre au goût
1 noix de coco
ou 1 petite boîte de lait de coco en conserve
15 ml (1 c. à soupe) de gingembre frais, râpé
30 ml (2 c. à soupe) de coriandre fraîche
feuilles de salade (facultatif)

Dénervez bien les noix de pétoncle et coupez-les en deux ou en trois, si elles sont trop grosses. Dans un saladier, ajoutez l'oignon, le poivron, l'ail et le concombre, puis le jus des citrons verts. Salez, poivrez, puis laissez mariner pendant 10 minutes. Cassez la noix de coco et récupérez la pulpe blanche. Concassez grossièrement la pulpe, passez-la au robot, puis extrayez-en le jus en pressant la pulpe dans un linge pour obtenir le lait. Ajoutez le lait de coco à la marinade avec le gingembre et la coriandre fraîche. Salez et poivrez de nouveau, puis servez sur des feuilles de salade ou directement dans l'assiette.

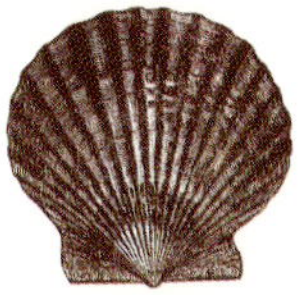

Salade de petits légumes à la moelle et au gros sel

Du panais au rutabaga, en passant par le navet, le céleri, la carotte ainsi que les haricots verts ou jaunes, ce mélange de petits légumes est cuit à la vapeur. On y ajoute une touche de moelle et du gros sel.

POUR 4 PERSONNES

2 carottes épluchées et coupées en bâtonnets
1 navet blanc, épluché et coupé en bâtonnets
1 poignée de haricots verts, frais
1 poignée de haricots jaunes, frais
2 branches de céleri
1 rutabaga ou panais, épluché et coupé en bâtonnets
½ gousse d'ail, hachée
30 ml (2 c. à soupe) de sauce soja ou tamari
60 ml (4 c. à soupe) d'huile d'olive
30 ml (2 c. à soupe) de vinaigre balsamique
30 ml (2 c. à soupe) de basilic frais, haché
3 os à moelle
45 ml (3 c. à soupe) de persil plat, haché
gros sel de mer au goût

Faites cuire tous les légumes à la vapeur et gardez-les croquants *al dente*. Dans un saladier, mélangez l'ail, la sauce soja, l'huile d'olive, le vinaigre balsamique et le basilic, puis mélangez tous les légumes dans cette sauce. Pochez les os à moelle pendant 5 minutes à l'eau frémissante, retirez ensuite la moelle de l'intérieur de l'os et découpez-la en morceaux. Servez les légumes dans un saladier. Répartissez la moelle sur le dessus et saupoudrez de persil plat et de gros sel.

Salade de lentilles vertes aux boulettes de porc épicé

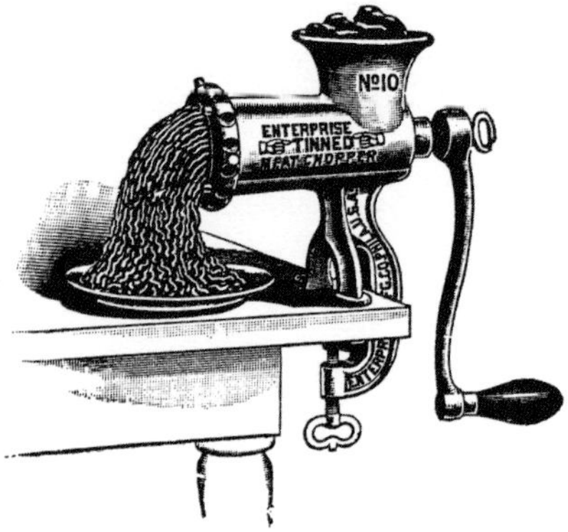

Pour 6 à 8 personnes

150 g (5 oz) de petits oignons perles, de semence
454 g (1 lb) de lentilles vertes du Puy
4 tranches de bacon en lanières
2 gousses d'ail, hachées, sans le germe
1 tomate coupée en dés
1 carotte épluchée et coupée en rondelles
sel et poivre au goût
225 g (env. ½ lb) de porc haché, extra-maigre
1 petit piment haché
60 ml (4 c. à soupe) de coriandre hachée
10 ml (2 c. à thé) de moutarde provençale
100 g (3½ oz) de gruyère râpé
un peu de sel
60 ml (4 c. à soupe) d'huile végétale
90 ml (6 c. à soupe) de vinaigrette au choix

Épluchez les petits oignons et faites-les cuire à l'eau bouillante salée. Dans une grande casserole, mettez les lentilles dans 4 à 5 litres (16 à 20 tasses) d'eau avec le bacon, l'ail, la tomate et la carotte, salez, poivrez et faites cuire pendant 35 à 40 minutes. Dans un saladier, mélangez ensemble le porc haché, le piment, la coriandre, la moutarde et le gruyère râpé. Salez légèrement, puis confectionnez de petites boulettes de la grosseur d'une bille et disposez-les sur une plaque à four huilée. Faites cuire à 180°C (350°F) pendant 5 minutes, puis laissez refroidir.

Lorsque les lentilles sont cuites, égouttez l'eau de cuisson et mélangez-les avec les boulettes et les oignons, ajoutez la vinaigrette de votre choix, puis salez et poivrez de nouveau si nécessaire. Servez.

Cette salade est une véritable salade-repas. Elle peut donc constituer un repas à elle seule. Vous pouvez la manger froide ou chaude.

Les vinaigrettes

Savez-vous pourquoi on appelle encore la vinaigrette, en Amérique du Nord, vinaigrette française? Tout simplement à cause d'un Français qui vivait à Londres. En effet, le chevalier d'Albignac lança cette mode dans la haute bourgeoisie londonienne qui adopta la recette et qui la répandit outre-Manche. Il existe bon nombre de recettes. Je vais vous donner celles que je préfère.

- Vinaigrette aux fines herbes
- Vinaigrette à l'échalote
- La dijonnaise crémeuse à l'anchois
- Vinaigrette provençale
- Vinaigrette côté Sud
- Vinaigrette au bleu de Saint-Agur

Préparez vos vinaigrettes à l'avance et gardez-les au réfrigérateur pour éviter le rancissement des huiles. Cela est valable aussi pour les vinaigrettes qui contiennent des jaunes d'œufs et qui doivent être consommées rapidement. Si la vinaigrette se sépare lorsqu'elle est à la température de la pièce, passez-la au mélangeur avec un peu d'eau tiède.

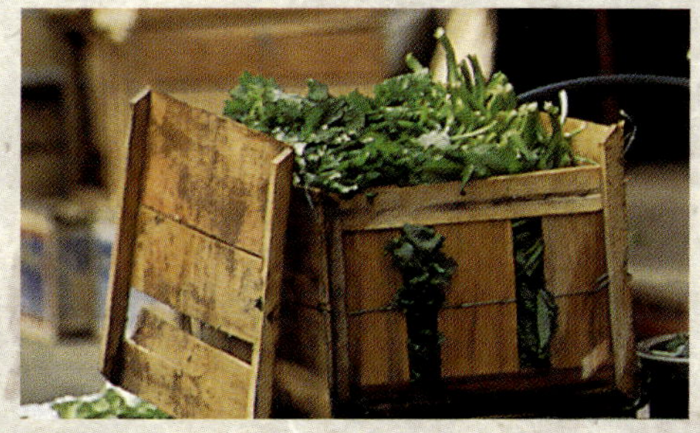

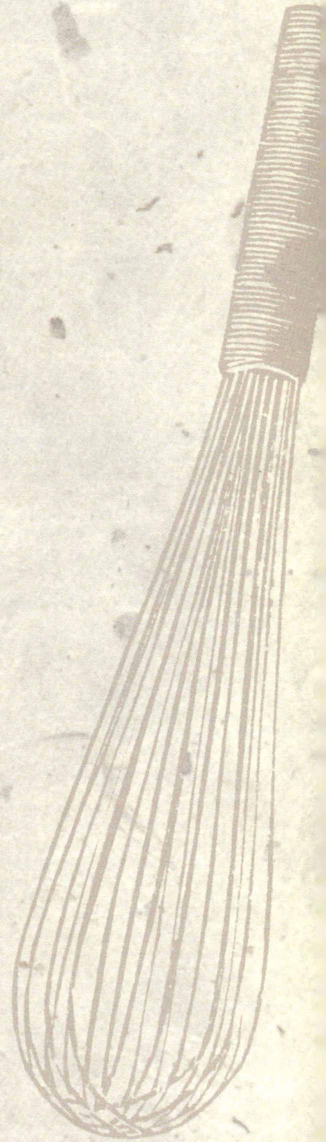

Vinaigrette aux fines herbes

Donne 500 ml (2 tasses)
Conservation:
1 semaine au réfrigérateur

150 ml (⅔ tasse) de yogourt nature (3 à 8 % de matières grasses)
60 ml (4 c. à soupe) de moutarde de Dijon
45 ml (3 c. à soupe) de vinaigre de fruits
250 ml (1 tasse) d'huile de tournesol ou d'huile de soja
60 ml (4 c. à soupe) de fines herbes au choix
15 ml (1 c. à soupe) de câpres fines
sel et poivre au goût

Mélangez le yogourt et la moutarde, puis ajoutez le vinaigre de fruits. Versez l'huile progressivement au mélange. Ajoutez les fines herbes et les câpres. Salez et poivrez.

Pour le service, vous pouvez diluer cette préparation avec un peu d'eau tiède ou de jus de citron. (Il faut toutefois goûter pour vérifier l'acidité de la vinaigrette.)

Exemples de vinaigrettes de fruits: fraise, vanille, framboise, bleuet, etc.

Vinaigrette à l'échalote

Donne 500 ml (2 tasses)
Conservation:
1 à 2 semaines au réfrigérateur

1 jaune d'œuf
45 ml (3 c. à soupe) de moutarde de Dijon
45 ml (3 c. à soupe) de vinaigre balsamique
250 ml (1 tasse) d'huile d'olive
75 ml (5 c. à soupe) de vinaigre de vin vieux ou de xérès
30 ml (2 c. à soupe) de cerfeuil haché finement
sel et poivre au goût
eau (facultatif)
4 échalotes hachées finement

Mélangez le jaune d'œuf avec la moutarde forte, ajoutez le vinaigre balsamique, puis incorporez progressivement l'huile d'olive en travaillant avec le fouet. Ajoutez le vinaigre de vin, le cerfeuil, le sel et le poivre. Allongez avec de l'eau (si désiré), puis ajoutez les échalotes hachées.

Les échalotes peuvent être marinées quarante-huit heures à l'avance dans le vinaigre de vin vieux.

La dijonnaise crémeuse à l'anchois

Donne 500 ml (2 tasses)
Conservation:
1 semaine au réfrigérateur

75 ml (5 c. à soupe) de moutarde de Dijon crémeuse
6 anchois hachés finement
60 ml (4 c. à soupe) de vinaigre balsamique
le jus d'un citron vert (limette)
400 ml (1⅔ tasse) d'huile végétale (olive, arachide, tournesol, etc.)
30 ml (2 c. à soupe) de ciboulette hachée
poivre moulu

Mélangez la moutarde avec les anchois. Ajoutez le vinaigre, puis le jus de citron. Fouettez en incorporant progressivement l'huile végétale. Ajoutez ensuite la ciboulette et le poivre.

Si la vinaigrette est trop épaisse, elle peut être allongée avec un peu d'eau froide.

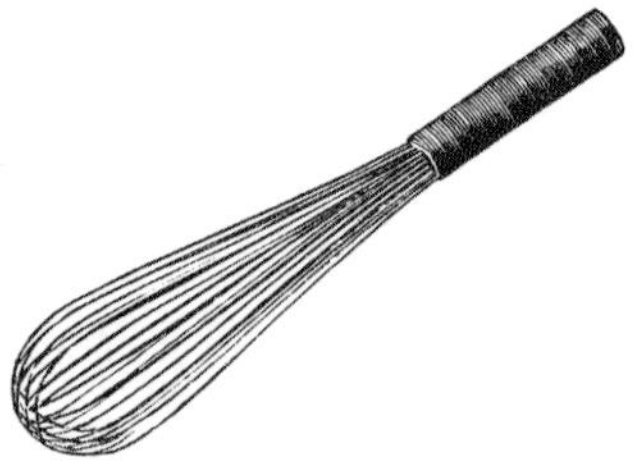

Vinaigrette provençale

J'aurais aimé naître dans le pays de Pagnol et des oliviers. C'est l'arbre que je préfère, mais j'affectionne particulièrement le fruit qui nous procure cette merveilleuse huile parfumée: l'olive.

Donne 500 ml (2 tasses)
Conservation:
2 semaines au réfrigérateur

1 tomate mûre, émondée et épépinée
45 ml (3 c. à soupe) d'huile d'olive
1 gousse d'ail hachée, sans le germe
8 feuilles de basilic, hachées grossièrement
une pincée de sucre
30 ml (2 c. à soupe) de moutarde aux poivrons
15 ml (1 c. à soupe) d'herbes de Provence
125 ml (½ tasse) d'huile d'olive
le jus de 4 citrons
sel et poivre au goût

Coupez la tomate en dés fins et faites revenir dans 45 ml (3 c. à soupe) d'huile d'olive, ajoutez ail et basilic. Faites cuire pendant 3 minutes, puis ajoutez le sucre. Laissez refroidir.

Mélangez moutarde et herbes de Provence, puis incorporez au premier mélange, montez le tout à l'aide d'un fouet en ajoutant peu à peu l'huile d'olive. Ajoutez ensuite le jus de citron, salez et poivrez.

Vinaigrette côté Sud

Donne 500 ml (2 tasses)
Conservation:
2 semaines au réfrigérateur

60 ml (4 c. à soupe) de moutarde aux poivrons
45 ml (3 c. à soupe) de pesto
90 ml (6 c. à soupe) de vinaigre balsamique
250 ml (1 tasse) d'huile d'olive extra-vierge
le jus d'un citron
60 ml (4 c. à soupe) de jus de tomate
sel et poivre au goût

Mélangez la moutarde aux poivrons avec le pesto. Ajoutez le vinaigre balsamique et remuez. Versez progressivement l'huile d'olive, ajoutez le jus de citron, puis le jus de tomate. Salez et poivrez si nécessaire.

Vinaigrette au bleu de Saint-Agur

J'adore le bleu, et outre le stilton, le gorgonzola et le roquefort, le Saint-Agur apporte le crémeux et le fondant recherché.

Donne 500 ml (2 tasses)
Conservation:
1 à 2 semaines au réfrigérateur

100 g (3½ oz) de bleu de Saint-Agur
30 ml (2 c. à soupe) de moutarde forte
le jus de 2 citrons verts
10 ml (2 c. à thé) de pins pignons
250 ml (1 tasse) d'huile d'arachide
90 ml (6 c. à soupe) de vinaigre de vin ou de vinaigre balsamique
15 ml (1 c. à soupe) de coriandre fraîche ou de persil

Mélangez le fromage bleu avec la moutarde et le jus de citron. Passez au mélangeur avec les pins pignons et ajoutez progressivement l'huile, puis le vinaigre. Ajoutez ensuite la coriandre ou le persil.

Cette recette est excellente avec une salade croquante de haricots verts ou de petits légumes nouveaux, cuits à la vapeur.

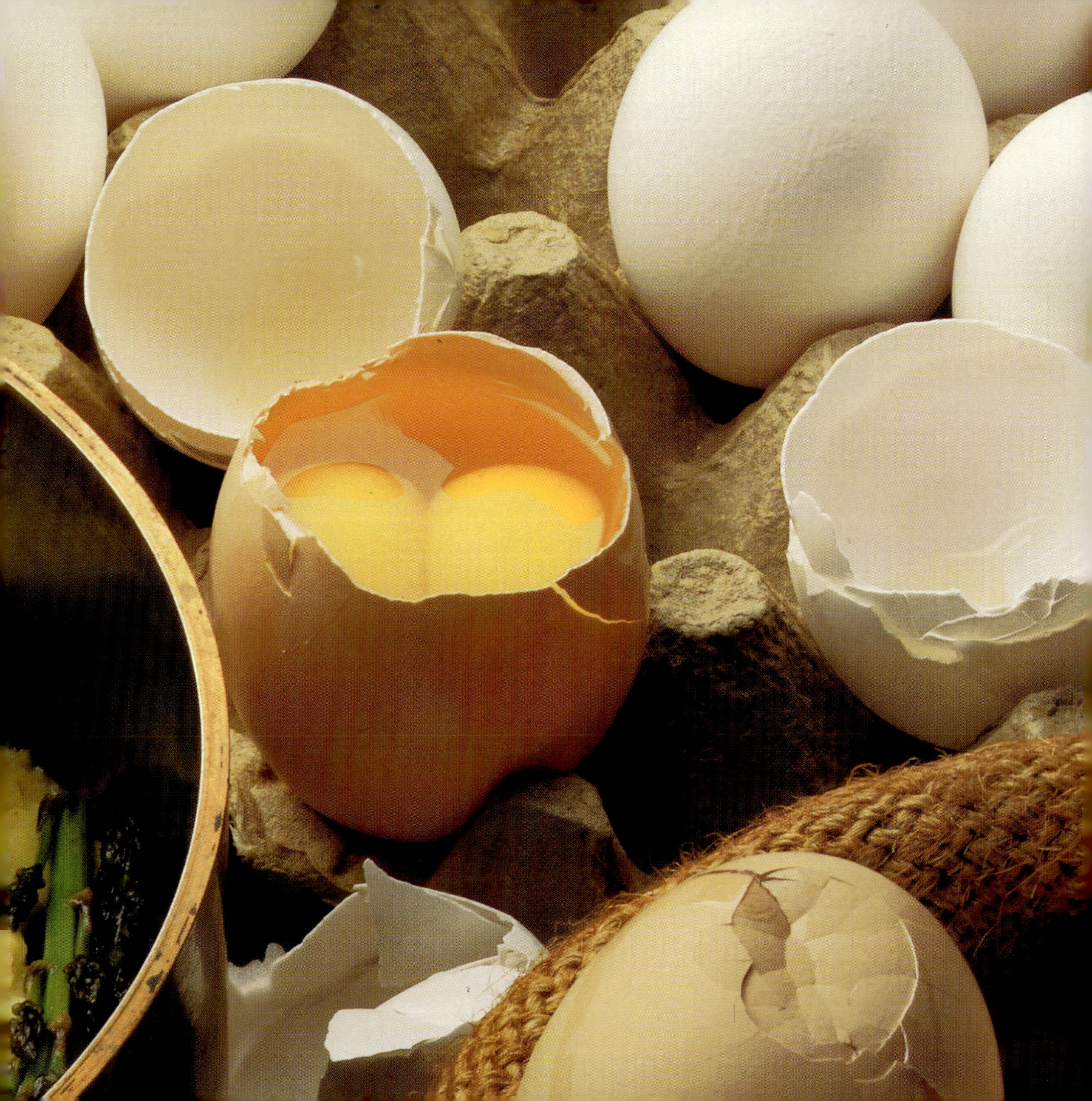

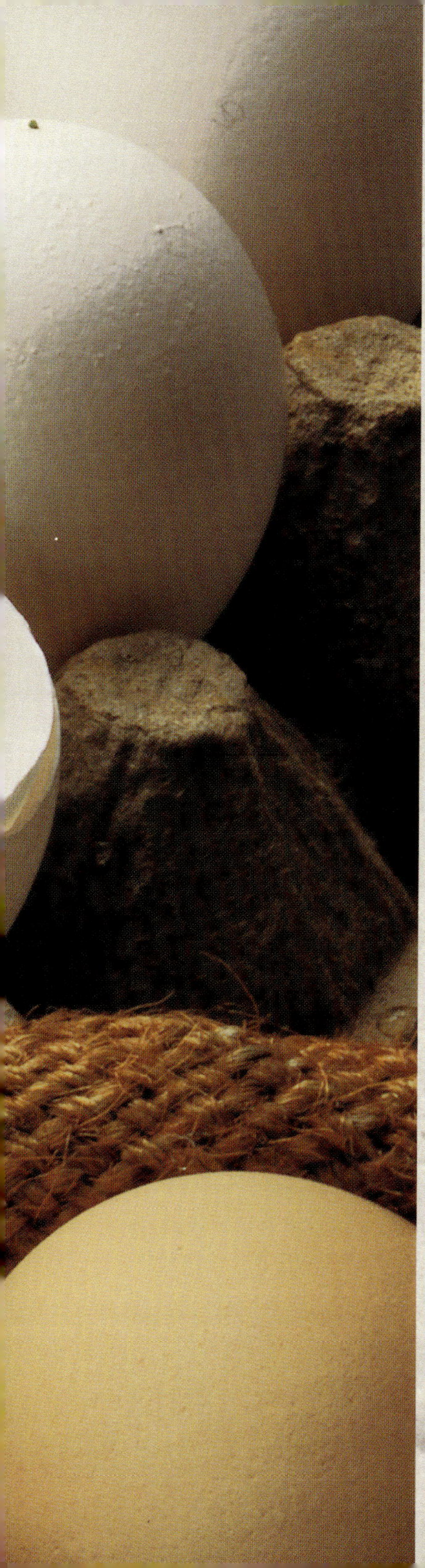

Les œufs

- L'œuf au plat Philippe
- Œufs brouillés à l'avocat et au cheddar
- Brouillade d'œufs aux asperges folles
- Omelette pizza-pizza
- Omelette artichauts et pleurotes au parmesan
- Œufs pochés *Le Vigneron*

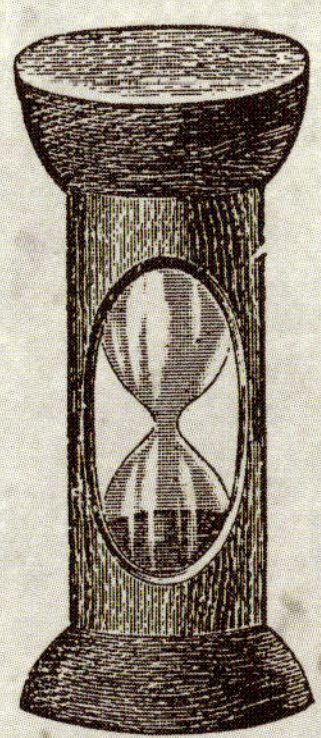

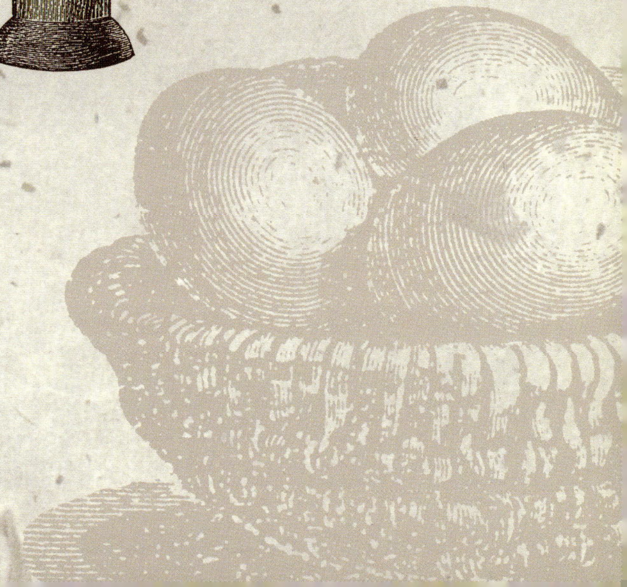

Qu'il soit de poule, de cane, de caille ou d'autruche, l'œuf suscite un intérêt croissant en alimentation. Les œufs de cent ans, spécialité chinoise, sont conservés dans la cendre et consommés dans la plus pure tradition asiatique, plusieurs semaines, voire plusieurs mois plus tard. L'œuf demeure un des ingrédients les plus utilisés, tant dans l'industrie de transformation (biscuiteries, pâtes alimentaires, desserts, etc.), que dans les préparations culinaires.

Grâce à l'albumine qu'il contient, l'œuf peut tout aussi bien servir à lier, comme dans les farces et les mousses, qu'à épaissir les sauces, les glaces et les crèmes. Cependant, l'œuf est fragile, et on doit prendre certaines précautions à la cuisson. Quand on fait des liaisons, il faut éviter la coagulation et la formation de grumeaux.

Il est faux de croire que les œufs bruns ont bien meilleur goût que les œufs blancs. C'est un mythe. La couleur de l'œuf dépend avant tout de la variété et de la race de la poule. Il y a plus de poules qui pondent des œufs blancs que de poules qui pondent des œufs bruns. L'œuf possède une grande valeur nutritive. Par exemple, un œuf de 40 g renferme 65 calories, 82 mg de phosphore, 35 % d'acides gras et 5 % de cholestérol. Outre ces propriétés, l'œuf est riche en vitamines A, B, B_{12}, D, en sodium, en zinc et en sélénium.

L'œuf peut parfois être la cause d'allergies alimentaires, surtout chez le jeune enfant. On doit

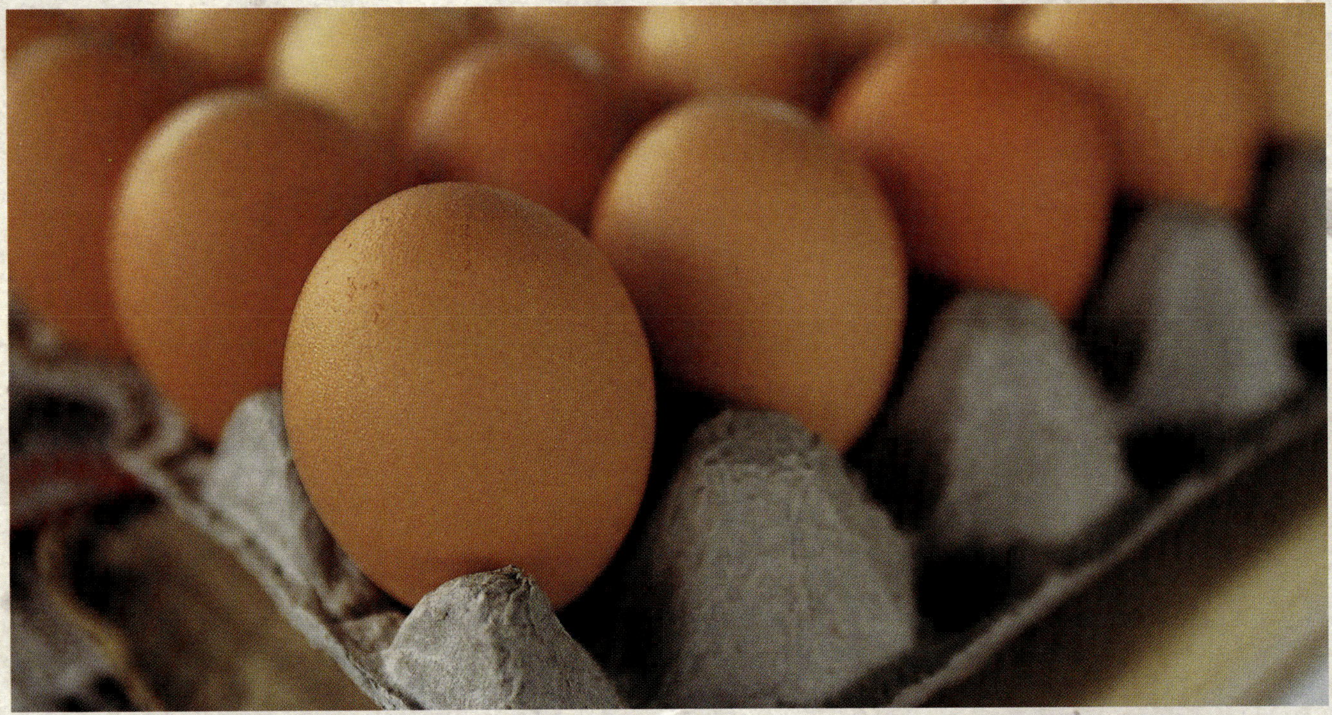

donc, même si parfois nous sommes tentés d'acheter des produits provenant de la ferme, s'assurer que certaines mesures concernant l'hygiène et la conservation ont été prises. L'œuf peut également être un poison, si le temps de consommation est dépassé. Une odeur nauséabonde s'en dégage et il doit être jeté. Lorsque le jaune se brise aisément ou se détache facilement du blanc, l'œuf manque de fraîcheur.

On doit vérifier la date d'emballage, en principe de 3 à 4 jours environ après la ponte, ainsi que la date de péremption. Les œufs doivent être gardés au réfrigérateur, de préférence dans leur boîte d'origine. Enfin, lorsque l'on utilise des œufs de provenance non contrôlée, on peut rencontrer certains problèmes de salmonelles, qui sont dus, en partie, à l'alimentation et à l'hygiène de la poule.

En cuisine, on utilise l'œuf dans toutes sortes de préparations. Voici donc un tableau de certaines cuissons que l'on rencontre souvent.

Genre de cuisson	Se cuit dans	Temps de cuisson
À la coque	eau, filet de vinaigre et sel	3 min.
Mollet	eau, filet de vinaigre et sel	5 à 7 min.
Dur	eau, filet de vinaigre et sel	15 à 17 min.

Pour la cuisson, l'eau doit commencer à frémir. Faites cuire ensuite à feu moyen.

Autres cuissons recherchées par les amateurs:	
Brouillé	crème ou lait, sel, beurre et poivre (facultatif)
Au miroir ou sur le plat	matière grasse, sel et poivre
Brisé	surtout utilisé dans la cuisine italienne pour les stracciatelles
Omelette	lait, matière grasse, sel et poivre

Il existe de nombreuses préparations culinaires faites à partir de l'œuf: au foie gras, brouillé aux truffes, en cocotte, florentine, etc.

Parfois, on utilise une seule partie de l'œuf. En pâtisserie, le blanc sert à confectionner les meringues, les œufs à la neige, etc. L'œuf se congèle aussi très bien. Toutefois, il est préférable de congeler le blanc et le jaune séparément. Ils doivent ensuite être utilisés rapidement.

On classe les œufs selon leur poids: petits, moyens, gros, extra-larges. Leur poids peut varier de 30 à 80 g (1 à 2½ oz). Évidemment, la grosseur de l'œuf peut influencer la recette. C'est aussi la raison pour laquelle on pèse les œufs, en pâtisserie. Pour ma part, je vous conseille d'utiliser des œufs de 50 à 60 g (env. 2 oz), ce sont des œufs moyens.

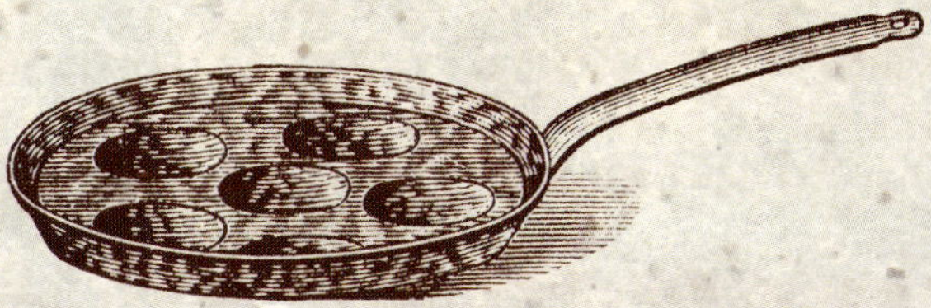

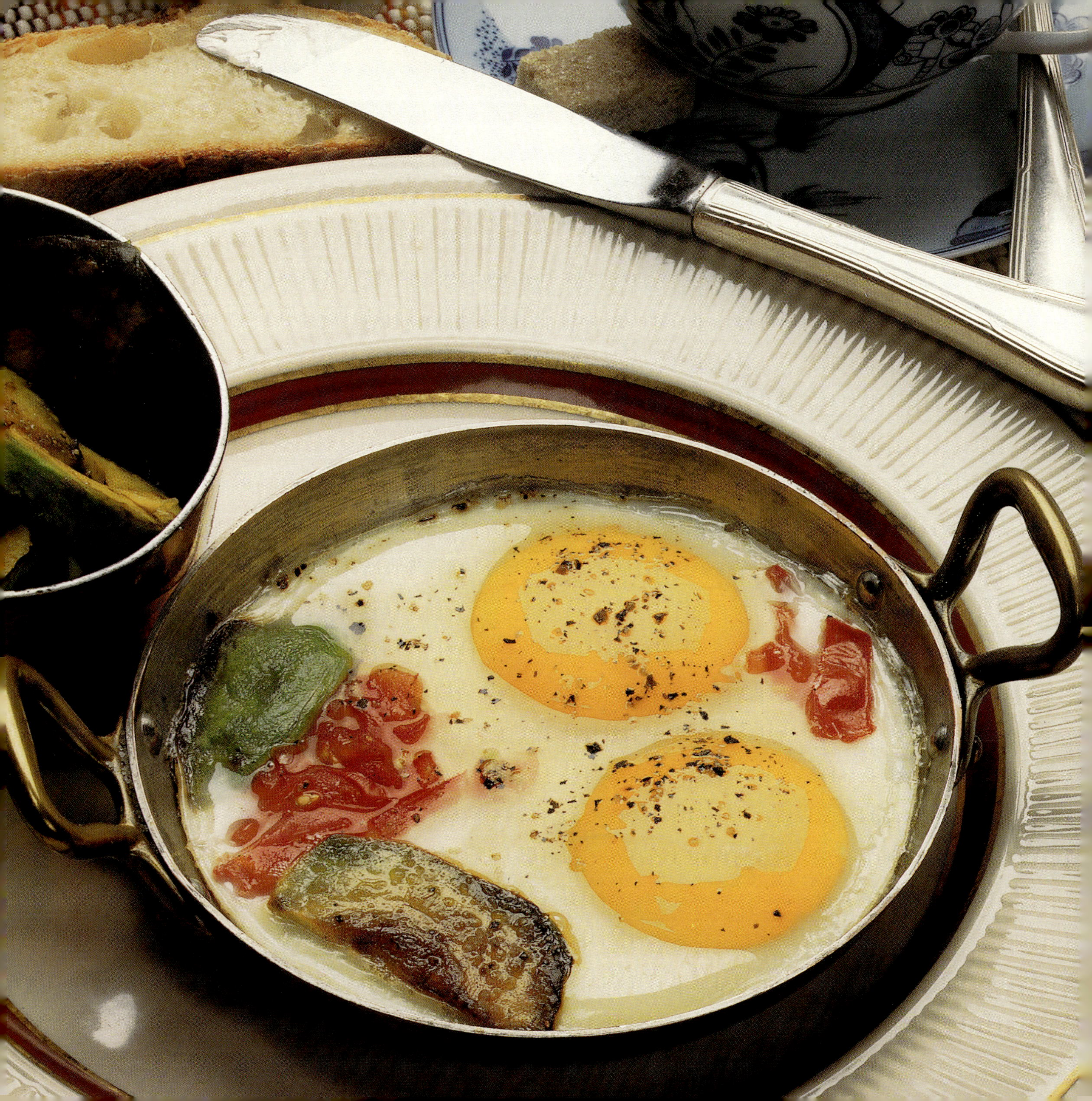

L'œuf au plat Philippe

Pourquoi ne pas changer d'habitudes et essayer quelque chose de nouveau? L'œuf au plat, communément appelé au miroir, porte-t-il ce nom parce qu'il nous renvoie notre image du matin? Ou tout simplement parce qu'il doit être lisse et brillant? Pour cela, une seule et unique façon de le faire cuire: doucement…

Pour 4 personnes

45 ml (3 c. à soupe) de beurre
8 œufs frais, moyens
1 avocat, pas trop mûr
30 ml (2 c. à soupe) de jus de citron
30 ml (2 c. à soupe) de sucre
30 ml (2 c. à soupe) de jus d'orange
1 tomate coupée en dés
sel et poivre au goût

Beurrez généreusement 4 petits plats à œufs, ce qui est l'idéal pour faire cuire les œufs. Cassez les œufs deux par deux et réservez-les. Épluchez l'avocat, puis découpez-le en tranches de 1 cm (½ po) d'épaisseur et citronnez-le. Avec le reste du beurre, faites dorer l'avocat sur les deux côtés. Saupoudrez de sucre et laissez cuire doucement pendant 1 à 2 minutes de chaque côté. Ajoutez le jus d'orange et laissez-le s'évaporer par réduction. Répartissez l'avocat dans les plats à œufs avec quelques dés de tomate autour des œufs. Salez, poivrez et faites cuire à feu très doux pendant environ 3 à 5 minutes, jusqu'à ce que le blanc soit brillant, lisse mais cuit.

Œufs brouillés à l'avocat et au cheddar

L'avocat Hass, un des meilleurs, est à son maximum pendant les mois de mai et de juin. Il ne faut pas l'acheter trop mûr ni trop vert. Pour s'en assurer, il faut que le noyau intérieur se détache quand on remue l'avocat.

Pour 4 personnes

1 avocat Hass
1 citron
30 ml (2 c. à soupe) d'huile d'olive
8 œufs frais
sel et poivre au goût
15 ml (1 c. à soupe) de cerfeuil frais, haché
1 échalote hachée
30 ml (2 c. à soupe) de beurre
45 ml (3 c. à soupe) de crème épaisse (crème à 35 %)
125 ml (½ tasse) de dés de cheddar fort
poivre du moulin

Épluchez l'avocat et frottez-le de citron. Faites chauffer l'huile d'olive et faites revenir l'avocat découpé en tranches de 1 cm (½ po) d'épaisseur. Salez, poivrez et réservez dans des assiettes. Cassez les œufs, salez et poivrez de nouveau, puis ajoutez le cerfeuil et l'échalote. Dans une casserole, ajoutez le beurre et, à feu moyen, à l'aide d'une cuillère de bois, faites une brouillade moelleuse. Ajoutez la crème, puis salez et poivrez de nouveau. Juste avant de sortir les œufs, versez le cheddar, remuez et ne laissez pas fondre le fromage. Servez sur les tranches d'avocat. Poivrez au moulin.

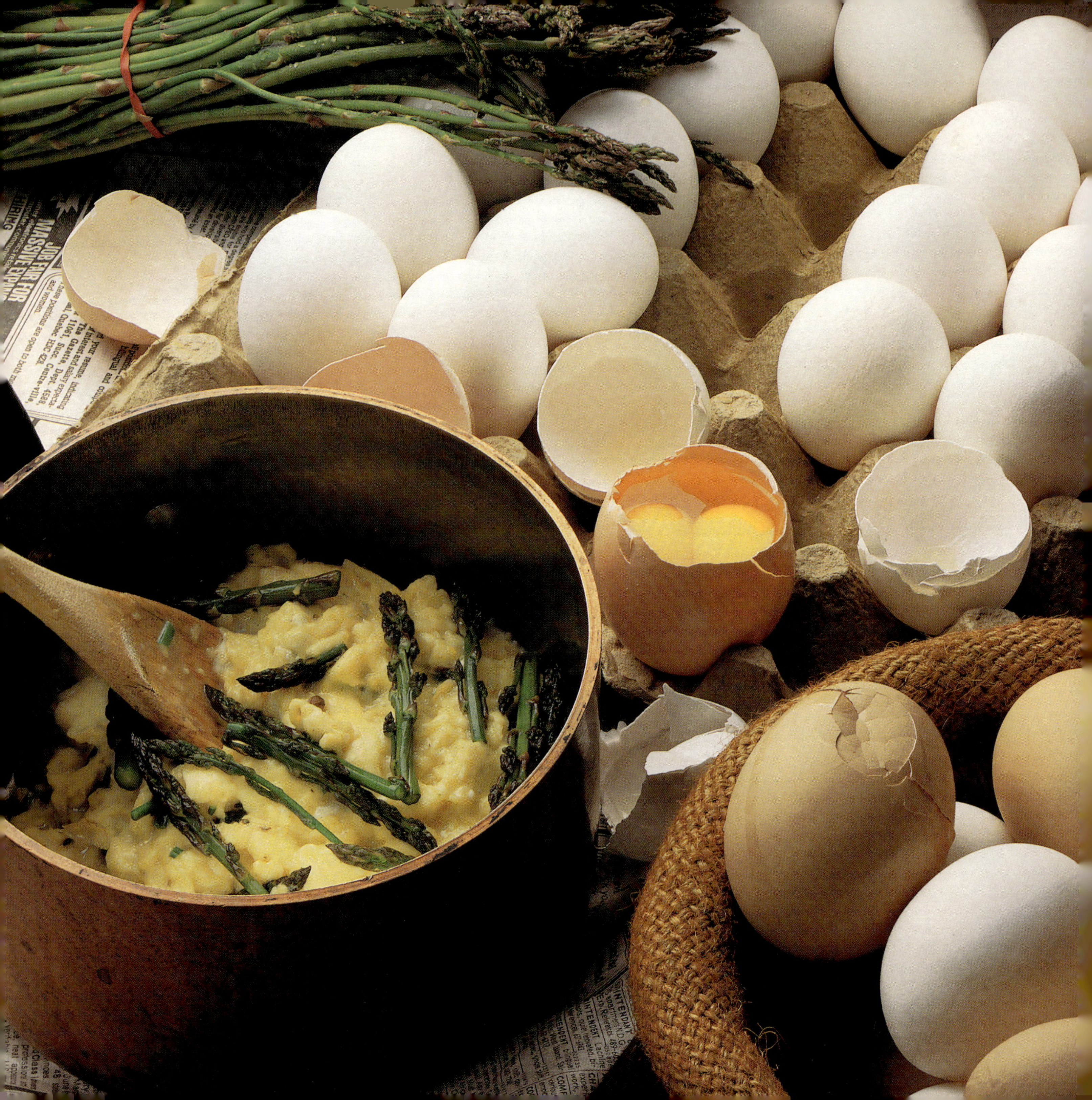

Brouillade d'œufs aux asperges folles

Nous avons toujours l'impression que, lorsque l'hiver est terminé, la nature au Québec voudrait comme se faire pardonner son retard en nous offrant une multitude de produits d'une finesse et d'une qualité remarquable. Que l'on songe aux têtes de violon, à l'ail des bois ou encore à ces petites asperges au goût si fin que l'on ose à peine leur couper la tête pour en faire des pointes.

Pour 4 personnes

1 petite botte d'asperges vertes
10 gros œufs
ou 12 moyens
sel et poivre au goût
15 ml (1 c. à soupe) de ciboulette fraîche, hachée
30 ml (2 c. à soupe) de beurre
45 ml (3 c. à soupe) de crème épaisse
(crème à 35 %)

Découpez les pointes d'asperges (gardez le pied pour un potage). Faites blanchir les pointes à l'eau bouillante pendant 2 minutes. Faites refroidir aussitôt à l'eau froide et réservez. Cassez les œufs, salez et poivrez. Battez les œufs avec la ciboulette. Dans une casserole, faites fondre le beurre à feu moyen, puis ajoutez les œufs et remuez à l'aide d'une spatule de bois. Lorsque les œufs commencent à prendre, ajoutez la crème et les asperges, puis salez et poivrez de nouveau, si nécessaire. Les œufs doivent rester moelleux.

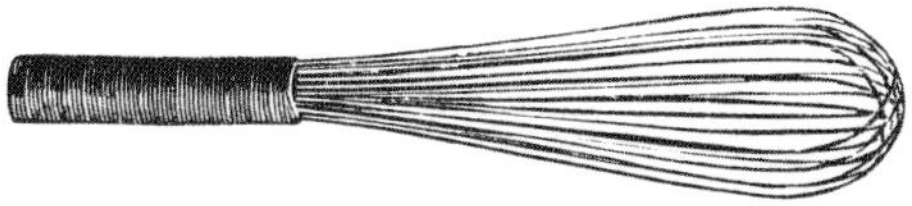

Omelette pizza-pizza

Un jour, j'ai réussi à faire une pizza sur le barbecue, mais plus tard, je poussais le vice à transformer la recette. J'y ai ajouté une omelette plate, garnie de saumon fumé et de poivrons, puis de la crème sure. Un dérivé du bagel, me direz-vous!

Pour 4 personnes

250 g (env. 8 oz) de pâte à pizza (voir recette p. 27)
30 ml (2 c. à soupe) d'huile d'olive
½ poivron coupé en petits dés
sel et poivre au goût
6 œufs frais, battus
125 ml (½ tasse) de base tomates et céleri
(voir recette p. 24)
4 anchois hachés finement
4 tranches de saumon fumé
45 ml (3 c. à soupe) de crème sure
15 ml (1 c. à soupe) de ciboulette fraîche

Étalez la pâte le plus large possible pour obtenir une épaisseur de 0,5 cm (¼ po). Faites cuire sur une tôle huilée à 200°C (400°F) pendant 3 à 4 minutes. Sortez la croûte, retournez-la et poursuivez la cuisson pendant 2 à 3 minutes. Faites chauffer l'huile et faites revenir doucement le poivron pendant 2 à 3 minutes. Salez et poivrez. Ajoutez les œufs, salez, poivrez, faites cuire l'omelette et terminez la cuisson au four à feu moyen pendant 2 minutes. Tartinez la croûte à pizza avec la base de tomates et céleri, puis ajoutez les anchois. Garnissez avec l'omelette aux poivrons. Ajoutez le saumon fumé en chiffonnade et la crème sure au milieu. Mettez au four à *broil*, pendant 1 minute. Ajoutez la ciboulette.

Si la base de tomates et céleri est trop liquide, réduisez-la pour qu'elle tienne sur la croûte à pizza.

Omelette artichauts et pleurotes au parmesan

POUR 4 PERSONNES

12 œufs frais, moyens
45 ml (3 c. à soupe) de lait
sel et poivre au goût
2 fonds d'artichaut déjà cuits
6 pleurotes
30 ml (2 c. à soupe) d'huile d'olive
45 ml (3 c. à soupe) de beurre
15 ml (1 c. à soupe) de ciboulette fraîche
45 ml (3 c. à soupe) de parmesan frais, râpé

Cassez les œufs, battez-les avec le lait, salez et poivrez. Découpez les fonds d'artichaut et les pleurotes en morceaux. Faites sauter à l'huile d'olive les légumes pendant 2 à 3 minutes, salez et poivrez. Faites chauffer le beurre dans la poêle et versez les œufs. Remuez afin de mélanger la cuisson des œufs, puis laissez prendre l'omelette. Farcissez le centre de l'omelette avec les pleurotes et les fonds d'artichaut. Ajoutez la ciboulette, puis retournez l'omelette pour la rouler. Ajoutez le parmesan et retournez l'omelette dans un plat de service.

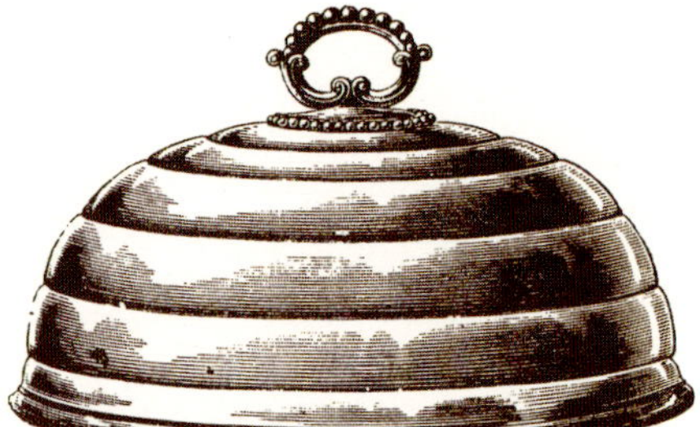

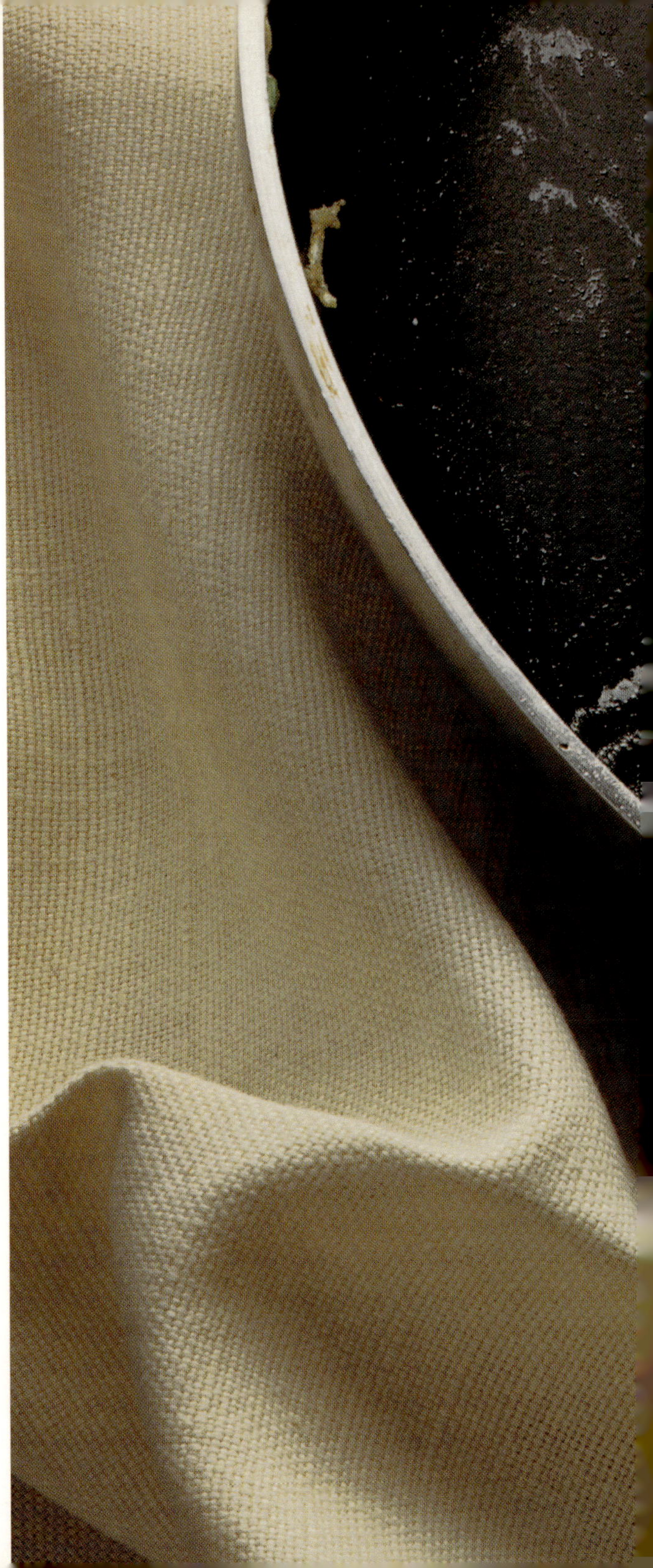

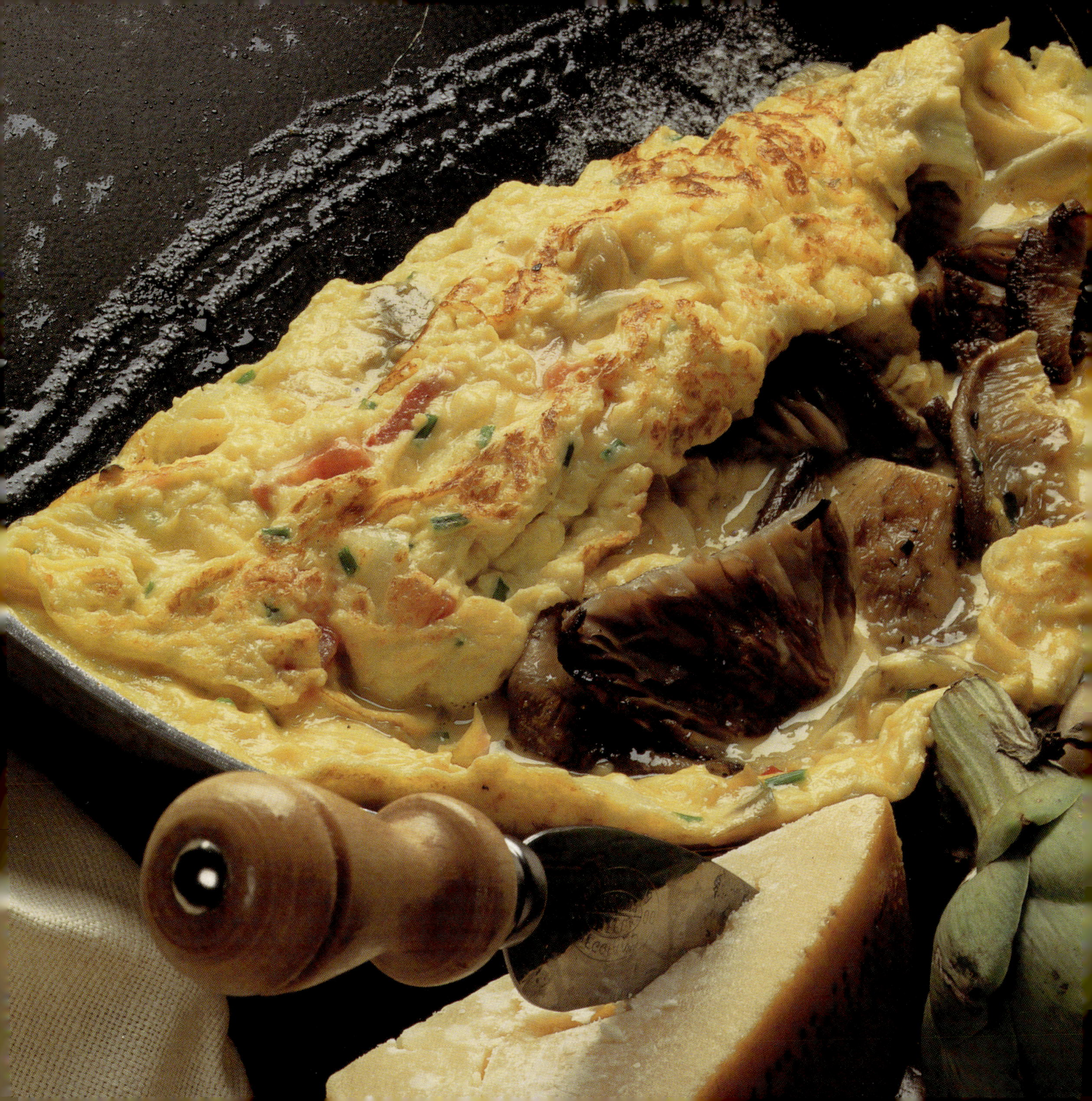

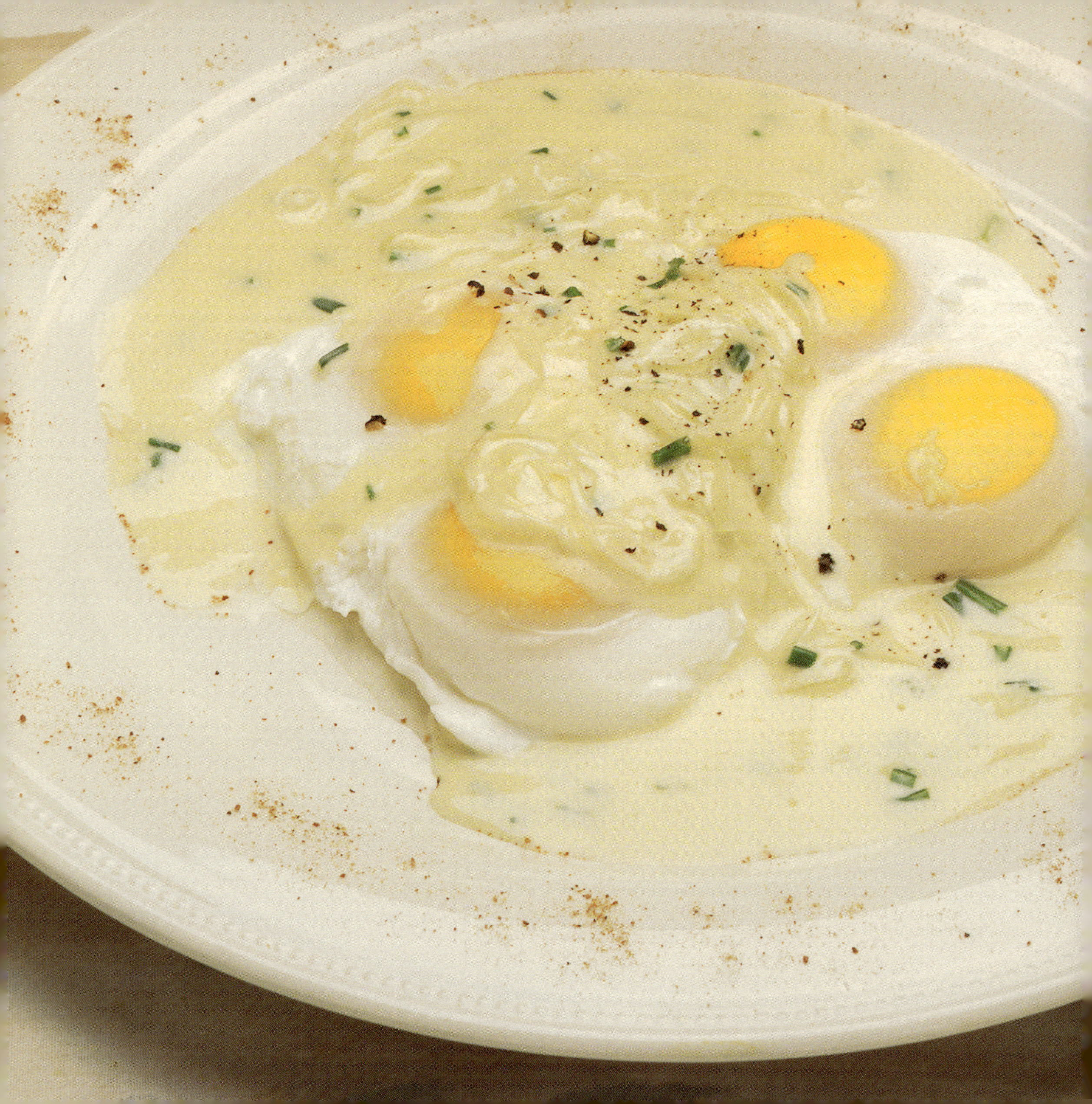

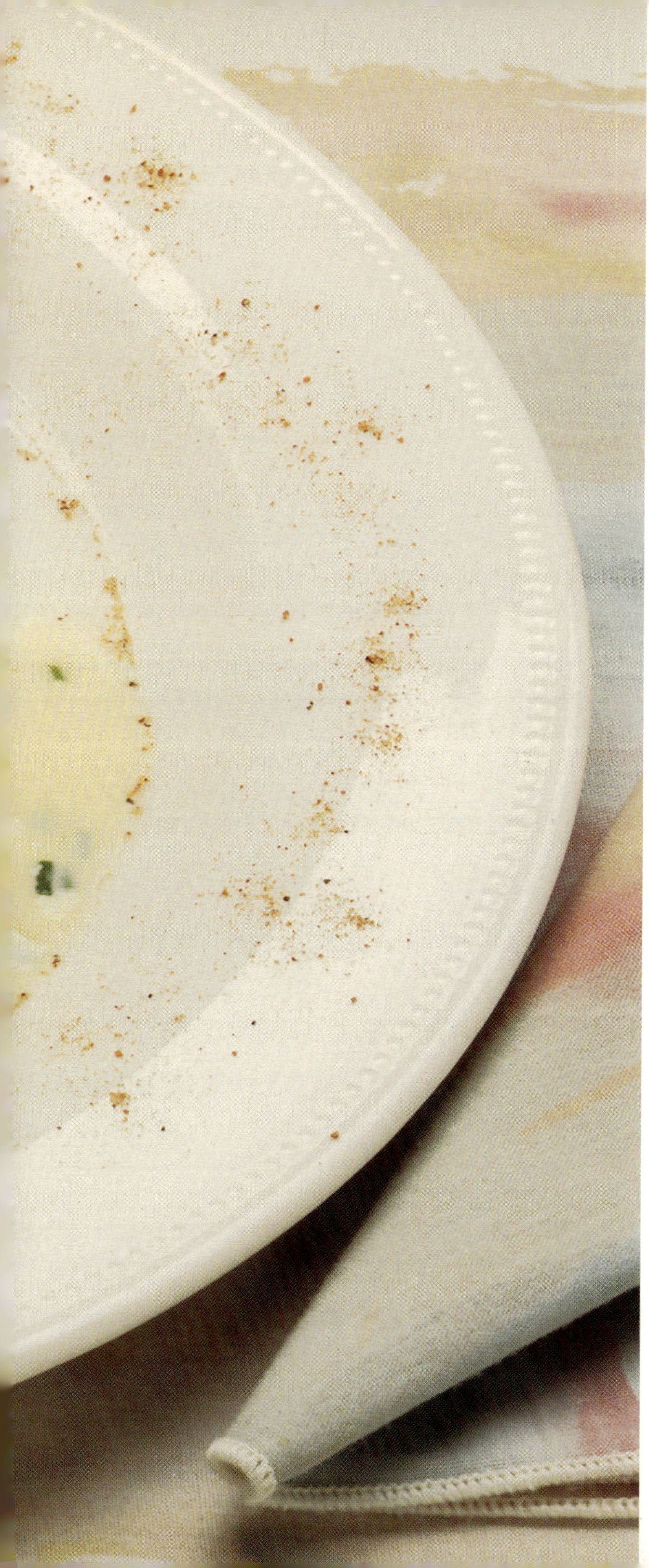

Œufs pochés Le Vigneron

Lors d'une prestigieuse semaine gastronomique à l'Hôtel Vogue de Montréal, je recevais un chef français, propriétaire de son restaurant à Reims, Le Vigneron. Hervé Liégent, devenu un ami par la suite, m'a surpris lorsqu'il m'a dit: «On va faire des œufs pochés au champagne!» Ma première réaction a été: «Cela coûte combien?» Puis lorsque j'ai finalement dégusté son fameux plat, je me suis dit que rien jamais ne remplacera le champagne...
D'où cette recette.

Pour 4 personnes

4 œufs bien frais
eau vinaigrée et salée pour pocher les œufs
45 ml (3 c. à soupe) de beurre
250 ml (1 tasse) d'oignons émincés
½ bouteille de champagne brut
250 ml (1 tasse) de crème épaisse (crème à 35 %)
sel et poivre au goût
1 soupçon de muscade
15 ml (1 c. à soupe) de persil frais, haché

Séparez les œufs dans quatre contenants, puis pochez-les à l'eau légèrement vinaigrée et salée pendant 3 minutes. Égouttez-les sur un linge. Faites chauffer une casserole avec le beurre et faites tomber les oignons pendant 2 à 3 minutes. Ajoutez le champagne et la crème, puis laissez réduire de moitié. Salez, poivrez, puis ajoutez la muscade et le persil. Disposez les œufs dans un plat à gratin ou dans une assiette et nappez-les de sauce. Mettez-les ensuite au four pendant 2 minutes.

On peut aussi ajouter dans la sauce une pointe d'ail, hachée.

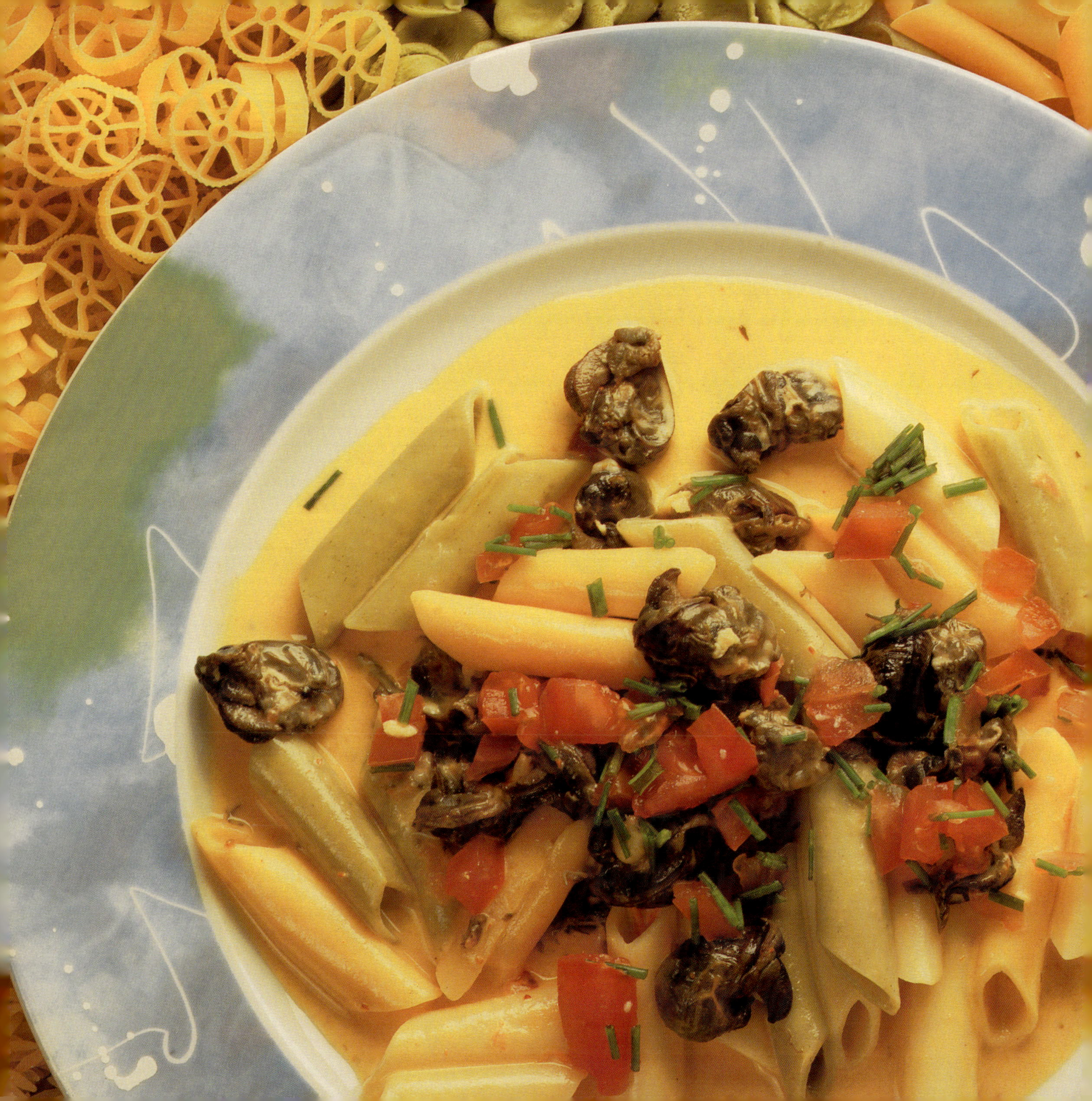

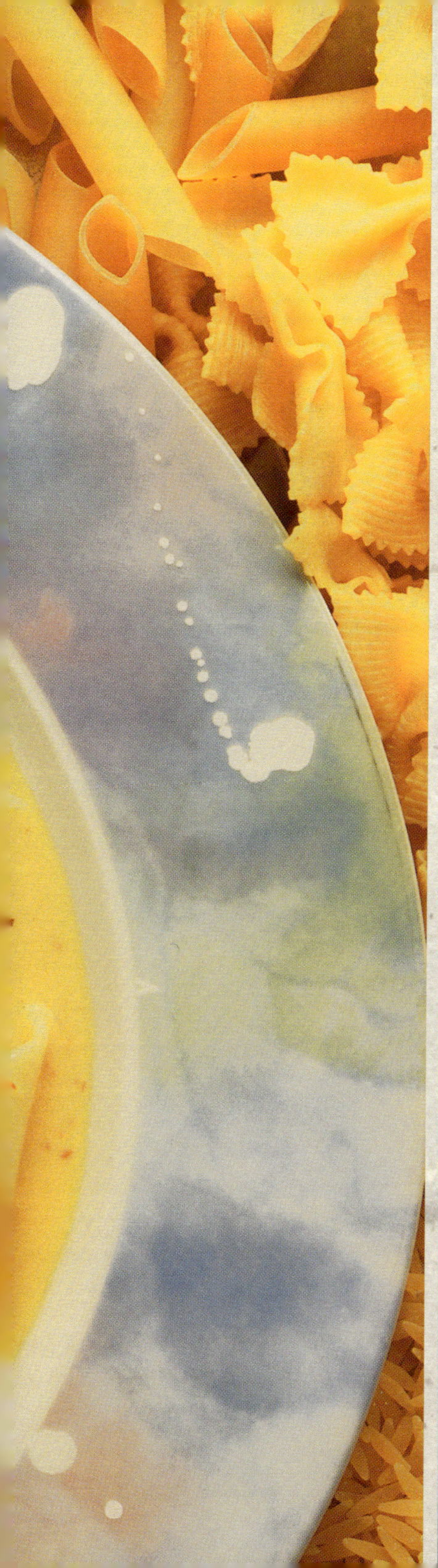

Les pâtes alimentaires

- *Penne aux escargots et au fond de veau*
- *Spaghetti au saumon fumé*
- *Terrine de nouilles au prosciutto*
- *Tortellini aux petits légumes*
- *Croustillant de farfalle à la tomate et aux petits oignons*
- *Cannelloni à l'agneau et aux pâtissons*

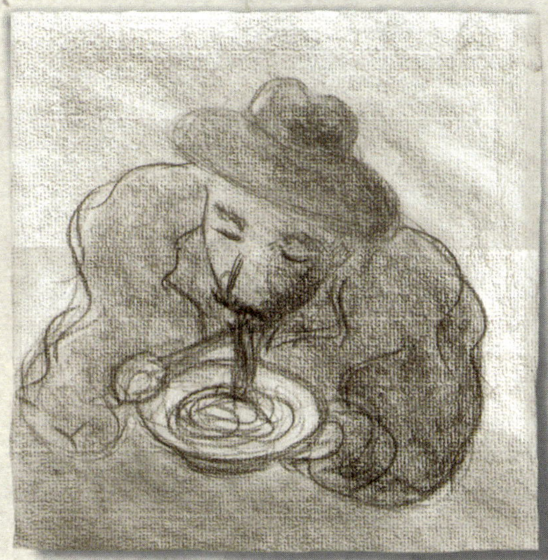

Penne aux escargots et au fond de veau, p. 80.

En Italie, les gens mangent des pâtes presque tous les jours et souvent à tous les repas. Mais les pâtes ont depuis longtemps dépassé les frontières de l'Italie. Depuis dix ans, elles connaissent un regain de popularité. À elles seules, les pâtes font l'objet d'une philosophie gastronomique et vont influencer les habitudes de consommation des générations à venir.

Jadis, et jusqu'à il y a encore quelques années, lorsqu'on parlait de pâtes, on pensait nouilles, macaronis et spaghettis. Il existe maintenant des dizaines de variétés de pâtes, quelles soient fraîches ou séchées, aux œufs, à l'encre, aux poivrons et même au chocolat! Contrairement à ce que nous pouvons penser, les pâtes ne sont pas originaires d'Italie, mais bien de Chine, où Marco Polo les découvrit. C'est lui qui en rapporta la recette en Italie.

Les pâtes sont fabriquées avec de la semoule de blé dur, riche en gluten, qui durcit à la cuisson. Cependant, dans bon nombre de pays, on utilise des blés tendres, pauvres en gluten et riches en amidon. La fabrication des pâtes est relativement simple. Beaucoup de familles italiennes utilisent des petites machines manuelles, qui ressemblent à un laminoir, pour faire leurs pâtes maison et vont jusqu'à les faire sécher sur des manches à balais. On trouve également des variétés de pâtes au blé entier ou confectionnées avec d'autres sortes de semoules.

Vous trouverez une recette de base, que l'on peut utiliser pour faire ses pâtes soi-même, au chapitre des Bases (voir recette p. 27).

Le choix des pâtes

On trouve la plupart des pâtes à l'état sec, frais ou surgelé. Les pâtes alimentaires fraîches peuvent très bien se congeler, mais elles doivent être bien emballées et on doit les cuire quand elles sont encore congelées.

Il existe quatre grandes catégories ou familles de pâtes:

- **Les pâtes à potage et à soupe**: pennini, vermicelles, risoni, conchigliette, annellini, cheveux d'ange, etc.
- **Les pâtes accompagnées de sauce**: tagliatelles, fettucine, linguine, spaghettis, penne, macaronis, farfalli, pappardelle, rigatoni, fusilli, bucatini, etc.
- **Les pâtes à gratiner**: préalablement cuites à l'eau ou tout simplement à utiliser tel quel pour faire des lasagnes, macaronis, bucatini, tortiglioni, conchiglie, cravattine, etc.
- **Les pâtes à farcir**: tout comme les pâtes à gratiner, elles peuvent être blanchies ou non avant leur utilisation. Elles comprennent les canelloni, ravioli, tortellini, medaglioni, agnolotti, cappelletti, lumache, manicotti, etc.

Je ne voudrais pas terminer ce chapitre sans parler des gnocchis. Ils peuvent se composer de farine, de semoule, de pomme de terre et quelquefois de pâte à choux. Ils peuvent être servis nature ou on peut ajouter à la pâte des épinards, ou de la tomate.

La cuisson des pâtes

Outre la qualité des pâtes que l'on utilise, la cuisson joue un rôle capital dans la réussite de vos plats de pâtes. J'ai souvent mangé, au restaurant, des pâtes beaucoup trop cuites, devenues «pâteuses», accompagnées d'une sauce béchamel aussi mal apprêtée. Les bons restaurants cuisent les pâtes *al dente*, c'est-à-dire croquantes, et savent les faire réchauffer sans trop les cuire. Après avoir constaté que personne ne procédait de la même façon, j'ai décidé d'utiliser une technique qui ne réserve pas de mauvaise surprise (voir recette p. 27)...

Une portion normale de pâtes représente de 60 g à 80 g (2 à 2½ oz) de pâtes sèches (non cuites).

Pâtes sèches

Faites-les cuire dans beaucoup d'eau. Ajoutez un filet d'huile d'olive et salez. Égouttez ensuite et rincez à l'eau chaude.

Variété de pâtes	Cuisson
Vermicelles et petites pâtes. Ex.: tagliatelles	3 à 5 min. Réchauffez avec la sauce chaude pendant 2 min.
Pâtes de grosseur moyenne. Ex.: fusilli, orecchiette	10 à 12 min. Réchauffez ensuite pendant 2 à 3 min.
Grosses pâtes. Ex.: macaronis, lumache	11 à 13 min. Réchauffez ensuite pendant 3 à 4 min.

Pâtes fraîches ou surgelées fraîches

Il est également très important de cuire les pâtes dans beaucoup d'eau salée et, tout comme pour les pâtes sèches, avec un filet d'huile d'olive. On peut mélanger directement la sauce, une fois les pâtes cuites.

Variété de pâtes	Cuisson
Pâtes plates. Ex.: fettucine, spaghettis, linguine	2 à 3 min.
Autres pâtes. Ex.: fusilli, rigatoni, ravioli, ruote, medaglioni	3 à 4 min.

Pour les pâtes fraîches congelées, il faut ajouter 1 minute environ par variété.

Penne aux escargots et au fond de veau

Pour 4 personnes

250 g (env. 8 oz) de penne
2 douzaines d'escargots déjà cuits
45 ml (3 c. à soupe) de beurre
2 échalotes hachées
sel et poivre au goût
1 gousse d'ail, hachée, sans le germe
60 ml (4 c. à soupe) de gin
15 ml (1 c. à soupe) de pâte de tomate
60 ml (4 c. à soupe) de crème épaisse (crème à 35 %)
125 ml (½ tasse) de fond de veau, de légumes ou de bœuf (voir recettes p. 20 et 23)
1 tomate fraîche, coupée en dés
un soupçon de muscade
15 ml (1 c. à soupe) de ciboulette fraîche, hachée

Faites cuire les penne à l'eau bouillante salée pendant 7 minutes, puis refroidissez-les à l'eau froide et réservez. Rincez les escargots à l'eau tiède. Faites chauffer le beurre et faites revenir les escargots avec les échalotes, salez et poivrez. Ajoutez l'ail haché, le gin, la pâte de tomate et la crème, puis faites réduire de moitié. Ajoutez le fond, la tomate, puis les penne. Réchauffez pendant 2 minutes avec les escargots. Salez et poivrez de nouveau. Ajoutez la muscade et la ciboulette. Servez aussitôt.

On peut ajouter une tranche de tomate séchée, puis saupoudrer le dessus de morceaux de parmesan.

Voir recette illustrée à la p. 76.

Spaghetti au saumon fumé

Faut-il manger les spaghettis avec une cuillère ou les couper dans l'assiette? En tout cas, une chose est sûre, il faut les manger al dente, c'est-à-dire croquants sous la dent et où l'on voit un point blanc quand on les coupe au milieu. Mais pourquoi ne pas les accompagner de saumon fumé?

Pour 4 personnes

250 g (env. 8 oz) de spaghettis
30 ml (2 c. à soupe) de beurre
45 ml (3 c. à soupe) de crème épaisse (crème à 35 %)
1 ml (¼ c. à thé) de muscade râpée
5 ml (1 c. à thé) d'ail haché
3 tranches de saumon fumé, coupées en lanières
15 ml (1 c. à soupe) d'huile d'olive
30 ml (2 c. à soupe) de basilic frais, haché
sel et poivre au goût
fromage râpé (romano, gruyère, parmesan, etc.)

Faites cuire les spaghettis à l'eau bouillante salée pendant 8 minutes, puis égouttez-les. Faites chauffer le beurre et la crème avec la muscade et l'ail haché. Réchauffez les spaghettis avec le saumon fumé, puis ajoutez l'huile d'olive et le basilic haché. Salez, poivrez et servez aussitôt avec le fromage de votre choix.

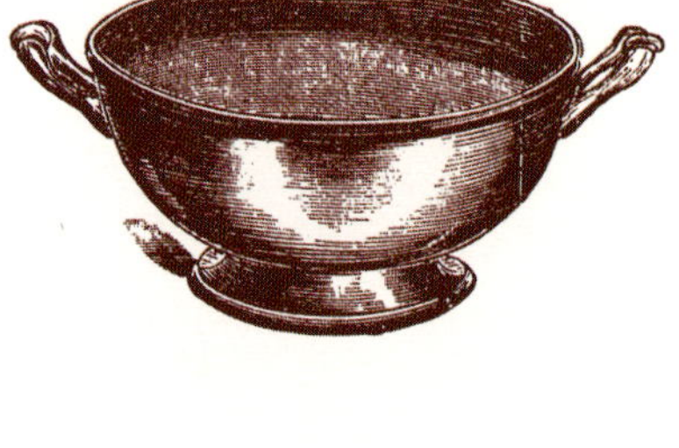

Terrine de nouilles au prosciutto

J'ai déjà dit que je considère que les pâtes doivent toujours être cuites al dente et servies bien chaudes, sauf peut-être dans le cas des lasagnes et de la terrine de nouilles au prosciutto que je vous propose ici.

POUR 4 PERSONNES

250 ml (1 tasse) de nouilles larges
45 ml (3 c. à soupe) d'huile d'olive
1 oignon haché finement
1 tomate coupée en dés
3 œufs
125 ml (½ tasse) de crème épaisse (crème à 35 %)
2 ml (½ c. à thé) de muscade râpée
15 ml (1 c. à soupe) de beurre
2 grandes crêpes bretonnes
4 tranches de jambon cru
sel et poivre au goût
sauce tomate ou sauce aux tomates séchées (voir recette p. 89)

Faites cuire les nouilles à l'eau bouillante pendant 7 minutes et refroidissez-les. Faites revenir l'oignon et la tomate dans l'huile pendant 3 à 4 minutes. Battez les œufs, la crème, la muscade et ajoutez à l'oignon et à la tomate. Beurrez le fond d'une terrine rectangulaire assez large et tapissez le fond et le tour de crêpes. Garnissez d'une couche de nouilles, ajoutez le prosciutto en petits morceaux et badigeonnez du mélange œufs-crème. Salez et poivrez. Recommencez ainsi jusqu'à l'épuisement des nouilles et versez le reste du mélange. Couvrez avec une feuille de papier ciré et posez sur le dessus un objet assez lourd qui peut aller au four. Faites cuire au bain-marie à 190°C (375°F) pendant 30 à 35 minutes. Laissez reposer avant de démouler et servez avec une sauce tomate.

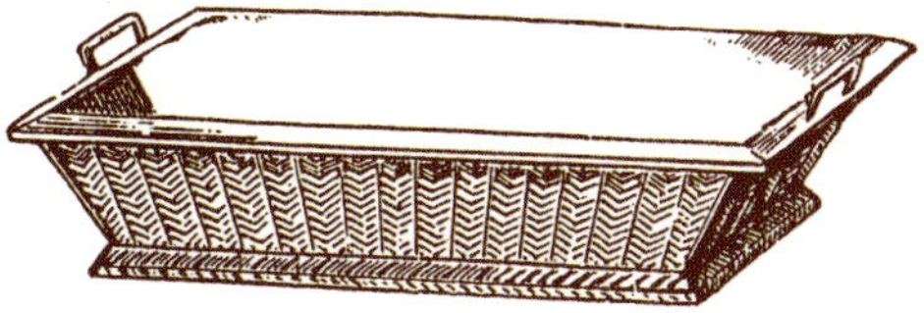

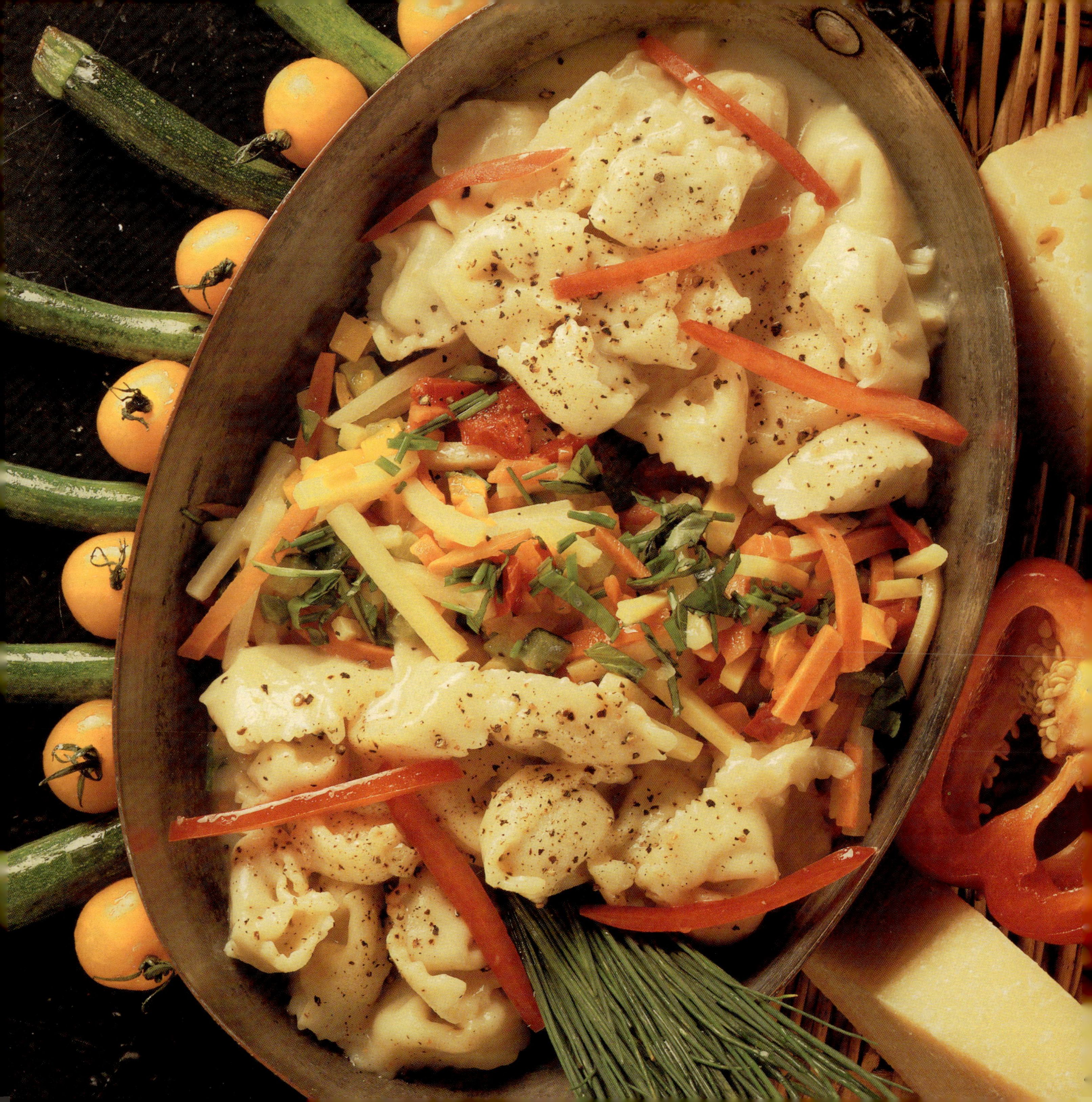

Tortellini aux petits légumes

Pour toutes les pâtes farcies, que l'on parle de ravioli, de medaglioni ou de tortellini, le principe est le même: il s'agit d'une farce de viande, de volaille, de poisson, de crustacés, de fromage ou de légumes, enrobée dans une pâte à nouille fraîche et scellée à l'œuf ou à l'eau. Puis les pâtes farcies sont pochées dans un liquide et servies avec une sauce. Inspirés, paraît-il, du nombril de Vénus, les tortellini allient la finesse du fromage ricotta et des épinards avec une sauce au vin blanc, rehaussée de bâtonnets de légumes, de poivre et de fromage de brebis.

Pour 4 personnes

2 carottes coupées en bâtonnets
2 navets coupés en bâtonnets
480 g (env. 1 lb) de tortellini farcis au ricotta et aux épinards
250 ml (1 tasse) de base de sauce au vin blanc (voir recette p. 24)
¼ de noix de muscade râpée ou 1 ml (¼ c. à thé) de muscade râpée
½ gousse d'ail, hachée
1 poivron rouge, coupé en bâtonnets
1 courgette coupée en cubes
45 ml (3 c. à soupe) d'huile d'olive
30 ml (2 c. à soupe) de crème épaisse (crème à 35 %)
sel et poivre au goût
45 ml (3 c. à soupe) de fromage de brebis sec, râpé
poivre du moulin
15 ml (1 c. à soupe) de ciboulette fraîche, hachée
15 ml (1 c. à soupe) de basilic frais, haché

Faites cuire les légumes croquants à l'eau salée, sauf le poivron et la courgette. Faites cuire les tortellini pendant environ 5 à 6 minutes à l'eau bouillante salée et huilée, puis égouttez-les. Faites chauffer la base de sauce au vin blanc avec la muscade et l'ail haché à feu doux. Pendant ce temps, faites chauffer une poêle et faites revenir tous les légumes dans l'huile d'olive pendant 3 minutes. Salez et poivrez. Ajoutez les tortellini dans la sauce, puis la crème et le fromage de brebis râpé, puis répartissez les légumes et les pâtes dans un plat de service. Poivrez avec le moulin et saupoudrez de ciboulette et de basilic hachés.

La recette est encore meilleure lorsque les tortellini sont pochés dans un bouillon de volaille.

Croustillant de farfalle à la tomate et aux petits oignons

Les farfalle, que l'on appelle aussi «papillons», doivent, pour cette recette, se cuire al dente. On doit ensuite les faire refroidir à l'eau froide avant de s'en servir. Le croustillant de la pâte, l'acidité de la tomate et le doux sucré de l'oignon se conjuguent à merveille.

POUR 4 PERSONNES

12 petits oignons
30 ml (2 c. à soupe) de sucre
60 ml (4 c. à soupe) de beurre
250 g (env. 8 oz) de farfalle
30 ml (2 c. à soupe) d'huile d'olive
250 ml (1 tasse) de base de tomates et céleri (voir recette p. 24)
45 ml (3 c. à soupe) de jus d'orange
45 ml (3 c. à soupe) de parmesan râpé
15 ml (1 c. à soupe) de ciboulette fraîche, hachée
sel et poivre au goût

Épluchez les oignons et disposez-les dans une casserole avec le sucre, puis recouvrez à moitié d'eau. Ajoutez la moitié du beurre, soit 30 ml (2 c. à soupe) et faites cuire avec un papier ciré, troué au milieu, à feu moyen pendant 15 minutes. Faites cuire les farfalle à l'eau bouillante salée et légèrement huilée pendant 7 à 8 minutes, puis faites refroidir aussitôt. Faites chauffer l'huile d'olive et le reste du beurre, soit 30 ml (2 c. à soupe), puis ajoutez les farfalle et faites-les dorer en les remuant toutes les minutes pendant 3 à 4 minutes. Faites chauffer la base de tomates avec le jus d'orange. Ajoutez le parmesan râpé. Disposez les farfalle, puis ajoutez un peu de ciboulette et de sel. Ajoutez la base de tomates tout autour et garnissez avec les petits oignons. Salez et poivrez.

La base de tomates et céleri est faite, pour cette recette, avec des légumes hachés grossièrement. On peut aussi ajouter du basilic à cette base, soit 4 feuilles de basilic frais, haché, pour 250 ml (1 tasse) de base.

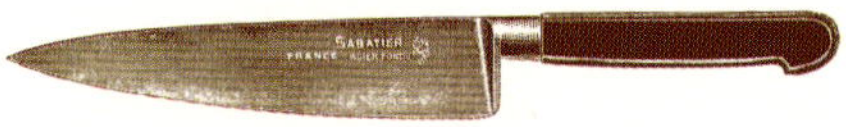

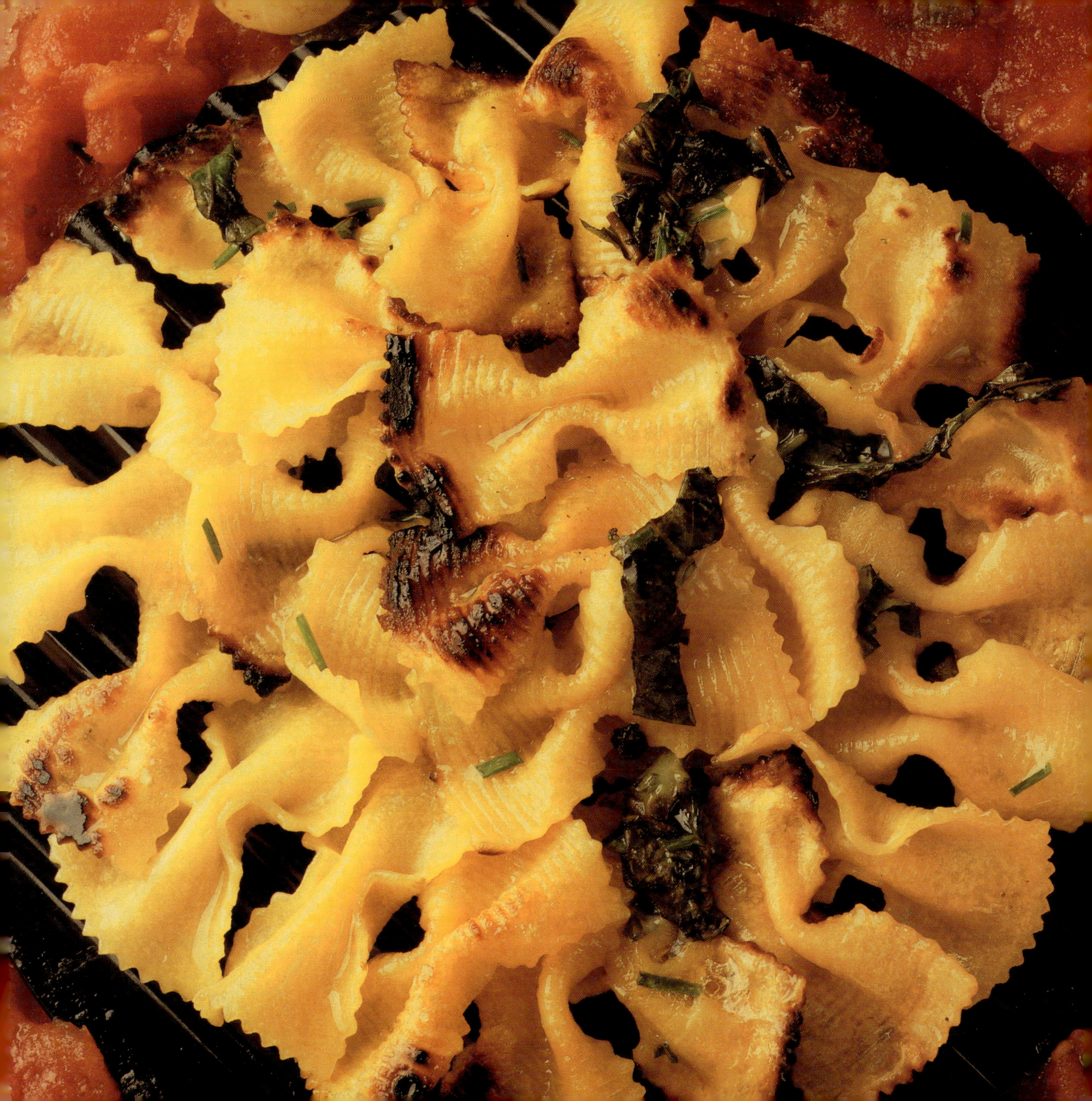

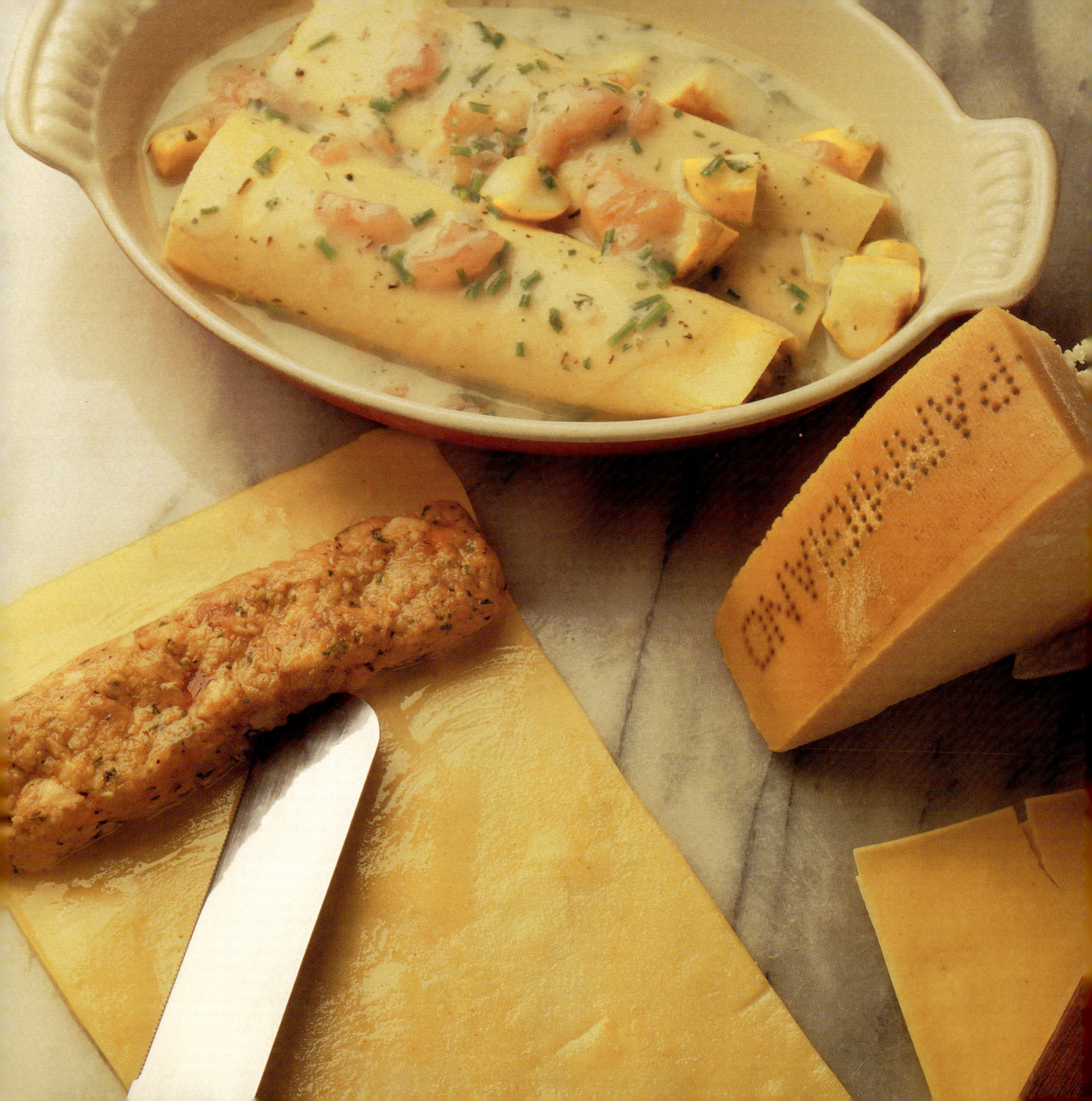

Cannelloni à l'agneau et aux pâtissons

Très longtemps, les clients de restaurant pensaient, et certains le pensent encore, que les cannelloni sont confectionnés avec des «restes». Même si cela est parfois vrai, Dieu qu'il existe de bons restes! Il faut savoir que, dans les bons restaurants, les cannelloni sont vraiment une recette, une vraie et, grâce à mon ami Augusto Picolli, nous vous offrons celle-ci.

POUR 4 PERSONNES

8 feuilles de pâte à lasagne ou à cannelloni que l'on peut se procurer dans le commerce
454 g (1 lb) de viande d'agneau, hachée
15 ml (1 c. à soupe) d'origan séché
2 jaunes d'œufs
1 gousse d'ail hachée
4 tranches de tomates séchées, hachées
60 ml (4 c. à soupe) de vin rouge
15 ml (1 c. à soupe) de moutarde forte
sel et poivre au goût
45 ml (3 c. à soupe) d'huile d'olive
8 pâtissons ou très belles courgettes
1 tomate fraîche, coupée en dés
250 ml (1 tasse) de velouté de volaille (voir recette du fond de volaille, p. 21)
30 ml (2 c. à soupe) de ciboulette fraîche, hachée
30 ml (2 c. à soupe) de parmesan râpé

Faites blanchir à l'eau bouillante la pâte à cannelloni pendant 1 minute et refroidissez-la à l'eau tiède. Mélangez l'agneau haché avec l'origan, les jaunes d'œufs, l'ail, le vin rouge et la moutarde forte. Salez et poivrez. Confectionnez de petits rouleaux de farce et enroulez-les dans la pâte en laissant la couture sur le dessus. Disposez ainsi dans 4 plats à gratin ovales. Faites chauffer l'huile d'olive, découpez les pâtissons en quatre et faites-les sauter avec la tomate fraîche et les tomates séchées, salez et poivrez de nouveau. Faites cuire pendant 2 minutes, ajoutez le velouté de volaille auquel vous pouvez, si vous le désirez, ajouter un peu de crème. Répartissez la sauce sur les cannelloni, ajoutez la ciboulette et le parmesan, puis mettez au four à 190°C (375°F) pendant 15 minutes.

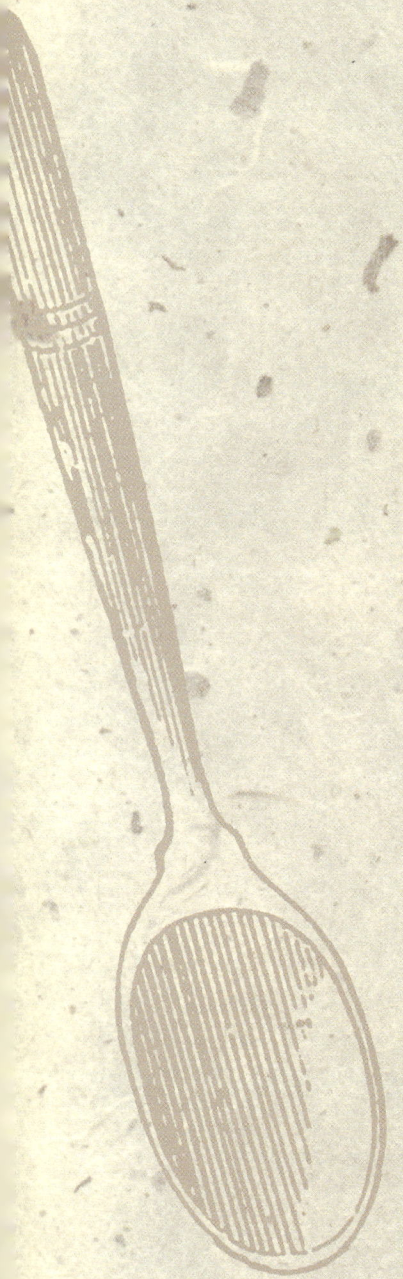

Sauces d'accompagnement

- Rouille au pesto
- Sauce aux tomates séchées
- Crème de champignons à l'estragon
- Sauce au gorgonzola et aux tomates séchées
- Crème de persil à l'ail
- Sauce fine aux palourdes
- Sauce tomate rosée aux petites crevettes

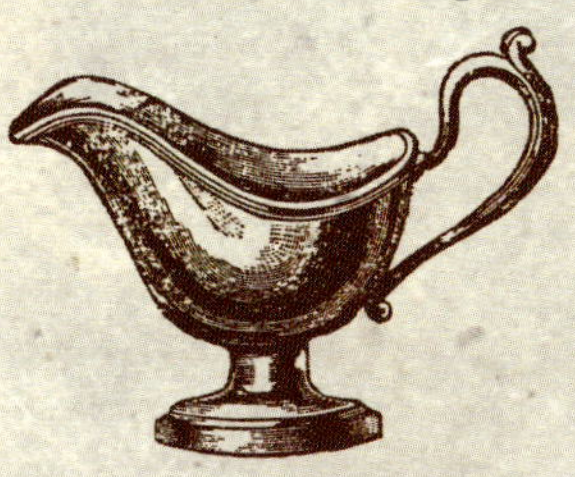

Voici quelques exemples de sauces d'accompagnement populaires:

- *Tomate, ail et basilic*
- *Bolognaise ou à la viande*
- *Au fromage (ex.: taleggio, gorgonzola, parmesan, mozzarella, mascarpone et ricotta)*
- *À l'ail*
- *À la crème ou béchamel*
- *Au pesto*
- *Aux légumes*
- *Aux fruits de mer*
- *Crème d'épinards*

Rouille au pesto

DONNE 250 ML (1 TASSE)
POUR 4 PERSONNES

15 ml (1 c. à soupe) de moutarde de Dijon
2 jaunes d'œufs
250 ml (1 tasse) d'huile d'olive extra-vierge
¼ de gousse d'ail hachée, sans le germe
5 ml (1 c. à thé) de pâte de tomate
une pincée de safran ou, à défaut, de paprika en poudre
30 ml (2 c. à soupe) de pesto déjà prêt
poivre

Dans un saladier, versez la moutarde et les jaunes d'œufs, puis à l'aide d'un fouet, montez une mayonnaise avec l'huile d'olive. Ajoutez ensuite l'ail, la pâte de tomate et le safran. Mélangez bien, puis ajoutez le pesto et le poivre.

Cette mayonnaise de base accompagne les œufs, le poisson, les moules ou peut être tout simplement servie avec des frites.

Sauce aux tomates séchées

DONNE 250 ML (1 TASSE)
POUR 4 PERSONNES

45 ml (3 c. à soupe) d'huile d'olive
2 échalotes hachées
12 tranches de tomates séchées, hachées grossièrement
125 ml (½ tasse) de vin rouge
125 ml (½ tasse) de bouillon de bœuf ou de volaille (voir recettes p. 20 et 21)
15 ml (1 c. à soupe) d'ail haché
2 ml (½ c. à thé) de muscade râpée
sel et poivre au goût
60 ml (4 c. à soupe) de fromage romano ou gruyère

Faites chauffer l'huile d'olive et suer l'échalote pendant 2 à 3 minutes avec la tomate hachée. Ajoutez le vin rouge et le bouillon. Laissez cuire pendant 2 à 4 minutes à feu doux, puis ajoutez l'ail, la muscade, le sel, le poivre et le fromage. Passez le tout au robot. Cette sauce est excellente avec les fettucine et les linguine.

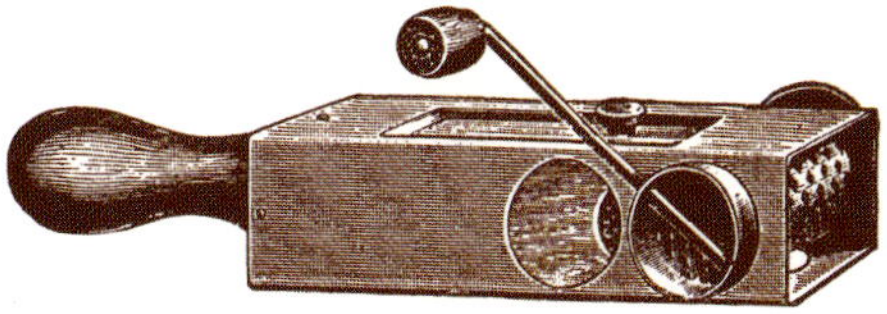

Crème de champignons à l'estragon

DONNE 250 ML (1 TASSE)
POUR 4 PERSONNES

½ casseau de champignons
45 ml (3 c. à soupe) de beurre
125 ml (½ tasse) de vin blanc
75 ml (5 c. à soupe) de crème épaisse (crème à 35 %)
5 ml (1 c. à thé) d'ail haché
15 ml (1 c. à soupe) d'estragon frais, haché ou 5 ml (1 c. à thé) d'estragon séché
125 ml (½ tasse) de velouté de volaille (voir recette de la base de volaille, p. 21)
15 ml (1 c. à soupe) de moutarde forte
sel et poivre au goût

Essuyez les champignons, coupez-les en tranches fines et faites-les suer dans le beurre pendant 3 à 4 minutes. Ajoutez le vin blanc et la crème, puis l'ail et l'estragon. Laissez cuire de nouveau pendant 2 minutes. Ajoutez ensuite le velouté de volaille et la moutarde. Salez, poivrez et servez avec les pâtes de votre choix.

Sauce au gorgonzola et aux tomates séchées

DONNE 500 ML (2 TASSES)
POUR 6 PERSONNES

10 ml (2 c. à thé) de beurre
2 échalotes hachées très finement
8 tranches de tomates séchées, hachées très finement
250 ml (1 tasse) de lait
¼ de noix de muscade râpée
ou 1 ml (¼ c. à thé) de muscade râpée
½ gousse d'ail hachée, sans le germe
30 ml (2 c. à soupe) de fécule de maïs
ou de pomme de terre
un tiers de verre d'eau froide
100 g (3 oz) de gorgonzola

Faites fondre le beurre et faites suer les échalotes et les tomates séchées pendant 2 minutes. Faites chauffer le lait avec la muscade et l'ail haché. Diluez la fécule dans un tiers de verre d'eau froide, puis ajoutez au lait frémissant. Mettez le gorgonzola émietté dans le mélange de lait crémeux, puis laissez réchauffer sans atteindre le point d'ébullition, tout en remuant avec un fouet. Ajoutez ensuite le mélange d'échalotes et de tomates séchées, puis faites cuire à feu doux pendant 3 à 4 minutes. Mélangez avec les pâtes de votre choix et servez aussitôt.

Quand la sauce est prête, n'ajoutez pas d'assaisonnement, car le gorgonzola est déjà salé. Toutefois, lorsque les pâtes sont mélangées avec la sauce, vous pouvez ajouter du poivre frais moulu et du parmesan râpé.

Crème de persil à l'ail

DONNE 250 ML (1 TASSE)
POUR 4 PERSONNES

60 ml (4 c. à soupe) d'huile d'olive
2 échalotes hachées finement
500 ml (2 tasses) de persil plat italien
2 gousses d'ail hachées, sans le germe
30 ml (2 c. à soupe) de vermouth blanc (Noilly Prat)
75 ml (5 c. à soupe) de velouté de volaille
(voir recette p. 21)
sel et poivre au goût
30 ml (2 c. à soupe) de crème épaisse (crème à 35 %)
30 ml (2 c. à soupe) de parmesan râpé

Faites chauffer l'huile d'olive et faites revenir les échalotes pendant 2 à 3 minutes. Ajoutez le persil et l'ail. Faites cuire de nouveau pendant 2 minutes. Versez le vermouth et le fond de volaille, puis faites cuire à feu très doux pendant 5 à 7 minutes. Passez le tout au mélangeur, puis salez et poivrez. Ajoutez ensuite la crème et le parmesan.

Cette sauce peut être diluée. Il suffit tout simplement d'ajouter du bouillon ou de l'eau.

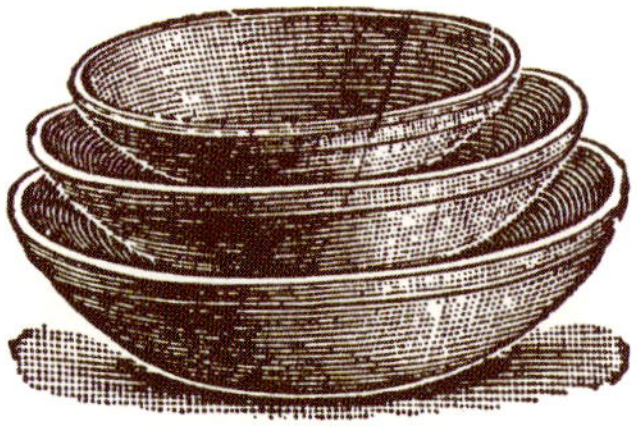

Sauce fine aux palourdes

DONNE 250 ML (1 TASSE)
POUR 4 PERSONNES

2 kg (4½ lb) de palourdes fraîches ou 1 boîte de palourdes au jus
45 ml (3 c. à soupe) d'huile d'olive
1 tomate coupée en dés
15 ml (1 c. à soupe) d'ail haché, sans le germe
15 ml (1 c. à soupe) de gingembre râpé
45 ml (3 c. à soupe) de coriandre fraîche, hachée
4 tranches de pain blanc, sans la croûte
75 ml (5 c. à soupe) de cocktail de tomate et de palourdes (clamato)
125 ml (½ tasse) de crème épaisse (crème à 35 %)
sel et poivre au goût

Faites ouvrir les palourdes si elles sont fraîches, de la même façon que les moules, puis retirez les palourdes de leurs coquilles. Faites chauffer l'huile et faites-y revenir les palourdes avec la tomate, l'ail, le gingembre et la coriandre. Émiettez grossièrement le pain et faites-le tremper dans le cocktail de tomate et de palourdes (clamato), puis passez-le au robot avec la crème. Versez le mélange sur les palourdes et laissez cuire pendant 2 à 3 minutes, puis salez et poivrez. Servez avec les pâtes de votre choix.

Sauce tomate rosée aux petites crevettes

DONNE 250 ML (1 TASSE)
POUR 4 PERSONNES

30 ml (2 c. à soupe) d'huile d'olive extra-vierge
le blanc d'un poireau, haché très finement
2 tomates coupées en dés
30 ml (2 c. à soupe) de pâte de tomate
125 ml (½ tasse) de petites crevettes décortiquées*
15 ml (1 c. à soupe) d'estragon séché
125 ml (½ tasse) de base de légumes (voir recette p. 23)
5 ml (1 c. à thé) d'ail haché
sel et poivre au goût
45 ml (3 c. à soupe) de crème épaisse (crème à 35 %)

Faites chauffer l'huile d'olive et faites-y revenir le poireau et les tomates en dés à feu moyen pendant 4 minutes. Ajoutez la pâte de tomate et les crevettes, puis l'estragon et la base de légumes. Ajoutez l'ail. Faites cuire encore pendant 2 à 3 minutes, puis salez et poivrez. Ajoutez ensuite la crème, puis servez sur des spaghettis, des linguine ou des fettuccine.

* *Crevettes nordiques, appelées communément crevettes de Matane.*

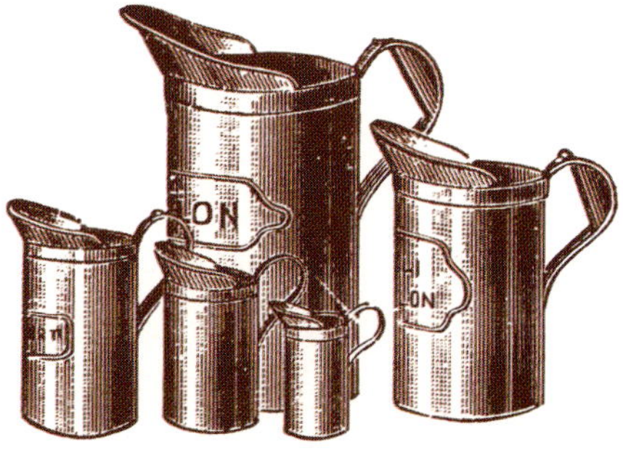

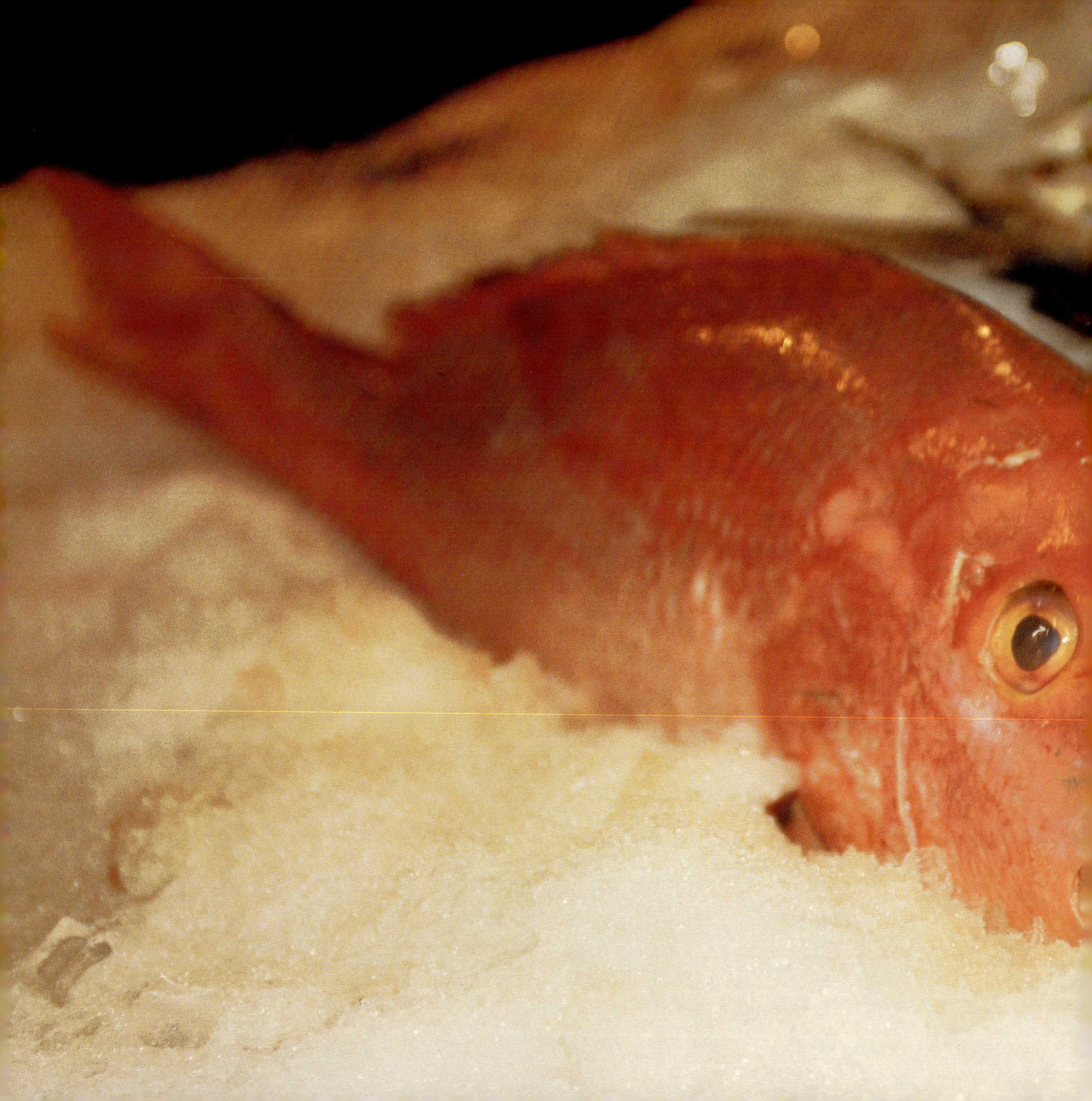

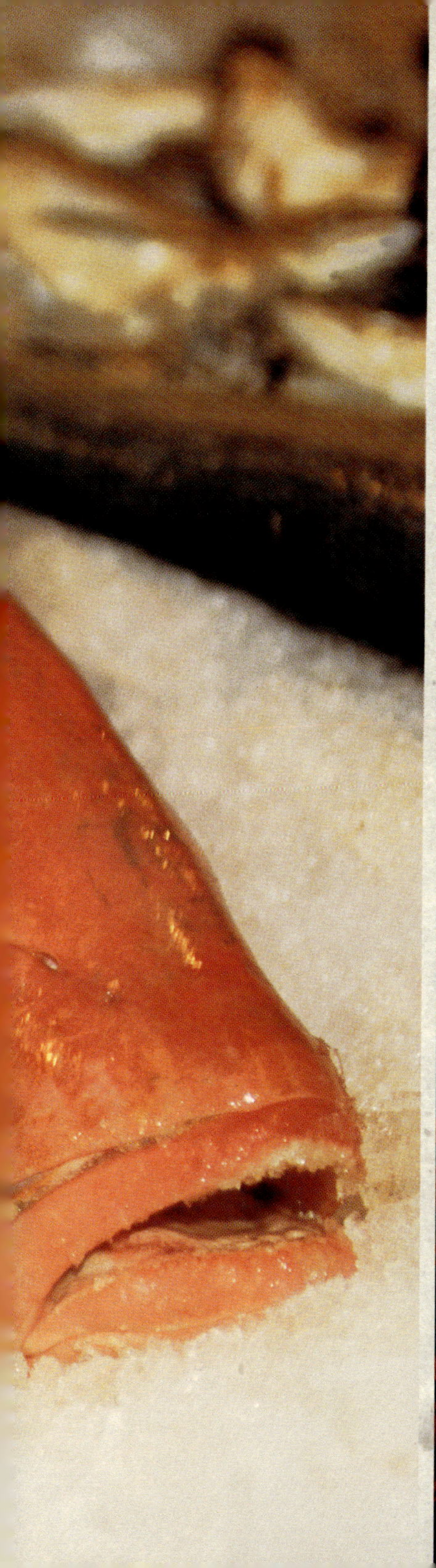

Les poissons

- Mérou à l'étouffée de paille
- Sardines au gros sel et au beurre d'anchois
- Brandade de morue provençale
- Petits rougets grillés au pesto et à la cannelle
- Pavé de saumon Yang-Tseu-Kiang
- Soufflé de saumon fumé à l'oseille
- Truite de mer en croûte de sel aux herbes
- Sole de Douvres à la meunière
- Raie pochée au beurre de câpres et
  de citron vert
- Filets de maquereaux au vin blanc
- Doré à la bière et aux oignons
- Darne de thon au vinaigre
- Queue de lotte piquée à l'ail et à l'estragon

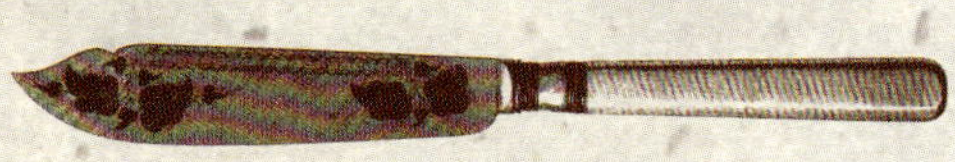

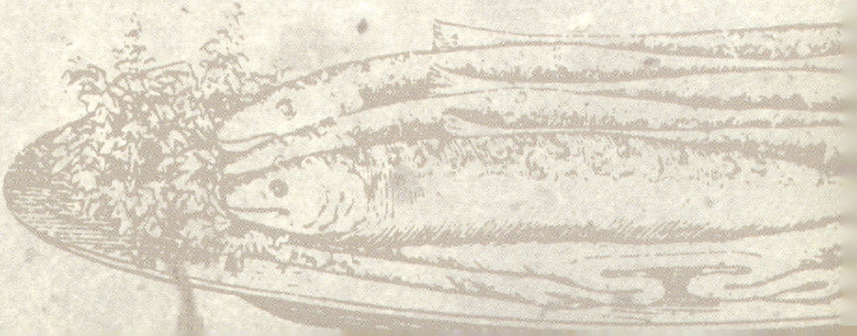

S'il existe un produit qui occupe une place très importante dans les habitudes de consommation, c'est bien le poisson. Selon les cultures et les traditions familiales, le poisson est considéré de façon souvent très différente d'un peuple à l'autre.

Lors de mes différents séjours à l'étranger, j'ai pu constater à quel point ce produit pouvait être soit très apprécié, soit carrément détesté. Nous sommes loin de l'influence qu'a eue, sur la génération de nos parents, le «poisson du vendredi». À cette époque, on mangeait du poisson le vendredi par obligation. Et ce poisson n'était pas toujours apprêté suivant les règles de l'art. De plus, on n'en appréciait pas toujours l'odeur! Et il y avait cette peur d'avaler des arêtes et de s'étouffer.

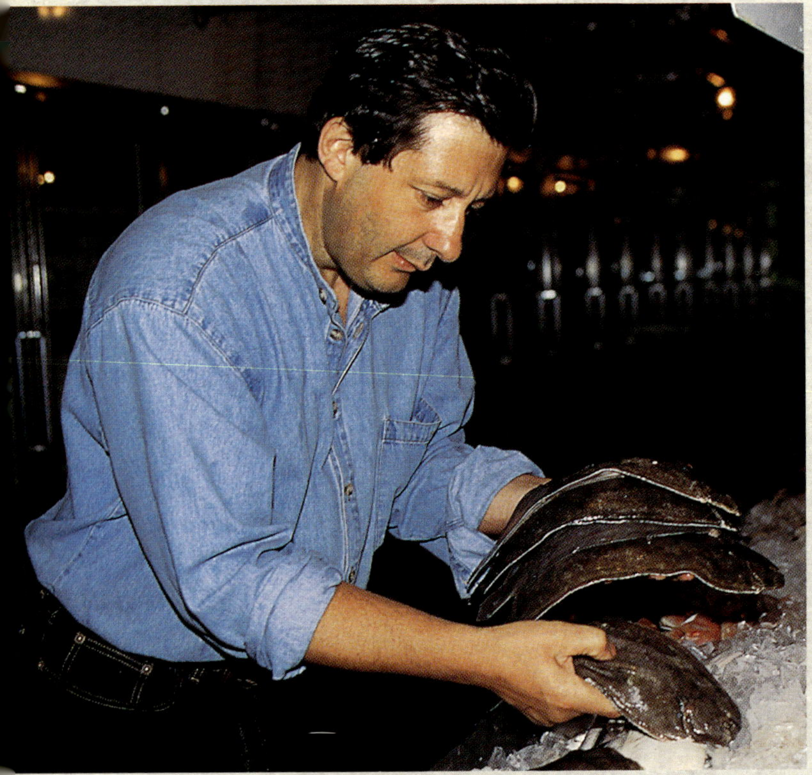

Toutes ces raisons ont amené une consommation, voire une surconsommation, d'espèces choyées (morue, flétan, sole, turbot, loup de l'Atlantique et thon) au détriment d'espèces longtemps délaissées, voire rejetées, comme la goberge, le lieu noir, le congre ou la raie. Avec la raréfaction de la matière première et la surpêche par certains pays d'espèces particulières, le poisson a atteint des sommets tels qu'il coûte aujourd'hui plus cher que la viande ou la volaille.

Heureusement, l'aquaculture donne des résultats stupéfiants dans certains pays comme la Norvège, la France ou le Canada. Dans les pays d'Europe, de l'Asie ou du tiers monde, on préfère les poissons dits entiers. Sur le côté Nord-Américain, on a tendance à choisir les filets de poisson frais ou surgelés. On y mange aussi des filets compacts qui contiennent des succédanés ou assaisonnements qui veulent à tout prix faire croire aux consommateurs qu'ils ne mangent de poisson que le nom.

Existe-t-il quelque chose de meilleur qu'un rouget grillé, parfumé à l'huile d'olive et arrosé de jus de citron? Ou qu'une escalope de saumon poêlée, assaisonnée d'un peu d'herbes fraîches et de gros sel? La pêche sportive, de mer, de lac ou d'étang nous propose souvent des espèces méconnues comme l'omble chevalier, le brochet (à travailler en farce), la truite mouchetée, la truite ou saumon de fontaine, le doré du Québec (appelé sandre en Europe) ou encore des poissons comme l'espadon ou le requin, espèces prisées dans certains pays, mais que l'on dédaigne dans d'autres.

L'organoleptique

Avant d'acheter votre poisson, il est important de vous assurer d'une qualité et d'une fraîcheur irréprochables qui vous permettront d'apprécier à sa juste valeur le produit choisi.

- **L'œil:** Il doit être bombé, brillant et ferme au toucher.
- **La peau:** Elle doit être brillante et ferme au toucher. Et il est possible qu'on y voie des traces de limon. L'empreinte d'un doigt ne doit jamais rester marquée sur la peau, ce qui signifierait que ce produit a peut-être été décongelé. Les écailles doivent être brillantes et ne pas se détacher facilement.
- **Les ouïes:** Malheureusement, dans la plupart des cas, les ouïes ont été retirées. Mais si elles sont toujours là, vous devez vous assurer qu'elles sont d'un rouge vif, éclatant.

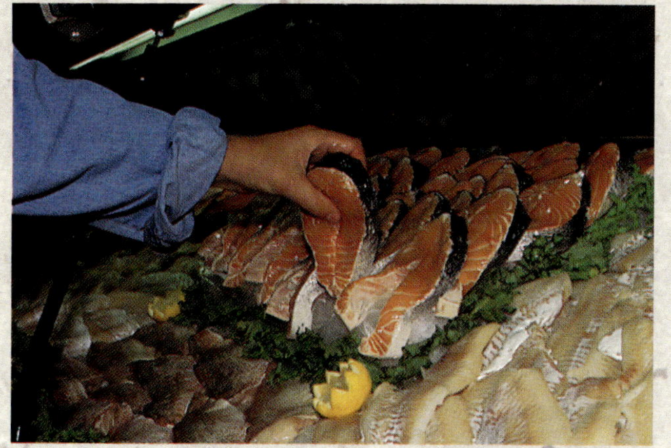

- **L'odeur:** L'odeur doit être neutre, un poisson frais sent la mer, il ne doit jamais sentir l'iode (ou le fond de cale d'un vieux bateau).
- **La couleur:** Dans le cas des filets, il faut s'assurer qu'ils ne baignent pas dans l'eau depuis plusieurs jours. Leur couleur doit être blanche sans aller vers le gris crème.

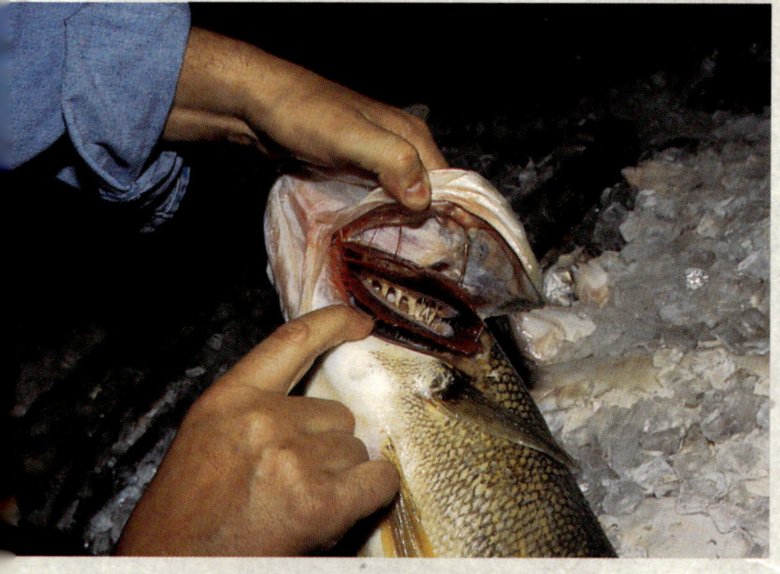

Ce qu'il faut savoir

Le poisson s'altère rapidement, il faut donc le consommer très vite. Le poisson, certes, se congèle, mais le froid peut l'altérer rapidement. Tous les poissons ne peuvent pas être utilisés crus pour mariner. Certains, comme la morue, peuvent contenir des parasites, les nématodes, qui ne sont pas détruits par l'acide citrique, mais seulement par la cuisson. Pour éviter qu'un poisson ne colle sur le gril, ne jamais retirer les écailles avant de l'y déposer. On peut se procurer le poisson sous plusieurs formes: entier, en filets, en tronçons, en darnes ou en steaks, en escalopes ou en tranches.

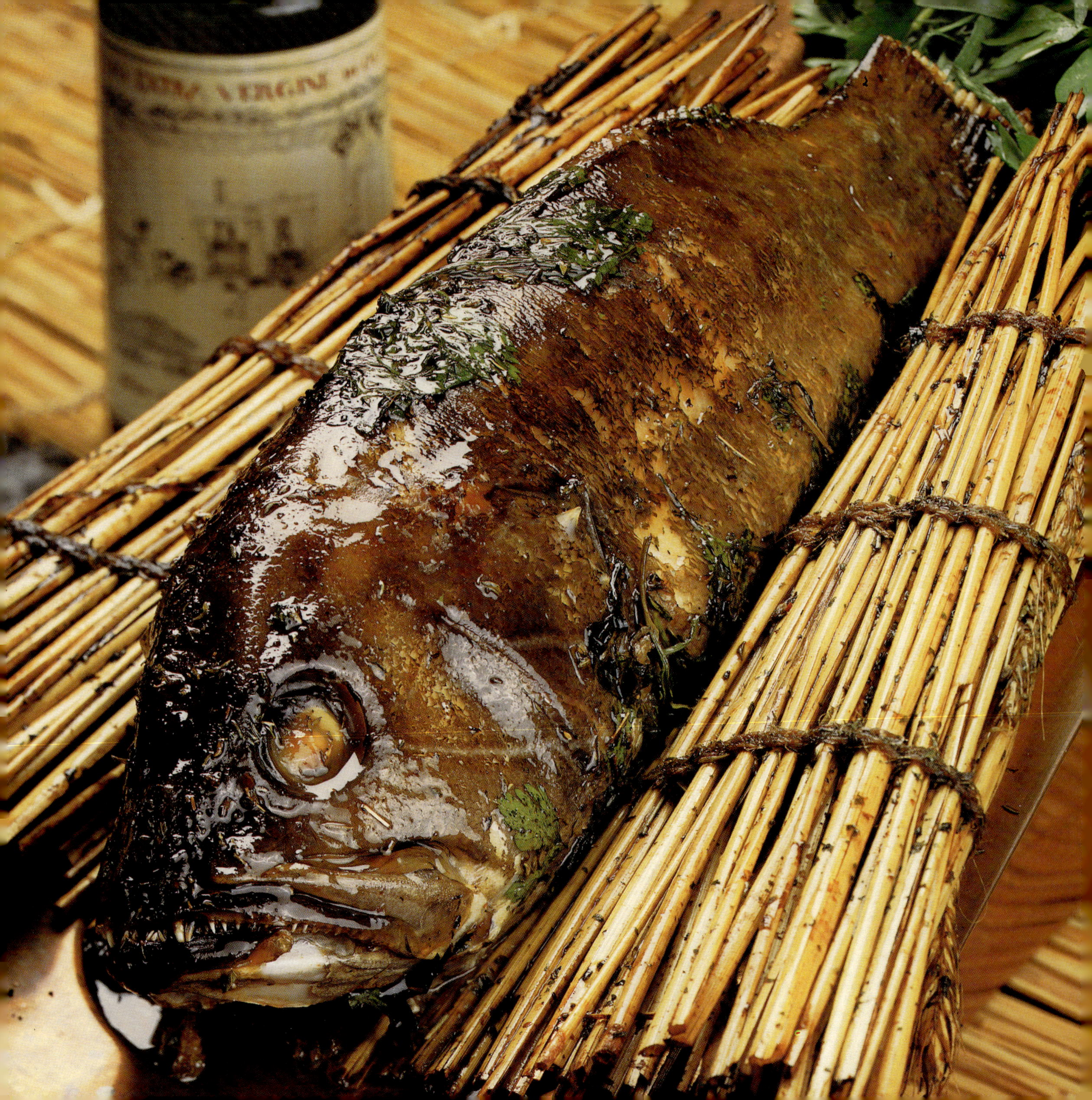
VERGINE

Mérou à l'étouffée de paille

Par une de ces longues soirées d'hiver où il fait bon rester chez soi et recevoir des amis, j'avais laissé de la paille qui avait servi au plateau de fromage et je me demandais si c'était possible d'humidifier cette paille dans une marinade et de cuire ensuite un poisson exceptionnel comme le mérou, selon le principe de la cuisson à l'étouffée. En voici le résultat.

Pour 4 personnes

1 beau mérou de 1,5 kg (3 lb)
30 ml (2 c. à soupe) de sauce aux huîtres chinoise
30 ml (2 c. à soupe) de vinaigre de riz
30 ml (2 c. à soupe) d'huile de soja
15 ml (1 c. à soupe) d'herbes de Provence séchées
30 ml (2 c. à soupe) de sauce tamari
30 ml (2 c. à soupe) de jus de citron
125 ml (½ tasse) de fumet de poisson ou de vin blanc
15 ml (1 c. à soupe) de gingembre râpé
sel et poivre au goût
125 ml (½ tasse) de coriandre fraîche
Pour le service: gros sel, jus de citron et huile d'olive (au goût)

Mélangez tous les ingrédients, sauf la coriandre. Salez le poisson et poivrez-en l'intérieur. Humidifiez bien la paille avec la marinade et hachez la coriandre. Garnissez l'intérieur du mérou de coriandre, puis ajoutez le reste dans la marinade. Entourez le poisson avec la paille. Préchauffez le four à 180°C (350°F) et faites cuire le mérou pendant 50 à 60 minutes. En cours de cuisson, badigeonnez à plusieurs reprises avec la marinade. Servez le poisson avec une touche de gros sel, du jus de citron et de l'huile d'olive. Un vrai délice!

Sardines au gros sel et au beurre d'anchois

Pourquoi le nom de sardine évoque-t-il systématiquement le Portugal? Élémentaire, mon cher Watson. Pourtant, il n'y a pas que les Portugais qui consomment de la sardine. Les Italiens et les Français mangent aussi ce poisson fusiforme, excellent grillé ou poêlé. De plus, un des plus gros ports de commerce de la sardine se trouve à Safi, au Maroc. Mais quand vous préparez ce poisson, attention à l'odeur, vous cuisinez de la sardine!

Pour 4 personnes

16 sardines très fraîches
100 g (3½ oz) de beurre doux
4 anchois hachés
15 ml (1 c. à soupe) de ciboulette hachée
30 ml (2 c. à soupe) de jus de citron
15 ml (1 c. à soupe) de sauce Worcestershire
30 ml (2 c. à soupe) d'huile
15 ml (1 c. à soupe) de beurre
farine
45 ml (3 c. à soupe) de vinaigre de vin
poivre du moulin
15 ml (1 c. à soupe) de gros sel de mer

Nettoyez les sardines, videz-les et écaillez-les. Mélangez le beurre avec les anchois et la ciboulette, puis le jus de citron et la sauce Worcestershire. Garnissez l'intérieur des sardines de 5 ml (1 c. à thé) de ce mélange, puis pressez-les et laissez-les au réfrigérateur pendant une heure. Faites chauffer l'huile et le beurre, puis farinez les sardines. Faites-les cuire à feu moyen pendant 3 à 4 minutes de chaque côté. Retirez le gras de cuisson et déglacez la poêle avec un filet de vinaigre de vin. Servez ainsi avec le poivre et le gros sel.

Brandade de morue provençale

La première fois que j'ai découvert et apprécié la morue, c'était à Paris et, bizarrement, je travaillais le soir pour arrondir mes fins de mois dans un restaurant antillais. À La Montagne Pelée, on servait les acras de morue à l'antillaise, mais aussi la morue préparée avec des piments. On doit faire tremper la bacalao ou morue séchée pendant douze heures à l'avance pour la préparation de la célèbre brandade.

POUR 6 À 8 PERSONNES

1 kg (2¼ lb) de morue séchée
4 gousses d'ail, hachées
125 ml (½ tasse) de lait
125 ml (½ tasse) de crème
125 ml (½ tasse) d'huile d'olive
60 ml (4 c. à soupe) de persil frais, haché
12 olives noires, sans noyau
sel et poivre au goût
30 ml (2 c. à soupe) de parmesan râpé

Faites tremper la morue et rincez-la bien à plusieurs reprises. Coupez-la grossièrement et faites-la pocher à feu très doux avec le lait et la crème. Passez le tout au robot, puis faites chauffer l'ail avec l'huile d'olive. Ajoutez ensuite l'ail et l'huile à la morue en mélangeant à la spatule. Incorporez toute l'huile et ajoutez ensuite le persil et les olives hachées. Salez, poivrez, puis disposez la morue dans un plat à four et faites gratiner avec le fromage parmesan.

Petits rougets grillés au pesto et à la cannelle

Qu'on l'appelle rouget, vivaneau, red snapper ou rouget barbet, le rouget n'a du «poisson rouge» que la couleur. Cette couleur détermine en fait sa fraîcheur. Les meilleurs sont les petits et, même s'ils contiennent assez d'arêtes, une des façons de les consommer est de les manger grillés. Surtout ne pas les écailler!

POUR 4 PERSONNES

4 rougets de 250 à 300 g (8 à 10 oz) chacun
60 ml (4 c. à soupe) de pesto
sel et poivre au goût
4 demi-bâtonnets de cannelle
30 ml (2 c. à soupe) d'huile d'olive
30 ml (2 c. à soupe) d'herbes de Provence
60 ml (4 c. à soupe) de jus de citron
125 ml (½ tasse) de sauce rouille au pesto déjà préparée (voir recette p. 89)

Évidez les poissons par les ouïes, puis, avec des ciseaux, découpez les nageoires dorsales et caudales. À l'aide d'un pinceau, badigeonnez l'intérieur de pesto. Salez, poivrez et enfoncez la cannelle à l'intérieur. Huilez légèrement le dessus et les côtés, salez et poivrez de nouveau, puis ajoutez les herbes de Provence. À température moyenne, faites griller les rougets pendant 4 minutes de chaque côté et terminez la cuisson au four pendant 5 minutes. Arrosez de jus de citron et servez avec une sauce rouille.

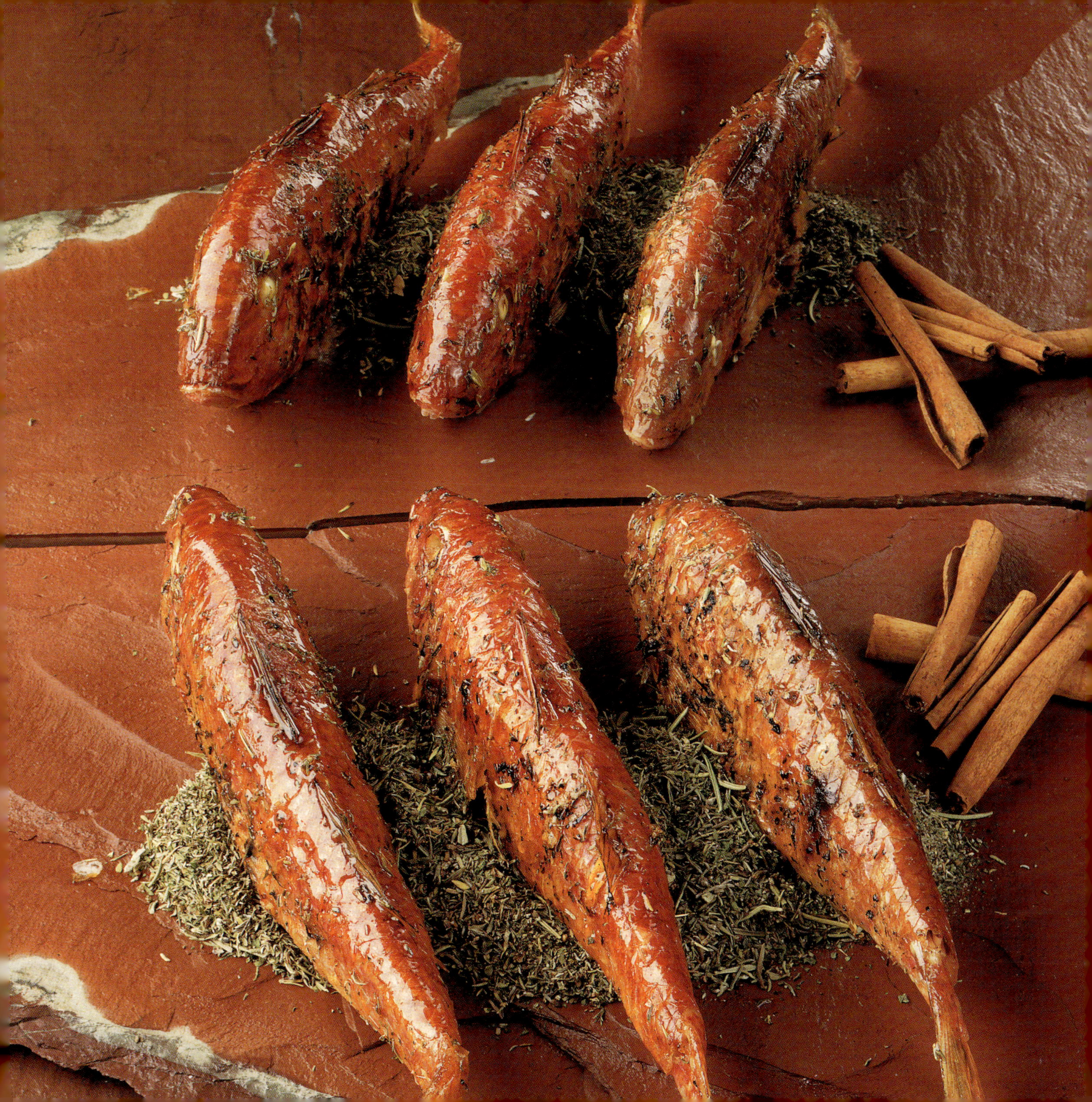

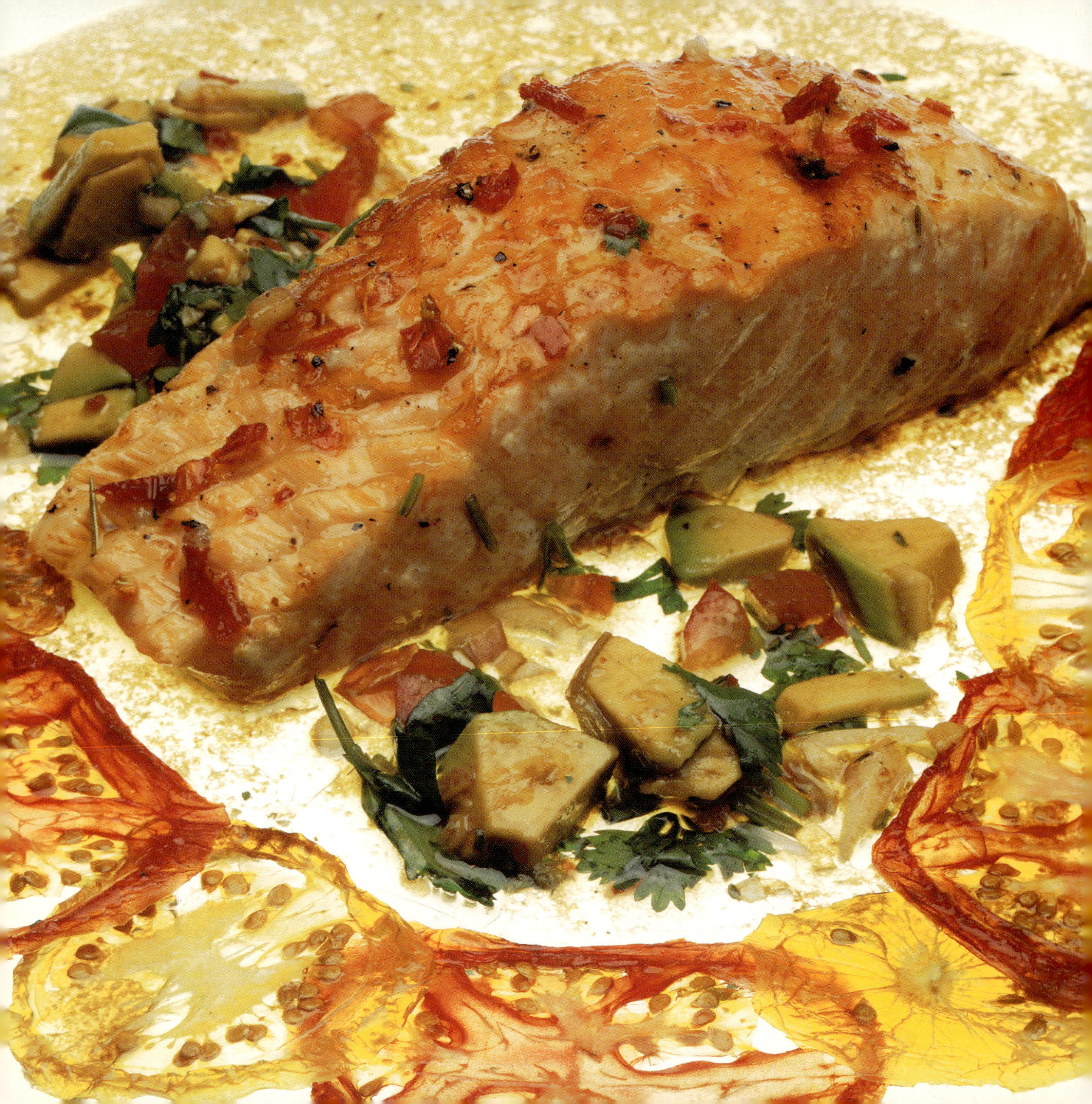

Pavé de saumon Yang-Tseu-Kiang

Le contraste d'une sauce froide sur un plat chaud peut, au départ, vous surprendre. De plus, on y ajoute tomates séchées, coriandre, gingembre et avocat. Tout pour vous entraîner à découvrir l'exotisme le plus pur.

POUR 4 PERSONNES

60 ml (4 c. à soupe) d'huile d'olive
4 morceaux de filets de saumon
2 tomates séchées, hachées
sel et poivre au goût
30 ml (2 c. à soupe) de jus de citron vert
30 ml (2 c. à soupe) de vinaigre balsamique
30 ml (2 c. à soupe) de sauce soja
30 ml (2 c. à soupe) d'échalote hachée
½ gousse d'ail, hachée
1 tomate coupée en dés
½ avocat coupé en dés
45 ml (3 c. à soupe) de coriandre fraîche, hachée
15 ml (1 c. à soupe) de gingembre râpé

Huilez légèrement les filets de saumon. Ajoutez la tomate séchée, émiettée, puis salez et poivrez. Faites cuire au four à 180°C (350°F) pendant 6 à 7 minutes, puis gardez au chaud sous une feuille de papier d'aluminium. Mélangez tous les ingrédients en commençant par les liquides, puis ajoutez les solides, salez et poivrez. Nappez le saumon de cette sauce ou vinaigrette, ou servez cette sauce à part.

Soufflé de saumon fumé à l'oseille

Une façon originale de présenter le saumon fumé qui n'a rien à voir avec les traditionnels soufflés desserts, mais qui a plutôt l'air d'une entrée sympathique.

POUR 4 PERSONNES

10 tranches de saumon fumé
3 tranches de pain, sans la croûte*
4 œufs
8 belles feuilles d'oseille
2 ml (½ c. à thé) de muscade
45 ml (3 c. à soupe) de crème épaisse (crème à 35 %)
sel et poivre au goût
15 ml (1 c. à soupe) de beurre

Passez au robot le saumon avec le pain, le jaune des œufs, l'oseille et la muscade. Travaillez sur la glace à la spatule pendant 3 à 4 minutes et incorporez la crème. Gardez au réfrigérateur pendant 30 minutes, puis passez de nouveau au robot, salez et poivrez. Battez les blancs des œufs en neige et incorporez-les délicatement à la spatule. Beurrez les moules à soufflé, garnissez-les aux trois quarts de la préparation et faites cuire au four à 200°C (400°F) pendant 18 à 20 minutes. Servez aussitôt prêt.

** Pain de mie ou pain à sandwich.*

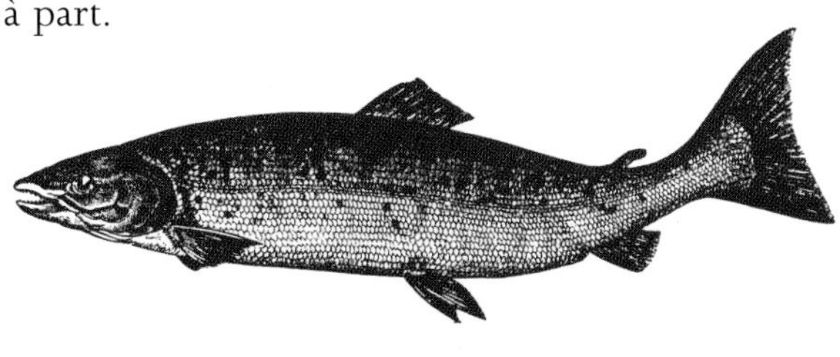

Truite de mer en croûte de sel aux herbes

*Tout le parfum de l'iode,
la finesse de la truite de mer
et une cuisson parfaite.*

POUR 4 PERSONNES

1 grosse truite de mer de 1 kg (2¼ lb) ou 2 truites moyennes de 500 g (env. 1 lb) chacune
1 kg (2¼ lb) de gros sel de mer
30 ml (2 c. à soupe) d'herbes de Provence
250 ml (1 tasse) de sauce rouille au pesto
(voir recette p. 89)
30 ml (2 c. à soupe) d'huile d'olive

Préchauffez le four à 230°C (450°F). Videz la truite et retirez-en les nageoires, mais ne l'écaillez pas. Disposez une couche de sel dans un plat en fonte et posez la truite sur le dessus. Recouvrez de gros sel et saupoudrez d'herbes de Provence. Faites cuire pendant 20 à 25 minutes. Retirez du four et laissez reposer pendant 3 minutes. Cassez la croûte de sel aux herbes et découpez le poisson. Servez avec la sauce rouille et un filet d'huile d'olive.

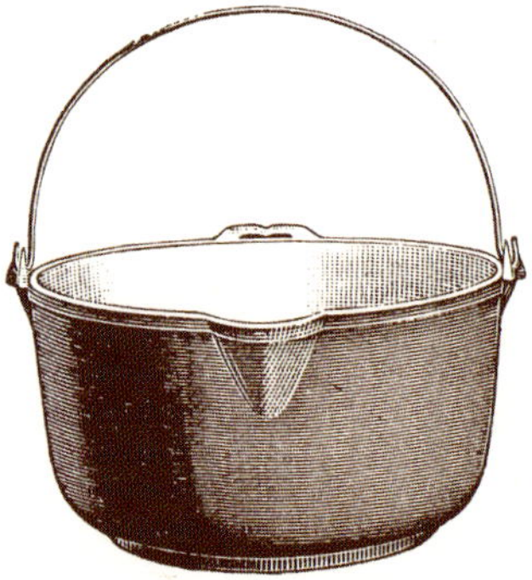

Sole de Douvres à la meunière

*Faire dorer la sole sur un piano.
Existe-t-il des consonances plus poétiques?
Pour un chef, c'est l'évidence même, encore faut-il
avoir de la sole. Le nom de ce poisson porte à confusion,
car on utilise souvent de la limande, de la plie ou
du carrelet plutôt que de la véritable sole...
La vraie sole de Douvres est très rare et très chère,
mais quel plaisir de jouer ces quelques notes
et de faire dorer cette sole!*

POUR 2 PERSONNES

2 soles de Douvres de 250 à 300 g (env. 8 à 10 oz) chacune
sel et poivre au goût
farine en quantité suffisante
45 ml (3 c. à soupe) d'huile végétale
75 ml (5 c. à soupe) de beurre demi-sel
30 ml (2 c. à soupe) de jus de citron
30 ml (2 c. à soupe) de persil frais, haché

Retirez la peau noire des soles ainsi que la peau blanche. Salez, poivrez et farinez. Faites chauffer l'huile et la moitié du beurre, puis faites cuire d'un côté à feu moyen pendant 5 à 6 minutes. Retournez les soles et continuez la cuisson pendant 5 minutes. Disposez-les dans un plat de service. Ajoutez le reste du beurre et faites-lui prendre une couleur noisette, puis versez le jus de citron et ajoutez le persil haché. Versez sur les soles et servez avec des pommes à l'anglaise.

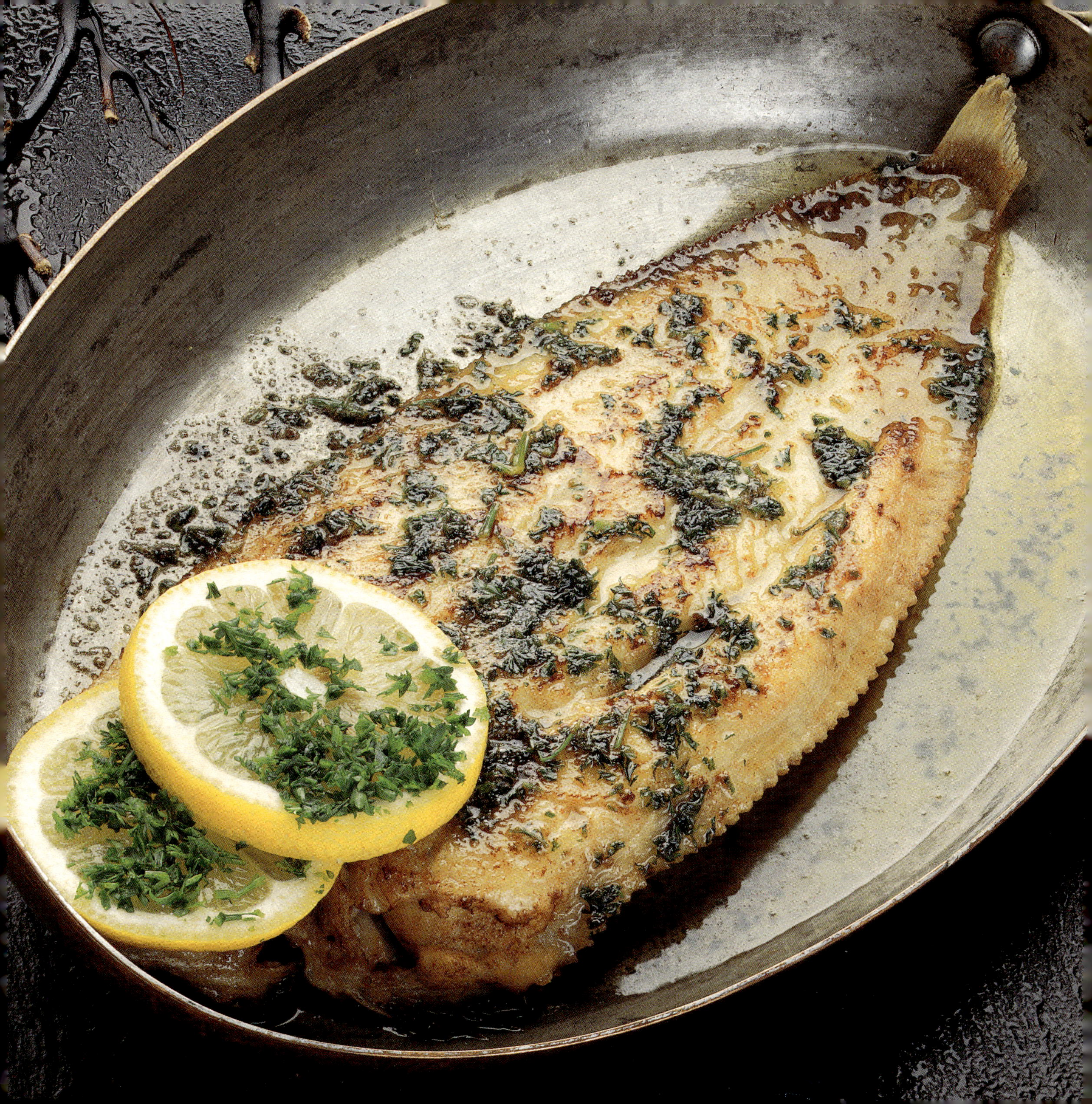

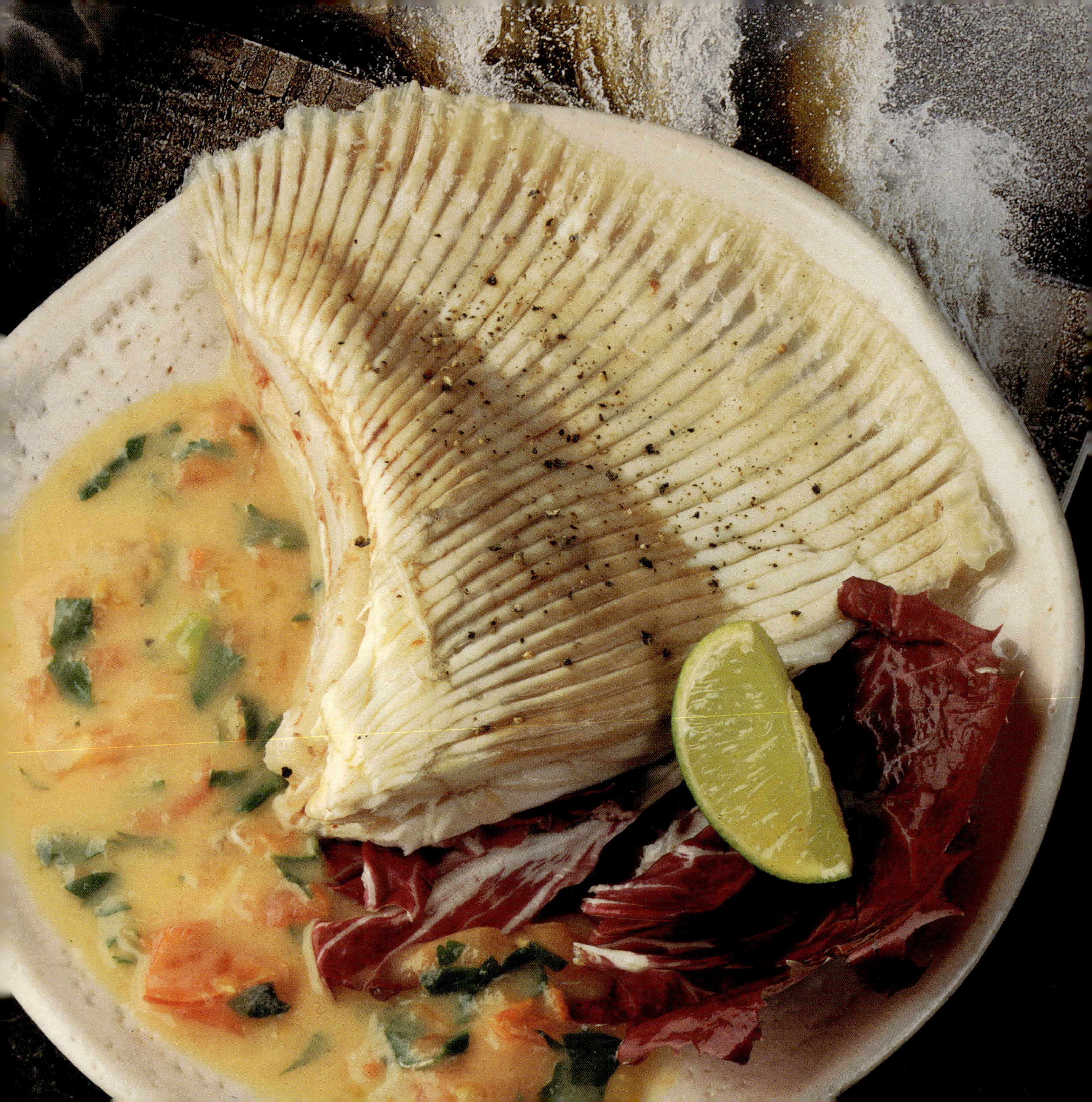

Raie pochée au beurre de câpres et de citron vert

La raie est un poisson plat dont on ne mange en fait que la pointe des nageoires, que l'on appelle communément «ailes». Les ailes sont sans arêtes, mais elles ont une multitude de cartilages très gélatineux. La raie doit être très fraîche, car elle prend très vite l'odeur d'ammoniaque. Une des façons de l'accommoder, outre la classique recette de raie au beurre noir, est la recette de raie pochée au beurre de câpres et de citron vert.

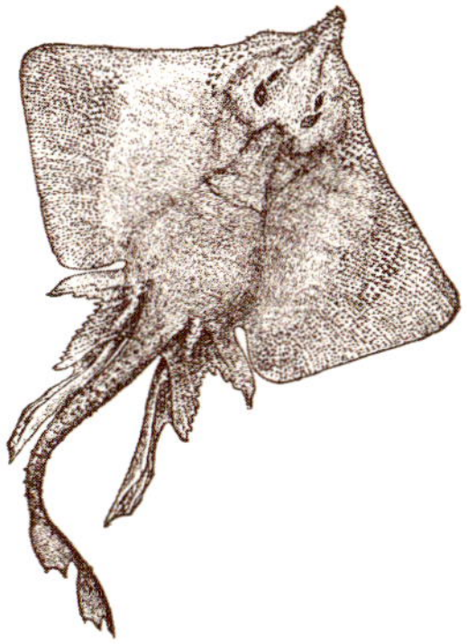

Pour 4 personnes

4 morceaux d'ailes de raie de 150 g (5 oz) chacune
30 ml (2 c. à soupe) de vinaigre
1 oignon émincé
1 carotte coupée en rondelles
10 grains de poivre
bouquet garni
250 ml (1 tasse) de vin blanc
1 échalote hachée
125 ml (½ tasse) de beurre doux
30 ml (2 c. à soupe) de miel
30 ml (2 c. à soupe) de citron vert
60 ml (4 c. à soupe) de câpres fines
30 ml (2 c. à soupe) de ciboulette ou de cerfeuil, haché
sel et poivre au goût

Faites nettoyer la raie par votre poissonnier, puis retirez-en la peau noire. Préparez un court bouillon avec 3 litres (12 tasses) d'eau salée et le vinaigre. Ajoutez l'oignon, la carotte, le poivre et le bouquet garni. Portez à ébullition et faites pocher la raie pendant 15 à 20 minutes, à feu moyen. Pendant ce temps, faites réduire le vin blanc de moitié avec l'échalote, puis, hors du feu, ajoutez les morceaux de beurre très froid. Tout en fouettant, incorporez le miel et le jus de citron. Portez de nouveau à ébullition et arrêtez le feu aussitôt. Ajoutez les câpres et la ciboulette (ou le cerfeuil), salez et poivrez. Servez à part avec la raie pochée.

Filets de maquereaux au vin blanc

Le pauvre maquereau, de la famille des poissons fusiformes, est un poisson gras. Il n'est pas très populaire, sauf peut-être en conserve, au vin blanc ou à la tomate. Tout comme le hareng, les peuples nordiques de Suède et de Norvège l'apprécient, et je suis certain que vous l'apprécierez aussi, dans cette recette.

Pour 4 personnes

4 maquereaux de 250 g (env. ½ lb) chacun, détaillés en filets
gros sel
12 grains de poivre noir
1 bouteille de vin blanc sec
2 carottes en rondelles
1 oignon émincé
1 branche de thym
2 feuilles de laurier
5 clous de girofle
1 citron coupé en rondelles
125 ml (½ tasse) de vinaigre de vin blanc à l'estragon
5 ml (1 c. à thé) de persil frais, haché
1 branche de céleri, taillée en bâtonnets

Disposez le poisson dans un plat à four. Ajoutez le sel et le poivre. Gardez ainsi au réfrigérateur pendant deux à trois heures. Faites chauffer le vin blanc avec la carotte, l'oignon, le céleri, le thym, le laurier et les clous de girofle. Faites cuire pendant 7 à 8 minutes. Versez la marinade chaude sur les filets et ajoutez le citron, le vinaigre et le persil. Faites cuire au four, à couvert, à 190°C (375°F) pendant 7 minutes. Laissez refroidir, puis gardez au réfrigérateur pendant au moins deux jours avant de consommer les filets avec le bouillon.

Lorsque vous réalisez cette recette, vous pouvez prévoir le double de poisson sans augmenter les ingrédients. Les maquereaux sont délicieux après trois ou quatre jours de marinade.

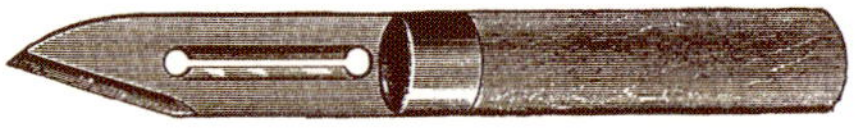

Doré à la bière et aux oignons

Presque disparu en Europe où il porte le nom de sandre, on trouve encore facilement le doré au Québec. Il est délicieux lorsqu'il est bien apprêté. Le houblon de la bière lui apporte un moelleux particulier qui lui va fort bien.

Pour 4 personnes

60 ml (4 c. à soupe) de beurre
2 oignons émincés
60 ml (4 c. à soupe) de persil frais, haché
250 ml (1 tasse) de bière forte
175 ml (¾ tasse) de crème épaisse (crème à 35 %)
2 ml (½ c. à thé) de muscade
sel et poivre au goût
30 ml (2 c. à soupe) d'huile végétale
4 filets de doré de 180 g (6 oz) chacun
½ citron
30 ml (2 c. à soupe) de ciboulette fraîche, hachée

Faites fondre le beurre et faites revenir les oignons jusqu'à coloration ambrée. Ajoutez le persil, puis la bière. Laissez réduire de moitié. Versez la crème et laissez réduire encore de moitié. Ajoutez la muscade, salez et poivrez. Faites chauffer l'huile dans une poêle. Salez et poivrez les filets de doré, puis faites-les cuire doucement sur les deux côtés. Arrosez-les de jus de citron, ajoutez la ciboulette, puis disposez-les dans un plat de service.

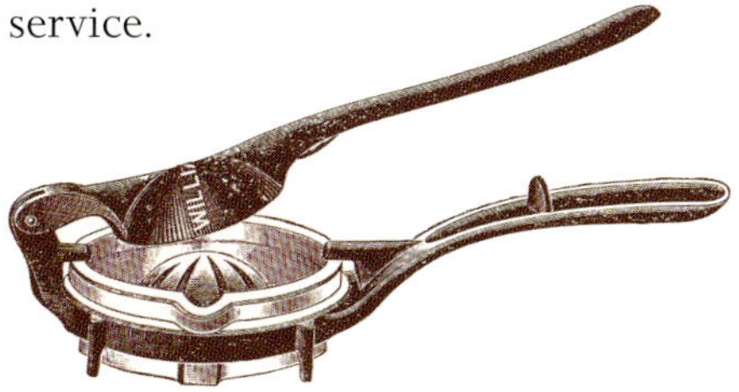

Darne de thon au vinaigre

Pour que le thon soit bon, il doit être cuit doucement et servi juste rosé au centre.

Pour 2 personnes

30 ml (2 c. à soupe) de beurre
30 ml (2 c. à soupe) d'huile végétale
1 belle tranche de thon de 1 cm (½ po) d'épaisseur
sel et poivre au goût
½ gousse d'ail, hachée, sans le germe
30 ml (2 c. à soupe) de persil frais, haché
½ tomate coupée en dés
2 échalotes hachées
15 ml (1 c. à soupe) de beurre
75 ml (5 c. à soupe) de vin blanc
30 ml (2 c. à soupe) de vinaigre balsamique
45 ml (3 c. à soupe) de beurre

Faites fondre 30 ml (2 c. à soupe) de beurre et l'huile, puis faites cuire très doucement le thon assaisonné de sel et poivre pendant 2 à 3 minutes de chaque côté. Retirez-le et disposez la darne sur un papier d'aluminium. Ajoutez l'ail, le persil et la tomate, puis refermez le papier. Faites cuire au four à 230°C (450°F) pendant 3 à 4 minutes. Retirez et laissez reposer. Préparez la sauce. Faites revenir l'échalote pendant 2 à 3 minutes dans 15 ml (1 c. à soupe) de beurre, juste assez pour qu'elle se colore, ajoutez le vin blanc et le vinaigre balsamique. Faites réduire aux trois quarts. Ajoutez ensuite des petits morceaux de beurre frais dans la sauce. Salez et poivrez. Disposez la darne dans une assiette et nappez-la de cette sauce.

Le beurre revient à trois reprises dans cette recette.

Queue de lotte piquée à l'ail et à l'estragon

La lotte ou baudroie fut longtemps rejetée à la mer, tellement sa tête faisait horreur. Il est très rare de la trouver ainsi sur les étals des poissonneries, et pour cause. On utilise donc la partie basse de ce poisson, communément appelée «queue de lotte». Outre la qualité de sa chair et ses qualités gustatives, la lotte présente l'avantage de n'avoir qu'un os central qui se retire aisément.

Pour 4 personnes

1 belle queue de lotte de 1,3 kg (3 lb)
6 gousses d'ail, coupées en tranches fines, sans le germe
60 ml (4 c. à soupe) d'huile d'olive
sel et poivre au goût
½ poireau taillé en lamelles
2 tomates coupées en morceaux
2 échalotes hachées
2 feuilles de laurier
15 ml (1 c. à soupe) de graines de coriandre
5 ml (1 c. à thé) de poivre en grains
250 ml (1 tasse) de vin blanc sec
1 pincée de safran
15 feuilles d'estragon frais ou 2 ml (½ c. à thé) d'estragon séché

Faites nettoyer la lotte par votre poissonnier. À l'aide d'un petit couteau, pratiquez des incisions dans la chair du poisson et enfoncez-y les tranches d'une gousse d'ail. Faites chauffer l'huile d'olive dans un chaudron de fonte ou d'émail, et faites revenir la lotte pendant 2 à 3 minutes. Salez et poivrez. Ajoutez le poireau, les tomates, l'échalote et les tranches d'ail qui restent. Faites cuire à couvert à feu doux pendant 5 minutes. Ajoutez le laurier, la coriandre et le poivre. Versez le vin, puis ajoutez le safran et l'estragon. Salez et poivrez de nouveau et cuire au four, à découvert cette fois, pendant 15 minutes à 160°C (325°F). Détachez l'arête centrale et servez avec le jus de cuisson, accompagné d'une ratatouille.

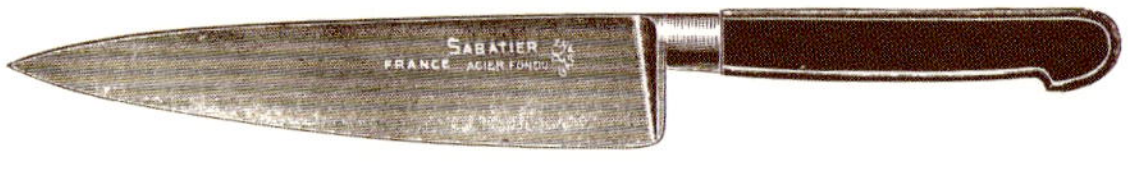

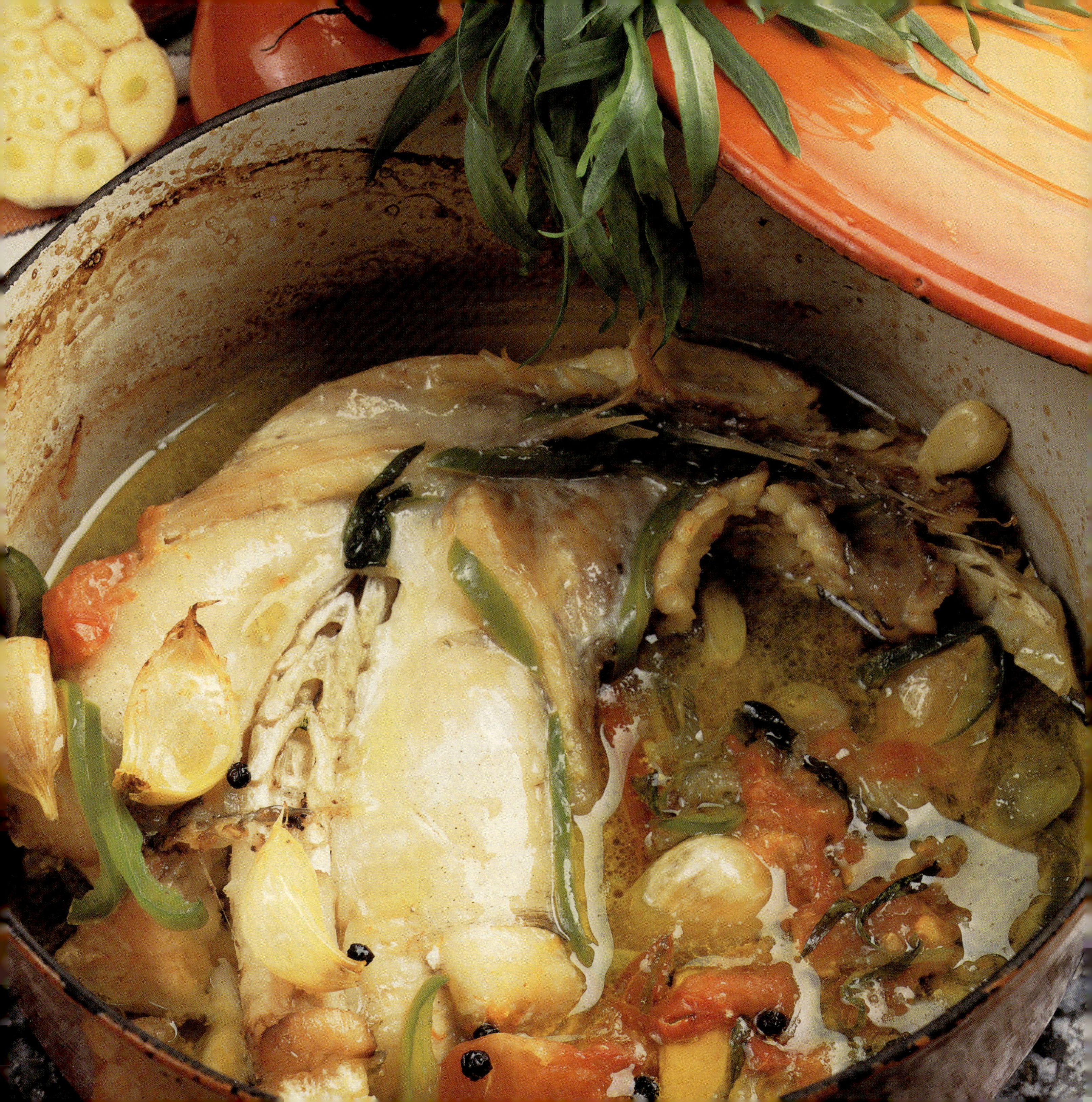

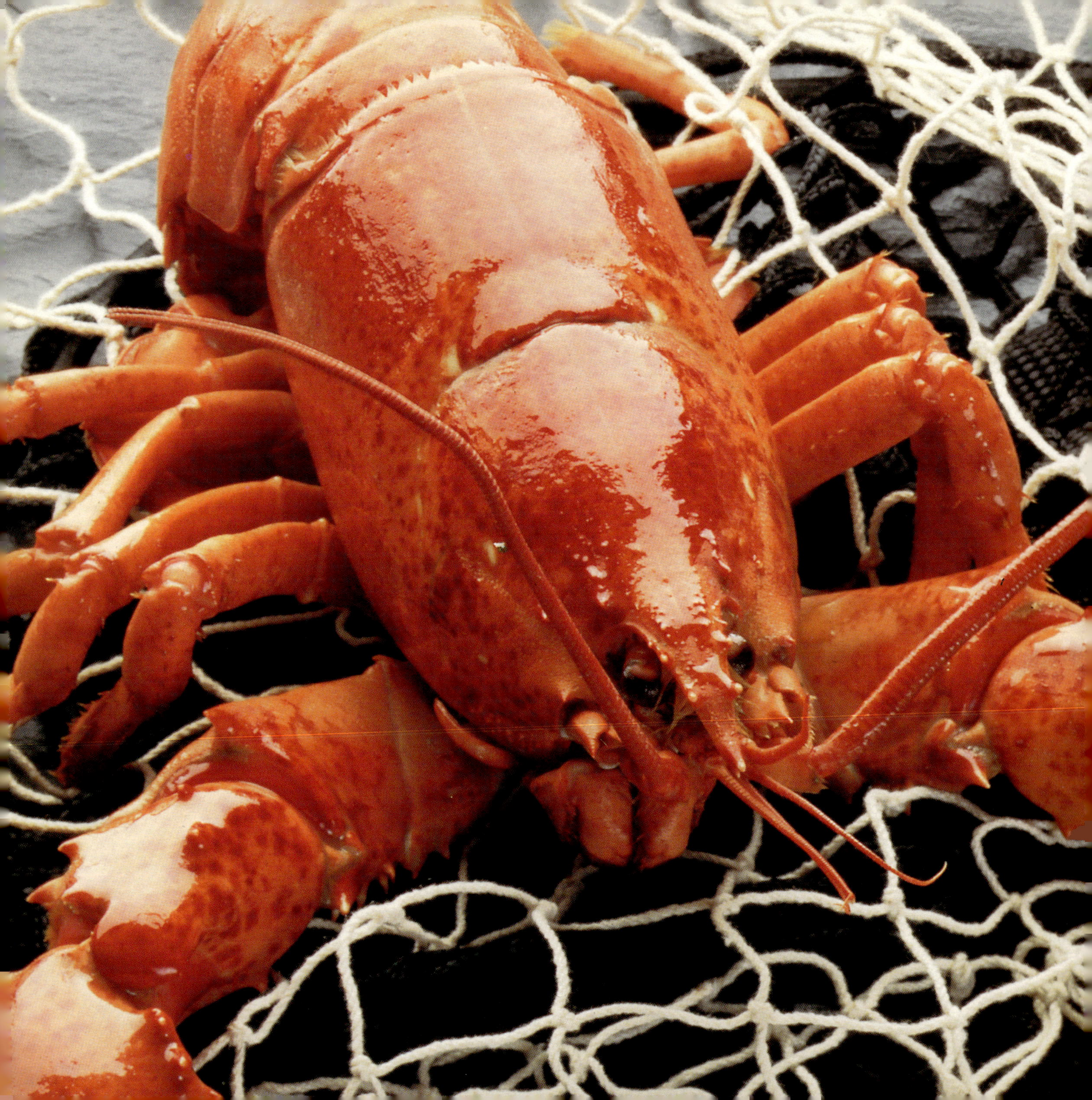

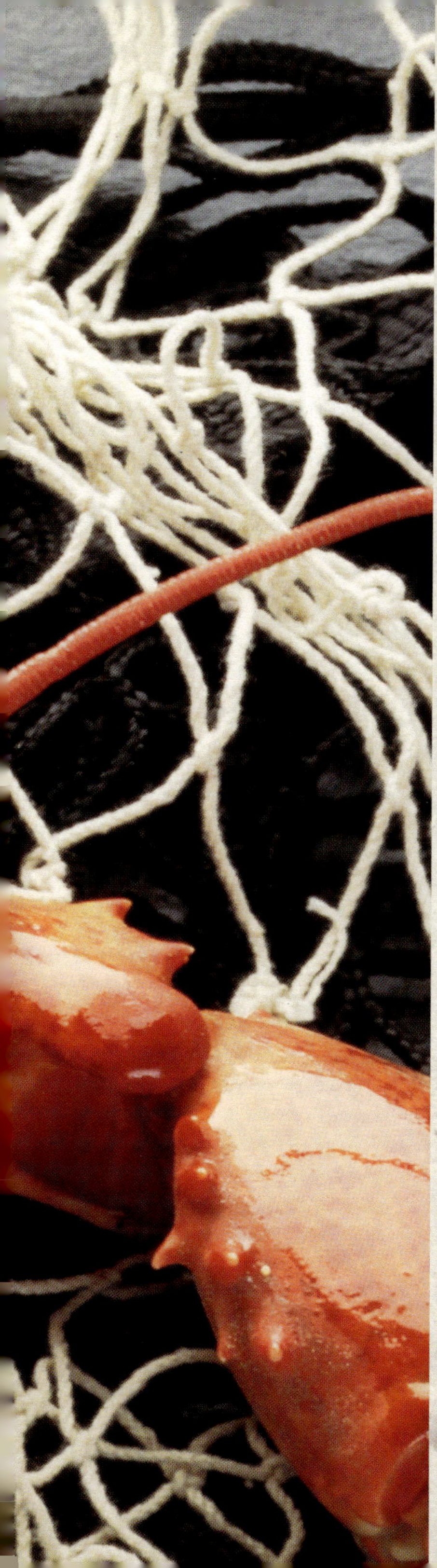

Les mollusques et les crustacés

- Huîtres en coque aux poireaux et au parmesan
- Moules à la bière aux poivrons et au lait de coco
- Froufrou de crevettes taï chi
- Homard au gratin à la graine de moutarde et aux poivrons
- Rouleau de crabe des neiges à la menthe
- Paella de fruits de mer

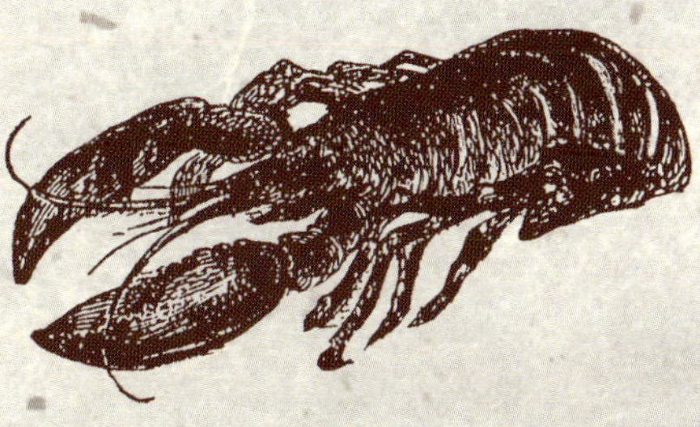

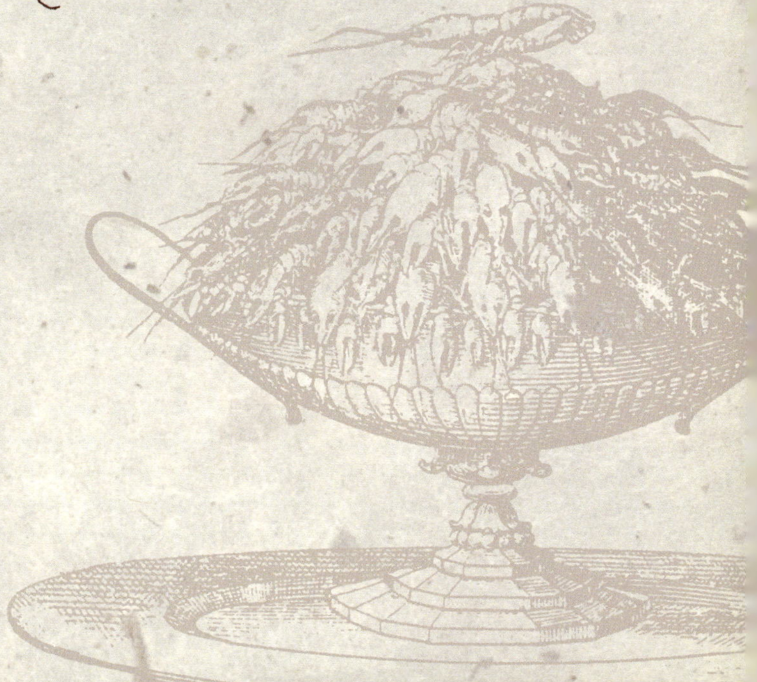

Tout comme le poisson, les mollusques et les crustacés sont fragiles. On doit donc prendre certaines précautions à l'achat et pour leur conservation. Leur réputation est excellente et, à la différence des poissons, on entretient moins de préjugés à leur égard.

Dans le cas des bivalves (moules, huîtres, coques, pétoncles ou coquilles Saint-Jacques, par exemple), les coquilles doivent toujours être fermées lorsqu'on les achète et doivent s'ouvrir lorsqu'on les cuit.

Les mollusques sans coquille, comme le calmar, la pieuvre ou la seiche, demandent à être nettoyés et apprêtés avant leur consommation. Habituellement, seuls les vrais amateurs se réservent ce travail. On peut maintenant trouver, dans les comptoirs des surgelés, ces produits déjà nettoyés, ce qui économise beaucoup de temps.

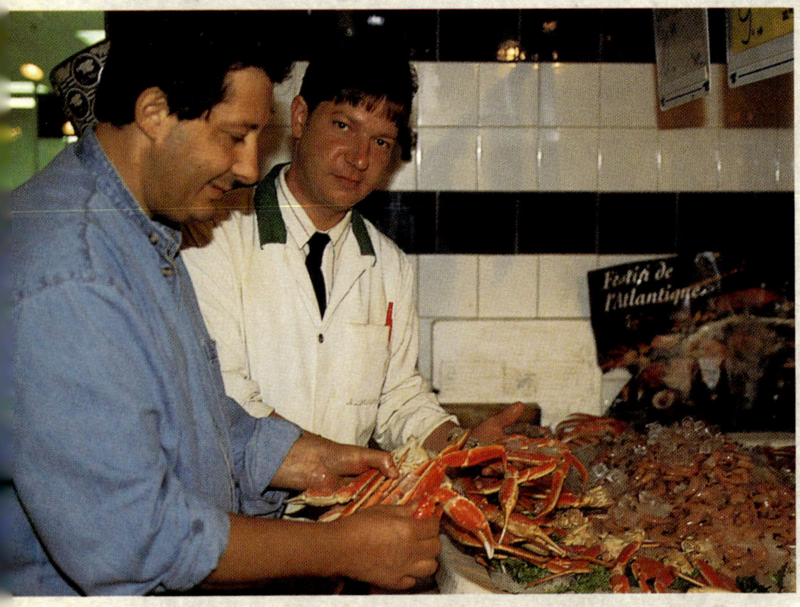

Principales variétés de mollusques que l'on peut se procurer

- **Les moules**: Il en existe plusieurs variétés (évitez la période des petits crabes que l'on trouve à l'intérieur, 2 à 3 fois par année). Elles peuvent se consommer crues ou cuites, en sauce ou farcies.

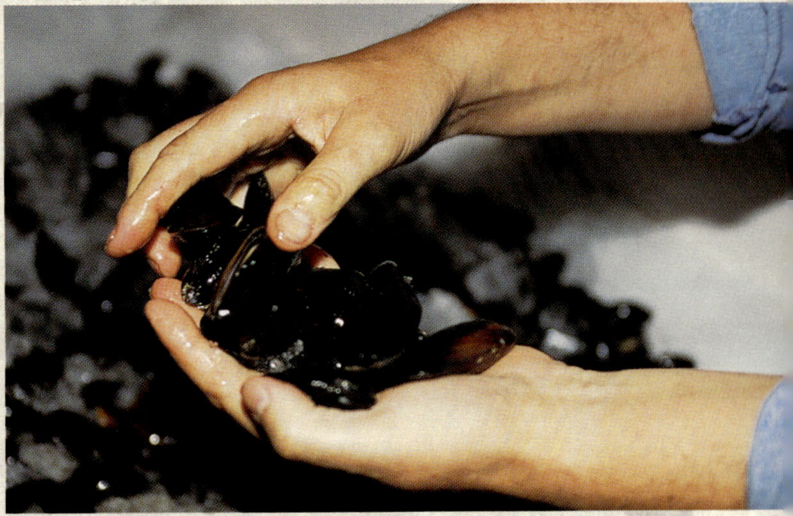

- **Les huîtres**: Tout comme pour les moules, il en existe bon nombre de variétés, de l'huître plate, style belon, à l'huître oblongue (japonaise ou portugaise) aussi appelée fine de claire. Que l'on parle de la France, du Canada ou de l'Australie, presque tous les pays côtiers possèdent des ressources en ostréiculture. Les huîtres se consomment crues ou cuites, en coquilles. Elles se vendent aussi sans coquille, surtout dans les pays anglo-saxons comme la Nouvelle-Zélande et l'Australie où la soupe aux huîtres est des plus populaires.

- **Les palourdes**: Elles sont peut-être moins populaires que les deux premières espèces. On peut les déguster crues, cuites, farcies et en potage, comme dans la célèbre soupe *clam chowder*.
- **Les pétoncles et les coquilles Saint-Jacques**: Ces mollusques sont différents par leur taille, mais ils sont de la même famille. Ce sont peut-être les mollusques les plus recherchés en cuisine à cause de leur finesse et de leur goût. On peut les manger crus, mais ils sont plus appréciés lorsqu'ils sont cuisinés.
- **Autres mollusques et crustacés**: coques, clovisses, bigorneaux, berniques, couteaux, buccins, etc.: Ils se consomment de la même façon, soit crus, soit cuits, mais ils sont nettement moins recherchés par le consommateur.

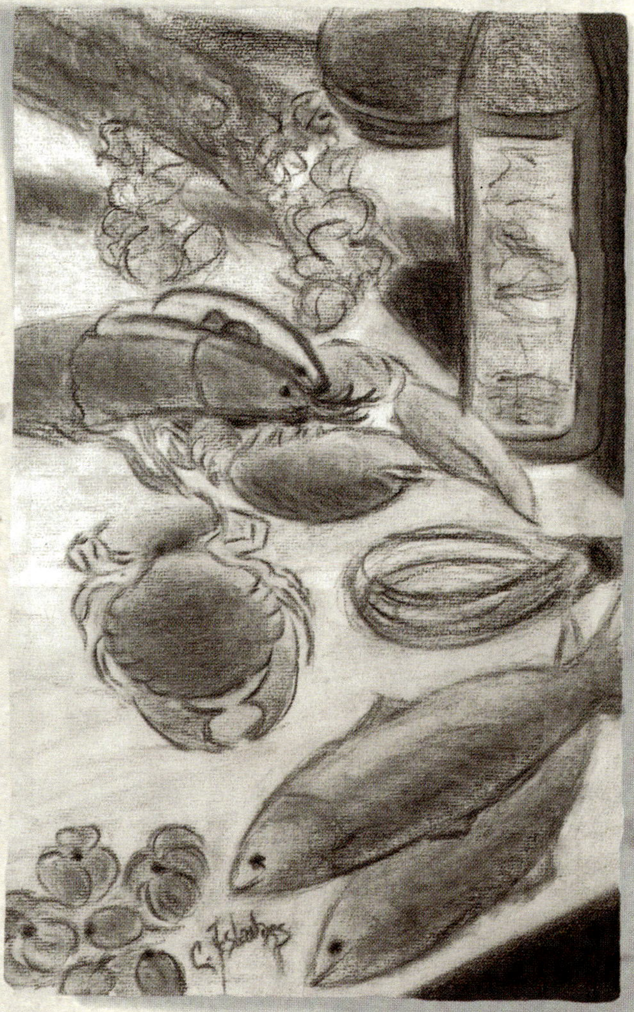

Famille des mollusques mous

- **La seiche, la pieuvre, le calmar, l'encornet, la poulpe, etc.**: Ces mollusques sont très prisés dans la cuisine méditerranéenne. Ils sont débarrassés de leurs parties cartilagineuses et de l'encre qu'ils contiennent avant d'être tapés, puis cuisinés. On les apprête souvent frits ou marinés, comme la pieuvre ou la poulpe, accompagnés de tomates, d'huile d'olive, de basilic ou d'épices orientales. On les sert autant en antipasto que chauds, dans un repas gastronomique.

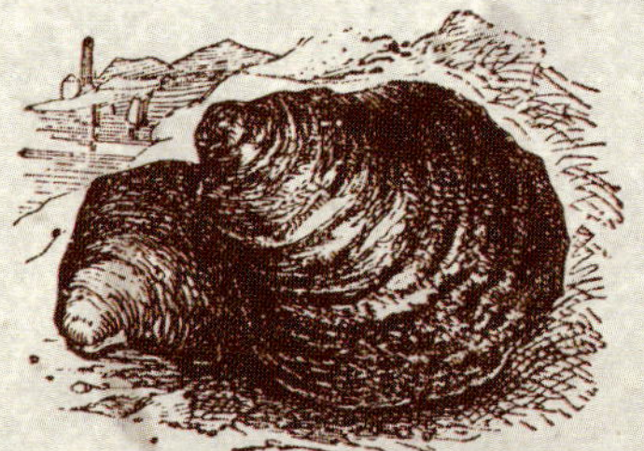

Huîtres en coque aux poireaux et au parmesan

Est-ce la belon, la portugaise, la Malpèque, la Caraquet, l'huître de Oualidia au Maroc ou celle de Nouvelle-Zélande... qui est la meilleure? À une huître fortement iodée, on peut en préférer une autre plus laiteuse, plus grasse! Il y a presque autant de variétés d'huîtres que de qualificatifs pour les comparer. L'huître, très souvent consommée froide ou en soupe, se déguste fort bien chaude. En voici l'exemple.

POUR 2 PERSONNES

12 belles huîtres
60 ml (4 c. à soupe) de beurre
1 échalote hachée finement
le blanc d'un poireau émincé très fin
½ poivron jaune, coupé en petits dés
sel et poivre au goût
250 ml (1 tasse) de vin blanc sec
60 ml (4 c. à soupe) de Noilly Prat
125 ml (½ tasse) de crème épaisse (crème à 35 %)
1 jaune d'œuf
30 ml (2 c. à soupe) de parmesan râpé

Nettoyez bien les huîtres et ouvrez-les. Retirez les huîtres de leur coquille, tout en filtrant l'eau des huîtres pour la conserver. Faites fondre le beurre et faites suer les échalotes avec les poireaux pendant 3 à 4 minutes. Ajoutez le poivron, salez et poivrez. Faites chauffer ensuite l'eau des huîtres, le vin blanc et le Noilly Prat. Faites pocher les huîtres pendant 1 minute. Lavez les coquilles vides et asséchez-les. Disposez les huîtres dans chacune des coquilles. Ajoutez le jus de pochage au poireau et au poivron, puis ajoutez la crème. Faites réduire pour laisser épaissir. Ajoutez ensuite le jaune d'œuf et vérifier l'assaisonnement. Nappez les huîtres de sauce aux poireaux, saupoudrez de parmesan et faites gratiner au four pendant 3 minutes. Servez avec des pommes de terre sautées, coupées très fin.

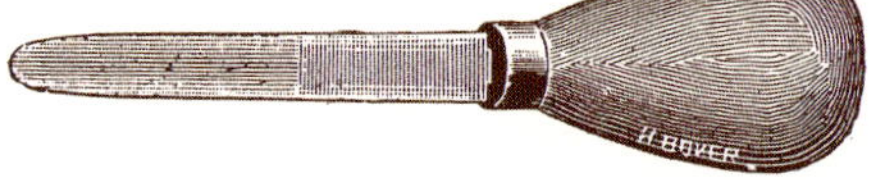

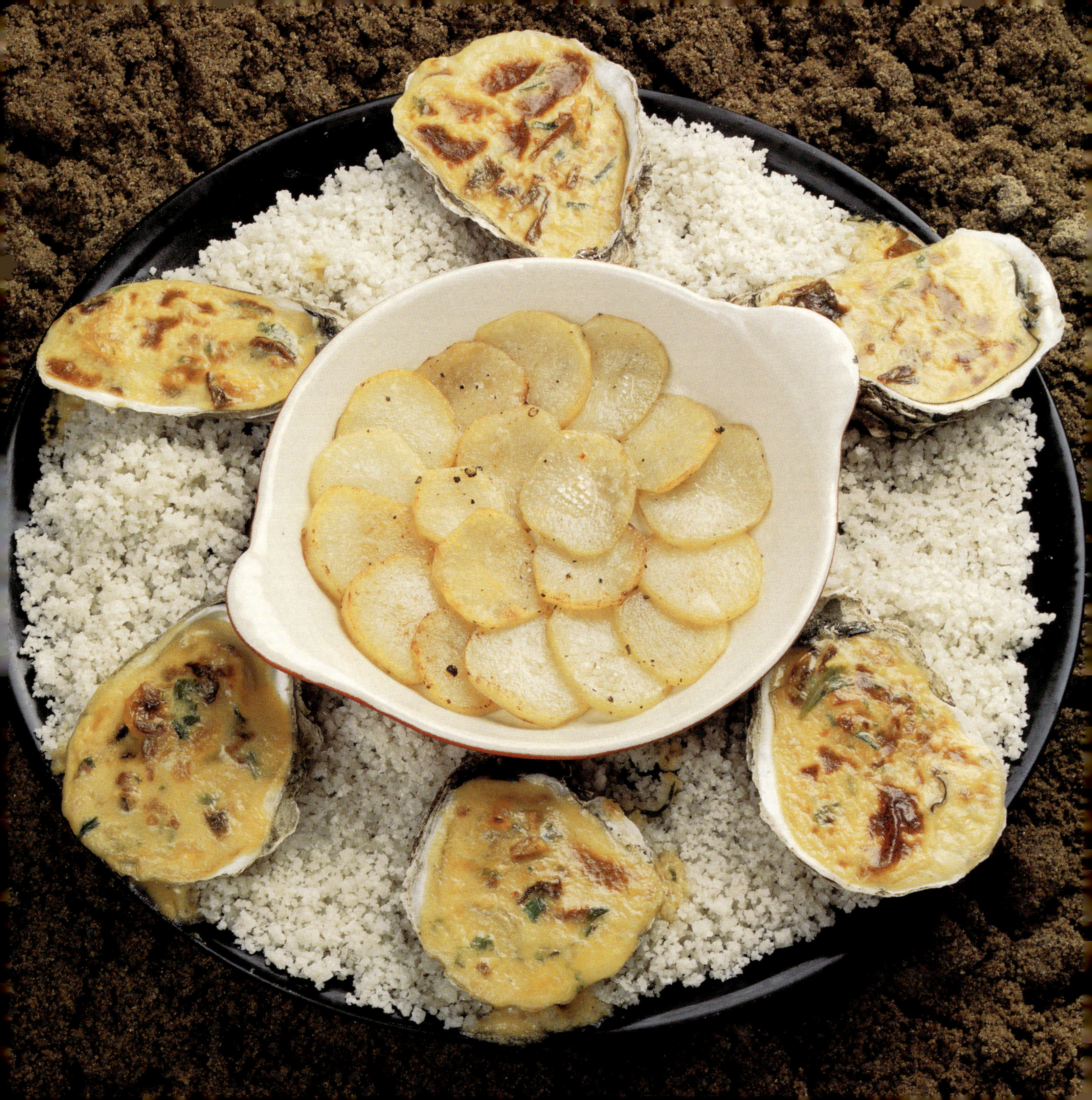

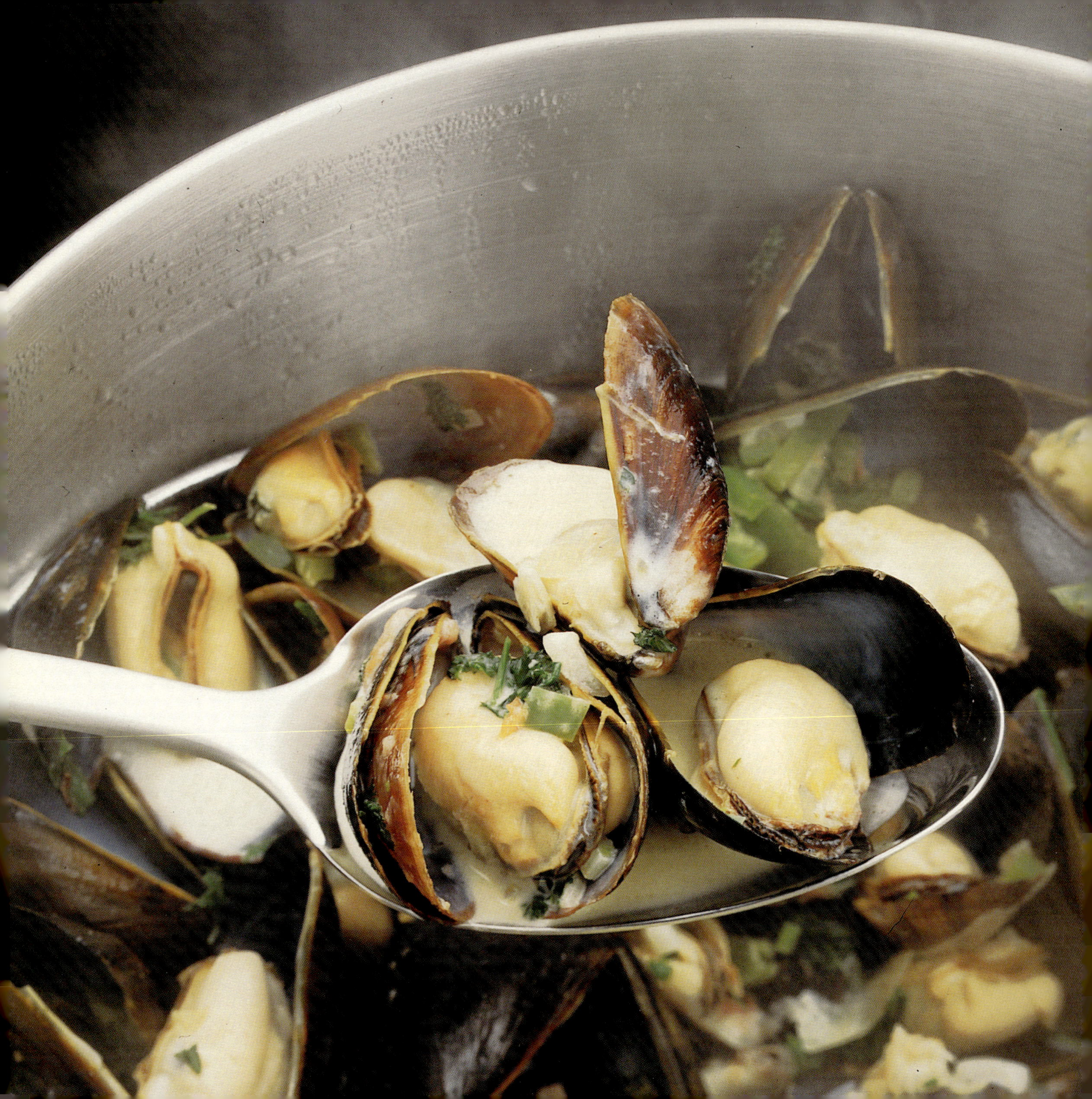

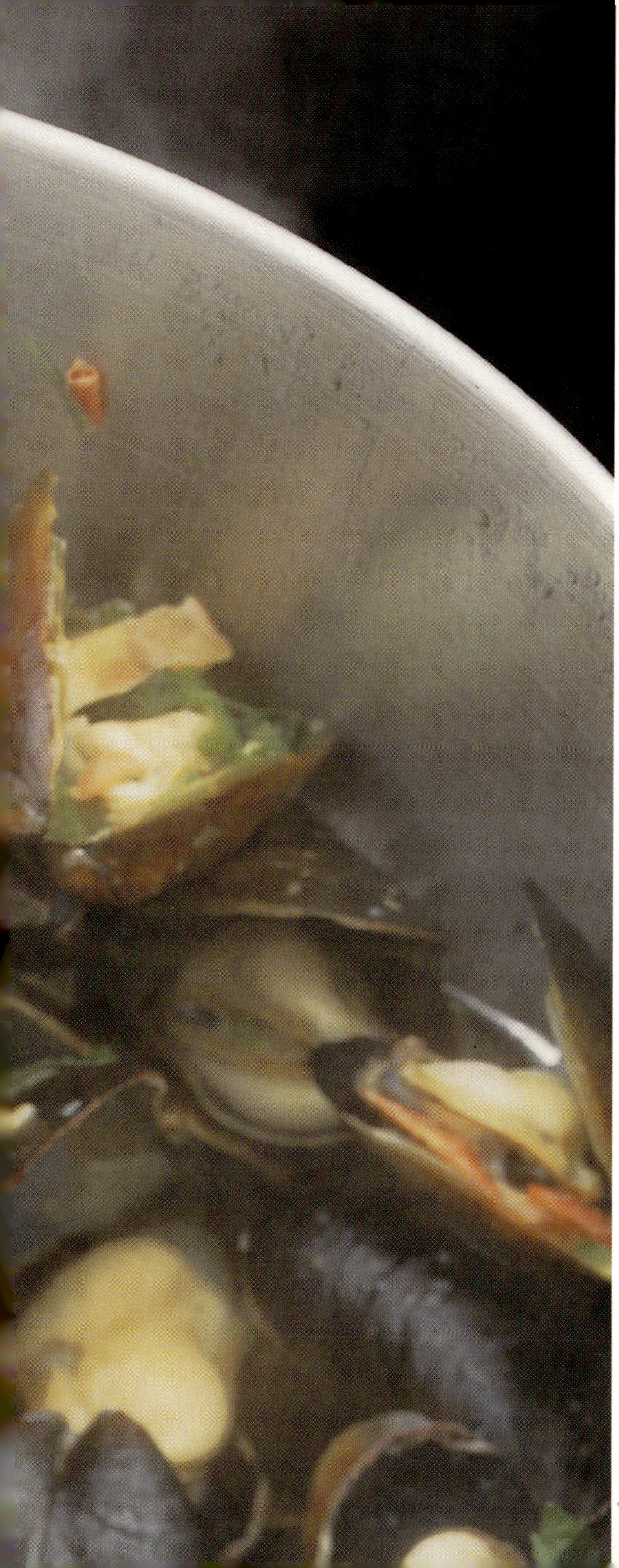

Moules à la bière aux poivrons et au lait de coco

Sauf les moules dites «de banches» qui vivent naturellement dans des bancs sauvages, les moules que l'on connaît sont des moules d'élevage. Leur industrie, la mytiliculture, se pratique depuis le XIIIe siècle. Elles se vendent au poids ou encore au litre, dans certains pays.
On en trouve même à la bourriche, comme les huîtres, quand elles sont vendues en grosse quantité.

POUR 4 PERSONNES

2 kg (4½ lb) de moules
45 ml (3 c. à soupe) de beurre
2 échalotes hachées
45 ml (3 c. à soupe) de poivron vert, coupé en dés
45 ml (3 c. à soupe) de poivron jaune, coupé en dés
30 ml (2 c. à soupe) de ciboulette
125 ml (½ tasse) de bière
1 gousse d'ail, hachée, sans le germe
15 ml (1 c. à soupe) de cari
125 ml (½ tasse) de lait de coco
2 jaunes d'œufs
2 ml (½ c. à thé) de muscade
sel et poivre au goût

Lavez bien les moules à l'eau courante, à plusieurs reprises. Dans une grande casserole, faites fondre le beurre, ajoutez l'échalote et les poivrons, et faites-les revenir pendant 4 à 5 minutes. Ajoutez les moules, la ciboulette, la bière, l'ail et le cari, couvrez et laissez cuire pendant 3 à 4 minutes. Mélangez le lait de coco avec les jaunes d'œufs et la muscade. Salez et poivrez. Versez sur les moules et remuez. Dès la première ébullition, éteignez le feu et servez.

Froufrou de crevettes taï chi

La crevette est ce crustacé remarquable qui nous donne toute sa splendeur en bouche lorsqu'il est cuit à l'orientale, ce qui signifie «juste ce qu'il faut». Trop cuire une crevette serait un «péché», pas mignon mais plutôt mortel!

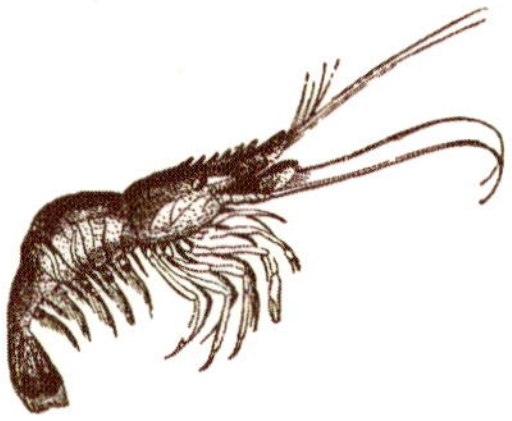

Pour 4 personnes

60 ml (4 c. à soupe) d'huile de soja
8 épis de maïs miniatures
1 courgette coupée en bâtonnets
1 oignon émincé
1 poivron émincé finement
60 ml (4 c. à soupe) de gingembre émincé
1 gousse d'ail, hachée
60 ml (4 c. à soupe) de sauce aux huîtres
30 ml (2 c. à soupe) de sauce tamari
75 ml (1/3 tasse) de piment pili-pili haché
16 grosses crevettes (16 x 20), épluchées et nettoyées
sel et poivre au goût
16 pois mange-tout
8 tiges d'oignon vert (le blanc seulement)
30 ml (2 c. à soupe) de vinaigre de riz
45 ml (3 c. à soupe) de coriandre hachée

Dans un wok, faites chauffer 30 ml (2 c. à soupe) d'huile de soja et faites revenir le maïs, la courgette, l'oignon et le poivron à feu vif. Ajoutez le gingembre, l'ail et faites cuire pendant 1 à 2 minutes. Versez la sauce aux huîtres, la sauce tamari et le piment. Faites cuire 1 minute, puis retirez le mélange, essuyez le wok et faites chauffer le reste d'huile de soja. Faites sauter les crevettes rapidement pendant 1 minute, puis salez et poivrez légèrement. Ajoutez les pois mange-tout et les tiges d'oignon vert. Faites cuire une autre minute et ajoutez les légumes et le vinaigre de riz. Réchauffez, puis ajoutez la coriandre. Servez avec un riz parfumé, cuit à la vapeur.

Quand il est question de crevettes 16 X 20, cela signifie en principe qu'une boîte standard de 2,5 kg (5 1/2 lb) contient de 16 à 20 crevettes par 454 g (1 lb).

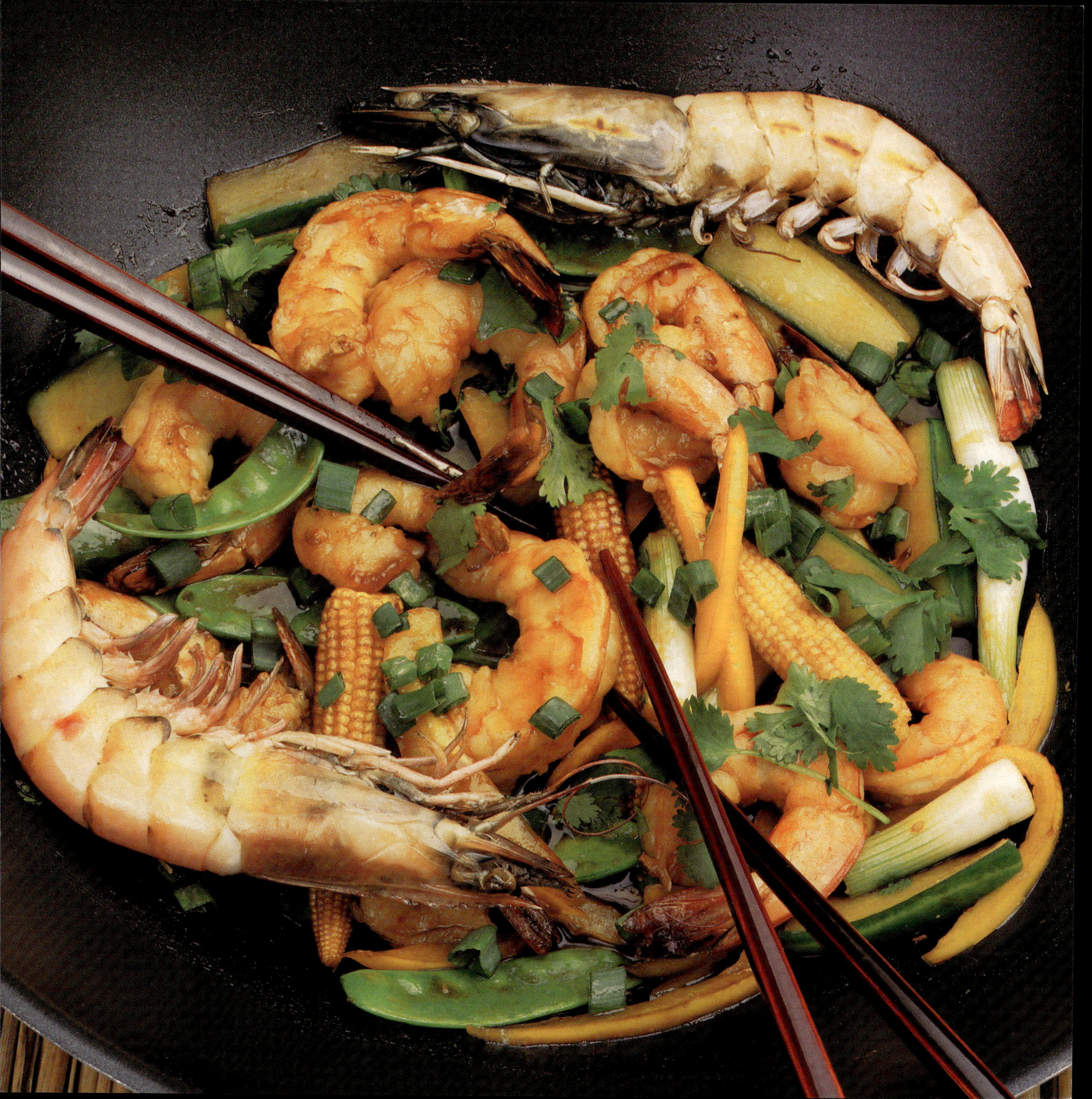

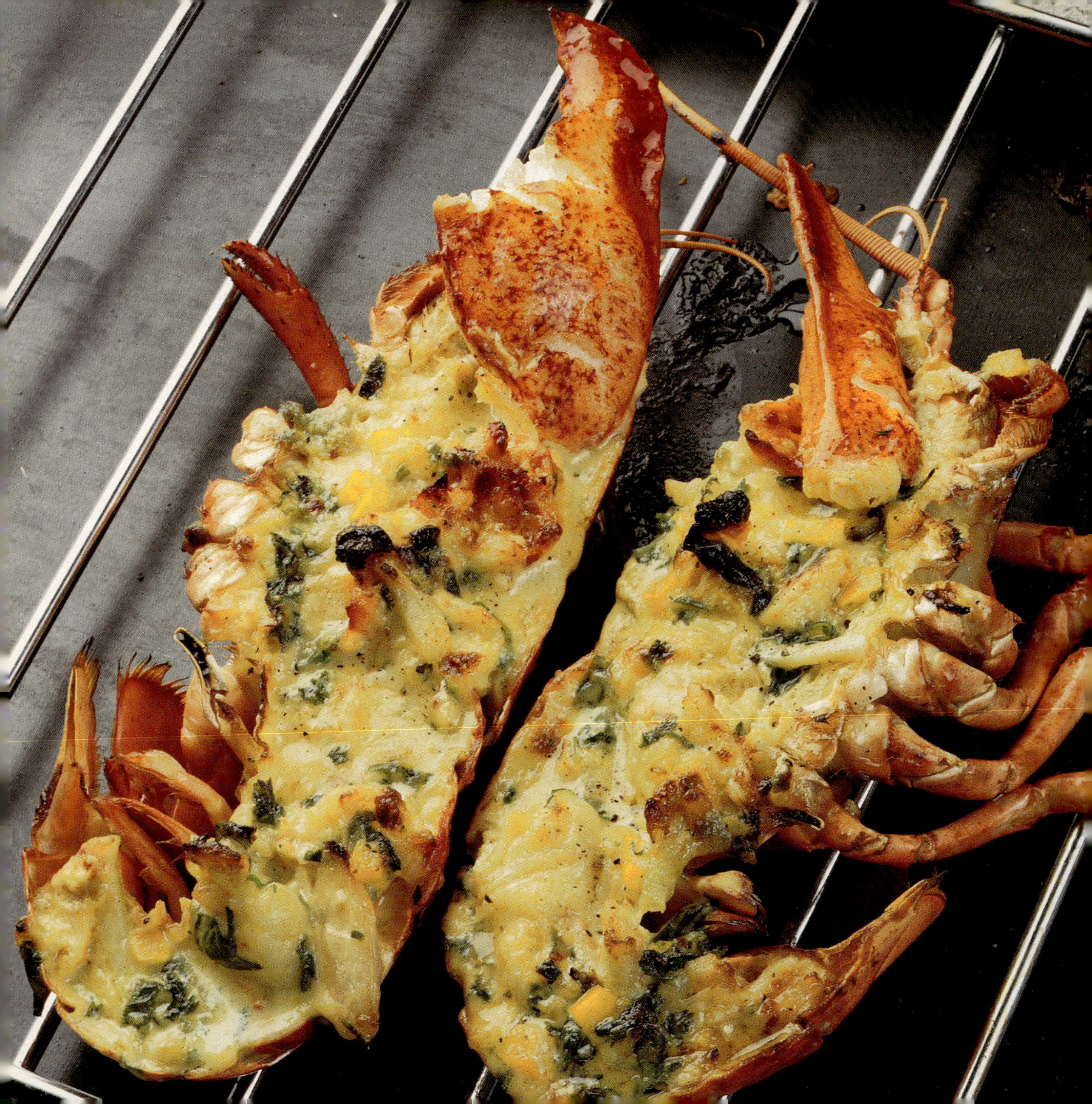

Homard au gratin à la graine de moutarde et aux poivrons

Je me souviens d'une belle histoire que l'on m'a racontée lors d'un repas que je préparais en Louisiane. Quand les Acadiens quittèrent le Nouveau-Brunswick pour s'en aller en Louisiane, les homards s'en aperçurent et décidèrent d'accompagner les Acadiens dans leur fuite. Arrivés en Louisiane, les Acadiens étaient épuisés, et certains d'entre eux n'arrivèrent même jamais à destination, puisqu'ils sont morts en cours de route. Les homards, de leur côté, étaient tellement fatigués qu'ils ne demeurèrent pas des homards, car ils avaient perdu trop de poids. Ils devinrent plutôt des écrevisses…

Pour 4 personnes

4 homards de 454 g (1 lb) chacun
45 ml (3 c. à soupe) de beurre doux
1 échalote hachée très finement
1 poivron jaune
125 ml (½ tasse) de bière blonde
175 ml (¾ tasse) de crème épaisse (crème à 35 %)
15 ml (1 c. à soupe) de coriandre fraîche, hachée
30 ml (2 c. à soupe) de moutarde en graines
sel et poivre au goût
30 ml (2 c. à soupe) de cheddar râpé

Faites cuire les homards à l'eau bouillante salée pendant 10 minutes, puis ouvrez-les. Enlevez la poche à gravier et l'intestin. Retirez la chair du coffre et des pinces. Faites fondre le beurre et faites suer l'échalote et le poivron coupé en dés pendant 2 à 3 minutes. Ajoutez la bière et la crème, puis faites cuire de nouveau pendant 2 minutes. Ajoutez la coriandre et la moutarde. Ajoutez les morceaux de homard dans la sauce, salez et poivrez. Regarnissez les coffres des homards et saupoudrez de cheddar. Faites gratiner au four très chaud et servez aussitôt.

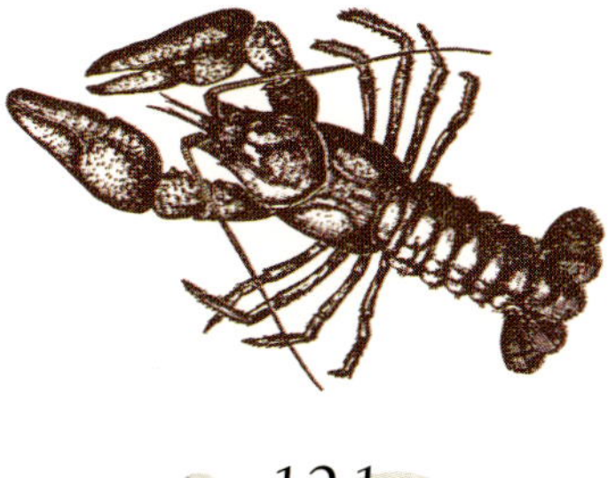

Rouleau de crabe des neiges à la menthe

En 1981, quand j'ai commencé à travailler au Centre de recherche de l'Institut de tourisme et d'hôtellerie du Québec, on nous demandait, par l'entremise du ministère des Pêcheries et de l'Agriculture du Québec, de promouvoir le fameux crabe des neiges dans les recettes du Perspective de l'époque (magazine que l'on trouvait dans La Presse du samedi). Aujourd'hui, malheureusement, tout comme pour le reste des produits marins, le crabe subit les assauts de la pêche qui n'a plus rien de miraculeuse.

POUR 4 PERSONNES

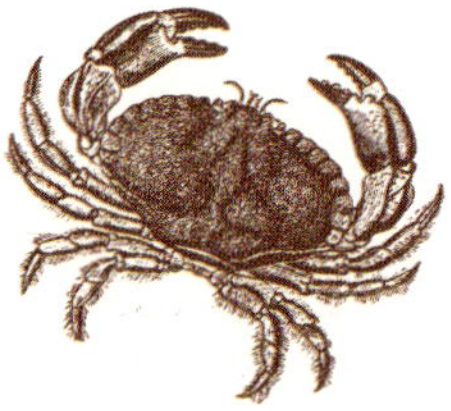

8 pattes de crabe des neiges déjà cuites
2 échalotes vertes, taillées en petits dés
1 tomate coupée en petits dés
30 ml (2 c. à soupe) de sauce aux huîtres chinoise
30 ml (2 c. à soupe) de gingembre rose, confit
1 jaune d'œuf
6 feuilles de menthe fraîche, hachée
100 g (3½ oz) de riz sauvage déjà cuit
sel et poivre au goût
8 feuilles pour rouleaux impériaux ou 8 galettes de riz
1 blanc d'œuf
huile pour la friture en quantité suffisante
60 ml (4 c. à soupe) de vinaigre de riz
8 feuilles de menthe fraîche, hachées

Retirez la chair qui se trouve à l'intérieur des pattes de crabe et disposez-la dans un saladier. Mélangez la chair avec les échalotes et la tomate, puis ajoutez la sauce aux huîtres et le gingembre confit, taillé en julienne très fine. Mélangez le tout avec le jaune d'œuf, la menthe hachée et le riz sauvage. Salez et poivrez. Disposez les feuilles de rouleaux et répartissez la farce au milieu. Badigeonnez le tour des feuilles avec le blanc d'œuf et refermez le rouleau comme s'il s'agissait d'un cannelloni, en pinçant les extrémités. Faites frire dans une poêle à moitié remplie d'huile, puis essuyez bien. Servez avec un mélange de vinaigre de riz et de menthe hachée.

Paella de fruits de mer

Une recette qui vous permet de recevoir sans vous compliquer la vie.
De plus, on vous considérera comme un cordon-bleu.

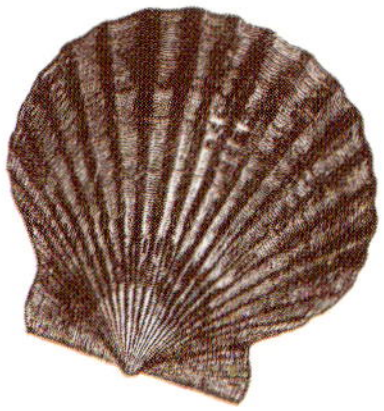

Pour 6 à 8 personnes

12 grosses crevettes avec l'écaille
500 ml (2 tasses) de moules avec coquille
12 palourdes avec coquille
16 noix de pétoncles ou coquilles Saint-Jacques
45 ml (3 c. à soupe) d'huile d'olive
2 échalotes hachées
500 g (env. 1 lb) de riz à grains longs
18 tranches de pepperoni ou de chorizo
2 ml (½ c. à thé) de safran
2 litres (8 tasses) de bouillon ou fumet de poisson
(voir recette p. 22)
sel et poivre
24 haricots verts équeutés, déjà cuits
45 ml (3 c. à soupe) de beurre

Nettoyez bien les fruits de mer. Dans une grande casserole, en fonte de préférence, faites chauffer l'huile d'olive et faites revenir l'échalote avec les palourdes et les moules, ajoutez le riz, puis tous les autres ingrédients, sauf les pétoncles, les haricots verts et le beurre. Versez le fumet, salez et poivrez, puis faites cuire au four, à couvert, à 160°C (325°F) pendant 18 à 20 minutes. Trois minutes avant la fin de la cuisson, ajoutez les haricots verts et les pétoncles. Continuez la cuisson. Laissez reposer à couvert et incorporez le beurre. Servez directement dans la casserole de cuisson.

Vous pouvez aussi remplacer les fruits de mer de cette recette par des langoustines, des écrevisses, du homard et des morceaux de calmars, déjà cuits, ou leur en ajouter d'autres.

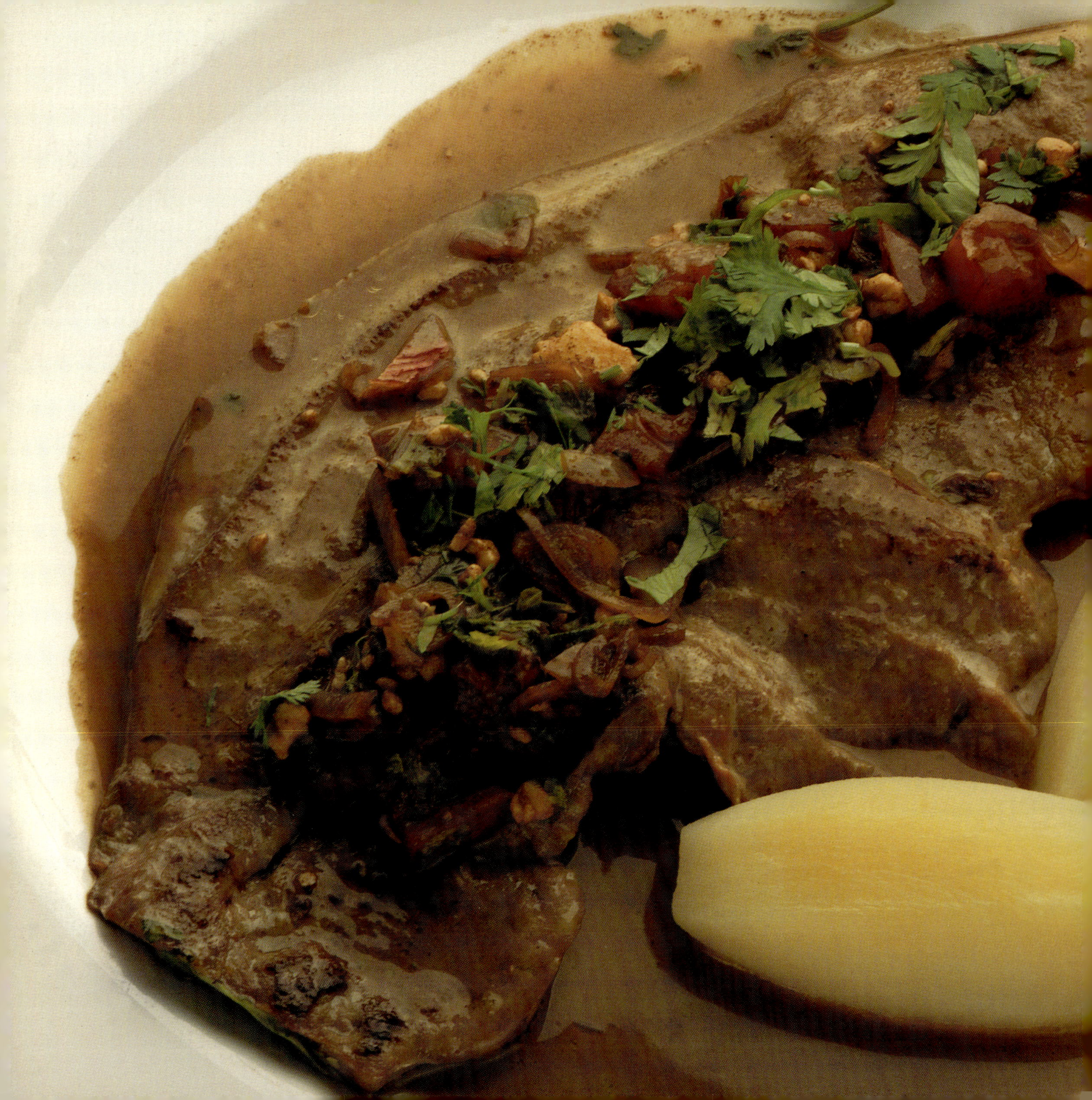

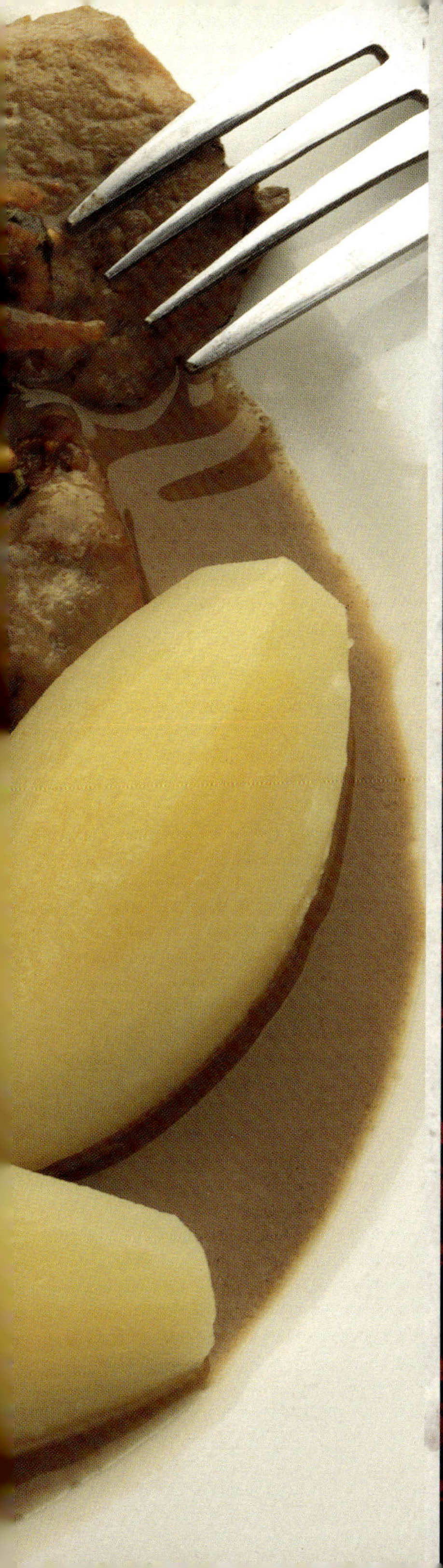

La viande, la volaille et le gibier

Le porc

Le veau

L'agneau

Le bœuf

Le cheval

La volaille

Le gibier

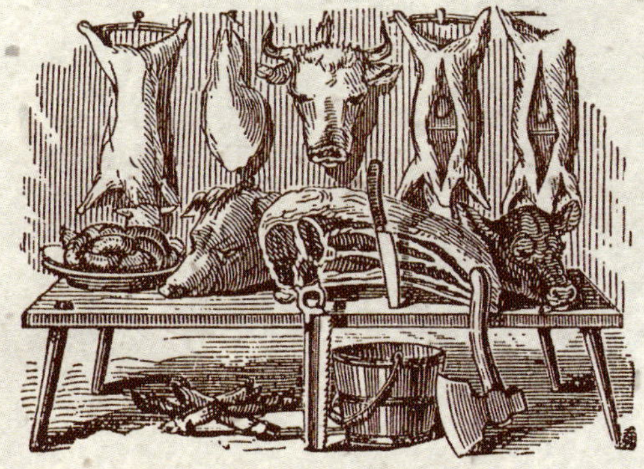

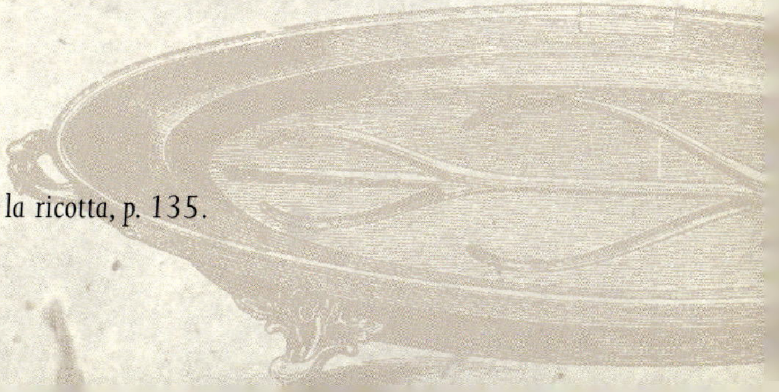

Foie de veau au vinaigre balsamique et à la ricotta, p. 135.

La viande et la volaille

Viande vient du latin *vivenda* (qui signifie ce qu'il faut pour vivre). Ce mot désigne également la chair des mammifères et des oiseaux, souvent par opposition aux «poissons». Par ailleurs, dans le célèbre viandier de Taillevent, publié en 1892 et considéré comme l'un des premiers livres de recettes rédigés en français, le mot «viande» désignait l'ensemble des provisions destinées à l'alimentation.

En 1987, on recensait que, parmi 383 peuples de cultures différentes dans le monde, le poulet et le bœuf étaient les grands gagnants de ce hit-parade alimentaire.

Voici le tableau que l'on trouve dans cette recherche, «Human Relations Area Files», d'après Abrams, 1987, tiré de *L'omnivore*, de Fischler:

Espèce	Nombre de cultures qui consomment cette espèce
poulet (chair et œufs)	363
bovins (chair et lait)	196
cochon (domestique)	180
poisson	159
mouton	108
canard	67
zébu (lait surtout)	49
tortue (chair et œufs)	43
chien	42
rat	42

Il reste certaines espèces que l'on mange dans différents pays, comme les insectes, les escargots et même le cheval, mais qui sont totalement rejetées dans d'autres pays. Tout est question de goût et de culture.

La viande est étiquetée selon une classification bien établie:

- **Les viandes rouges:** mouton, agneau, bœuf et cheval.
- **Les viandes blanches:** veau, porc, lapin et volaille.
- **Les viandes noires:** orignal, sanglier, chevreuil, lièvre, etc.
- **Les petits gibiers à plume et à poil:** lièvre, perdrix, etc.

On fait aussi la différence entre la viande de boucherie, abattue en principe selon des règles d'éthique et d'abattage, et la viande tuée ou abattue (voire trappée) de façon anarchique.

La consommation de viande varie énormément en fonction des pays et des conditions de vie dans ces pays. C'est ainsi que dans les pays riches et très industrialisés, la consommation de viande et de volaille est souvent abondante, voire exagérée. La consommation théorique, selon des normes qui peuvent aussi varier d'un État à l'autre, se situe aux alentours de 150 g (5 oz) par portion, par jour, par personne. Selon les pays, les viandes sont classifiées de façon différentes, en particulier dans le cas du bœuf, et les coupes sont différentes, elles aussi.

Outre le bœuf de Kobé au Japon, élevé au maïs, au foin et à la bière, et à qui l'on fait quotidiennement un massage, et le charolais qui vit sur une réputation peut-être surfaite, la viande (bœuf ou porc) est, en général, meilleure en qualité en Amérique du Nord qu'en Europe. De nouvelles méthodes très hygiéniques d'abattage du porc et une génétique totalement révisée en 1980 ont permis au Québec d'être reconnu mondialement pour sa viande porcine qui concurrence le Danemark, longtemps leader dans le domaine. Pour la volaille, il en est autrement en Amérique du Nord et, même si certains prétendent élever de la volaille de bonne qualité, nous sommes loin d'un poulet de Bresse ou d'un canard de Challans.

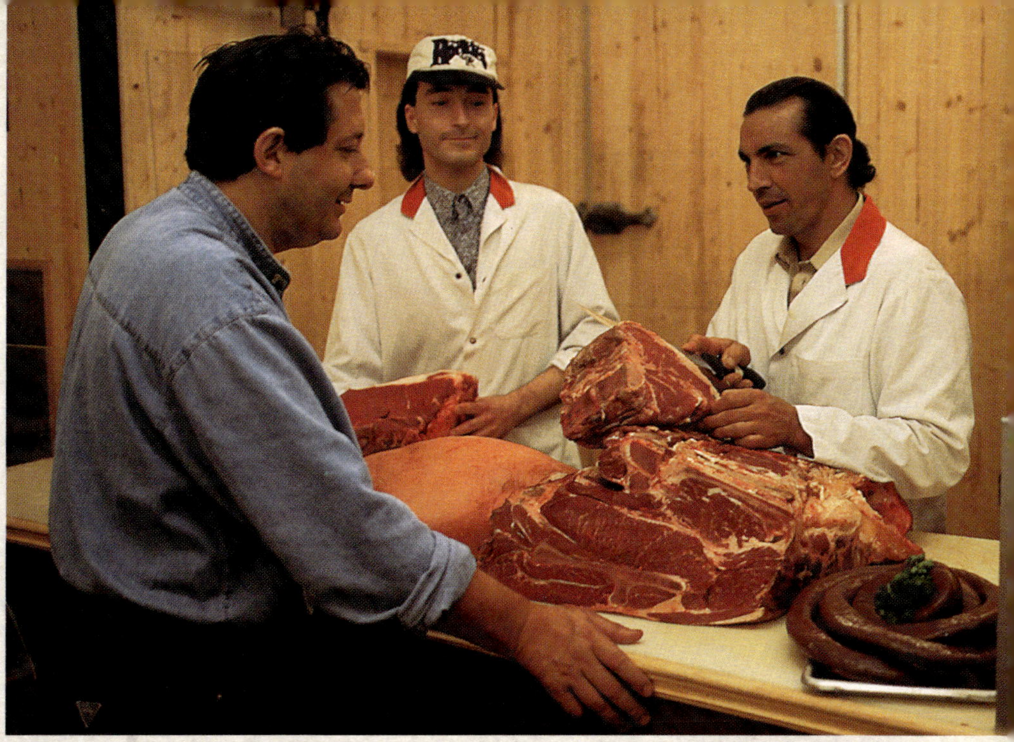

Ce qu'il faut savoir sur la viande et la volaille

Toute viande rouge ou noire doit être vieillie. Le fait de la laisser reposer élimine les toxines de la viande. Et cela en augmente le goût et la tendreté. Une bonne viande de boucherie peut vieillir de 12 à 21 jours. Évidemment, plus elle vieillit, meilleure elle est, mais plus elle subit une perte de poids. Cette perte se répercutera sur le consommateur qui paiera cette viande plus cher. Cette viande doit cependant être, comme toutes les denrées périssables, conservée au froid et soumise à un contrôle d'hygiène très strict.

Les viandes blanches

Elles ont besoin de beaucoup moins de repos et peuvent être consommées après refroidissement des viandes, soit de 2 à 5 jours après l'abattage. Même chose pour la volaille et le lapin, qui doivent être consommés assez rapidement après l'abattage.

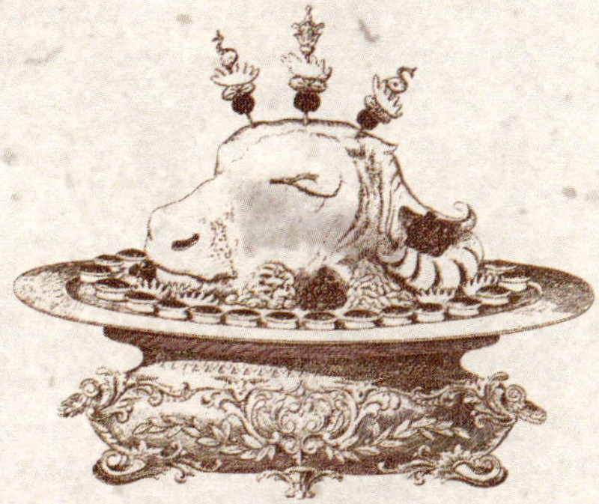

Le porc

- Longe de porc rôtie au pesto et au gingembre
- Côtes levées de dos à la thaï
- Croustillant de porc aux mandarines

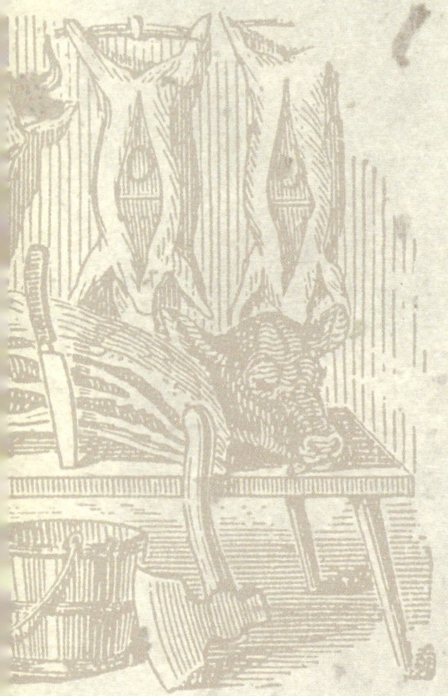

Principaux modes de cuisson

• côtelette	rosée ou à point	grillée ou poêlée
• escalope	rosée ou à point	grillée ou poêlée
• rôti	rosé ou à point	au four ou barbecue
• cuisse	rosée ou à point	au four ou braisée
• épaule	rosée ou à point	rôtie ou au four
• cubes	rosés ou à point	grillés, poêlés ou au four
• languette	rosée ou à point	poêlée ou grillée
• longe	rosée ou à point	grillée en tranches ou au four
• poitrine	bien cuite	au four ou en bouillon
• côtes levées	bien cuites	au bouillon, au four ou grillées
• *abats:*	*foie, cœur, rognons, langue et pieds. Le sang est aussi utilisé dans certains pays, selon des normes d'abattage bien précises.*	

Débarrassé dans la plupart des pays de la trichine et du ténia, le porc redevient peu à peu une viande gastronomique. Seuls des contrôles stricts et rigoureux comme ceux que l'on fait au Québec ont permis de redonner à cette viande la place qui lui revient.

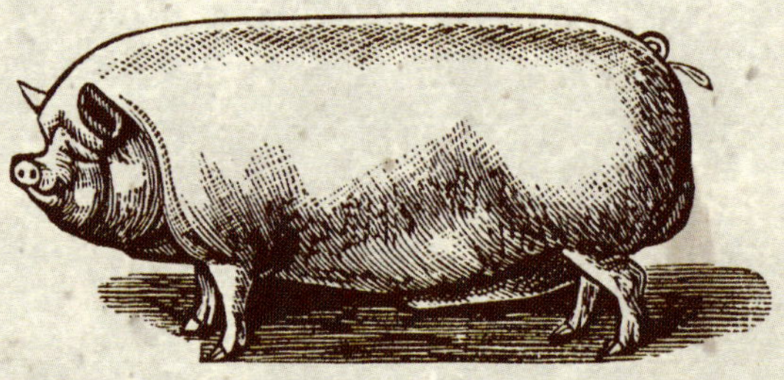

Longe de porc rôtie au pesto et au gingembre

Pour 4 personnes

30 ml (2 c. à soupe) de beurre
800 g (1¾ lb) de longe de porc
sel et poivre au goût
1 carotte coupée en petits dés
4 échalotes hachées
250 ml (1 tasse) de tomates coupées en dés
1 gousse d'ail, hachée
250 ml (1 tasse) de vin blanc
60 ml (4 c. à soupe) de pesto
60 ml (4 c. à soupe) d'huile d'olive
30 ml (2 c. à soupe) de gingembre râpé

Dans une poêle, faites chauffer le beurre, puis faites dorer la longe doucement pendant 2 à 3 minutes. Salez et poivrez. Disposez la longe dans un plat à four. Ajoutez la carotte, les échalotes, les tomates, l'ail haché, puis le vin blanc. Faites cuire au four à 160°C (325°F) pendant 30 minutes. Badigeonnez la longe avec le pesto et faites cuire de nouveau à 150°C (300°F) pendant une heure. Gardez ensuite au chaud dans un papier d'aluminium. Passez la sauce au robot et ajoutez l'huile d'olive et le gingembre râpé. Salez et poivrez de nouveau, si nécessaire. Faites des tranches d'à peu près 3 cm (1 po) d'épaisseur et servez avec la sauce et la garniture de votre choix.

Vous pouvez détendre la sauce avec un peu de bouillon de bœuf ou de volaille (voir recettes p. 20 et 21), si elle est trop épaisse.

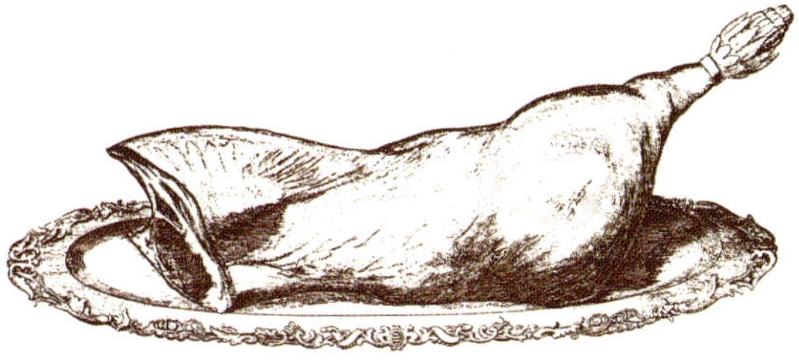

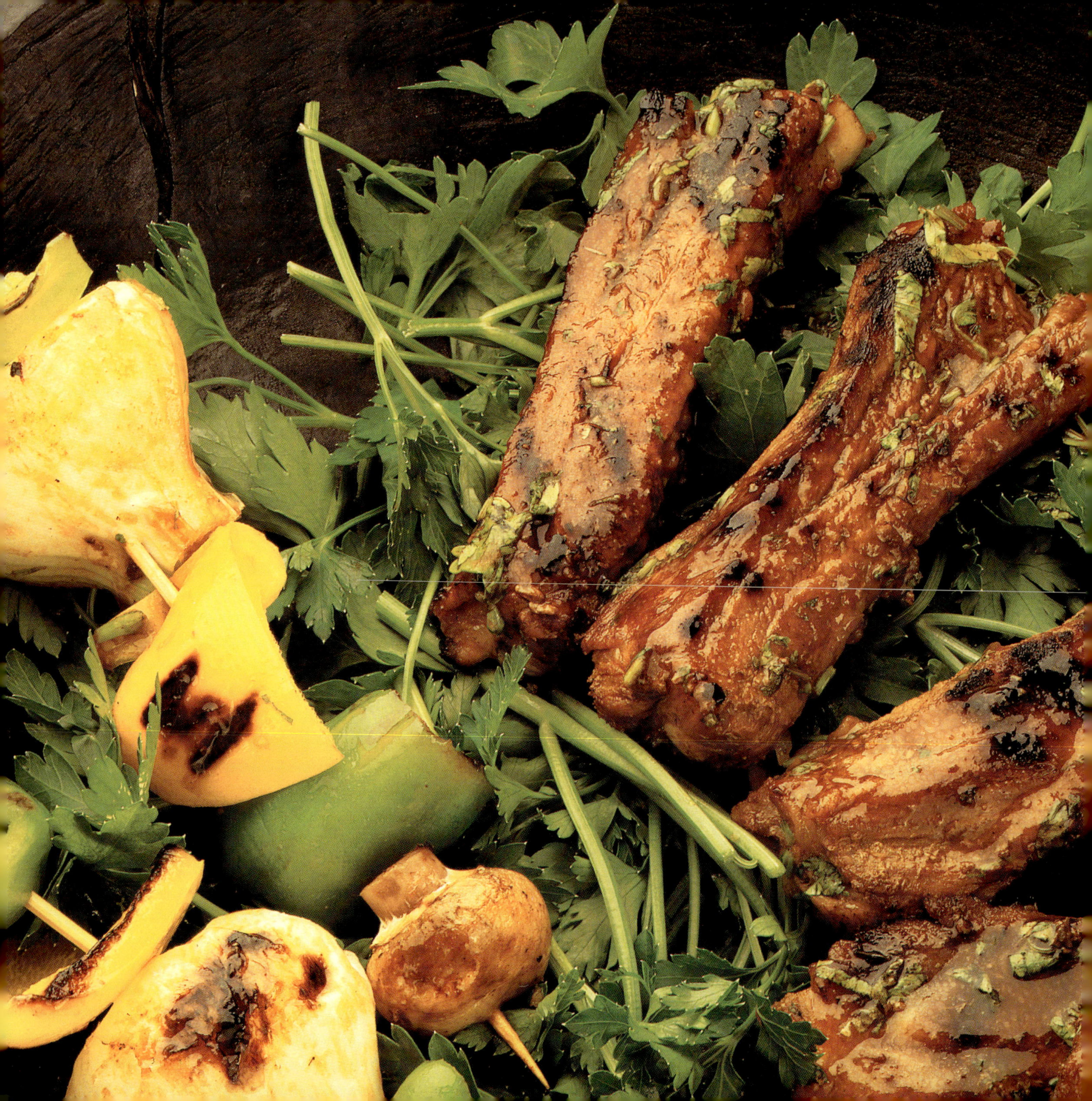

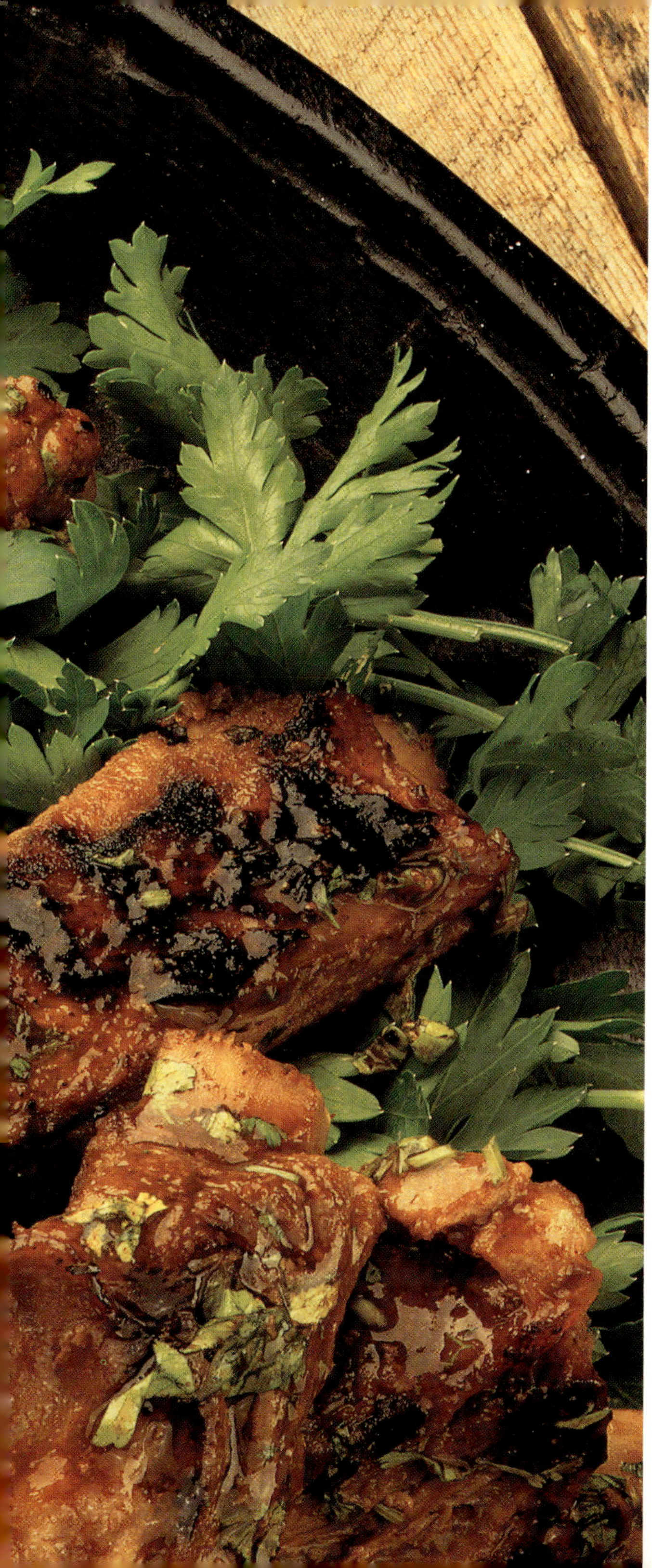

Côtes levées de dos à la thaï

Il faut bien l'avouer, c'est au Québec que j'ai découvert les fameuses côtes levées. Cette même partie, les côtes de dos, est appelée en Europe «travers». Quand elle est bien préparée, cette partie d'os entremêlée de chair nous présente le porc dans sa version sportive...

Pour 4 personnes

1,5 kg (env. 3 lb) de côtes de dos
thym
laurier
125 ml (½ tasse) de sauce soya
5 ml (1 c. à thé) d'ail haché
15 ml (1 c. à soupe) de gingembre râpé
45 ml (3 c. à soupe) de miel
15 ml (1 c. à soupe) de moutarde forte
15 ml (1 c. à soupe) de coriandre fraîche, hachée
2 ml (½ c. à thé) d'épices cajun ou de piment haché
15 ml (1 c. à soupe) d'huile végétale
sel et poivre au goût

Découpez les côtes entre les intersections, puis faites-les cuire à l'eau bouillante salée avec le thym et le laurier pendant 45 minutes, à feu moyen. Préparez une marinade avec tous les ingrédients mélangés. Badigeonnez les côtes et faites-les griller sur le barbecue ou directement sur une plaque, puis faites-les dorer au four à 180°C (350°F) pendant 4 à 5 minutes. Badigeonnez-les de nouveau à la fin. Servez les côtes levées, accompagnées de légumes à la chinoise ou d'un riz parfumé.

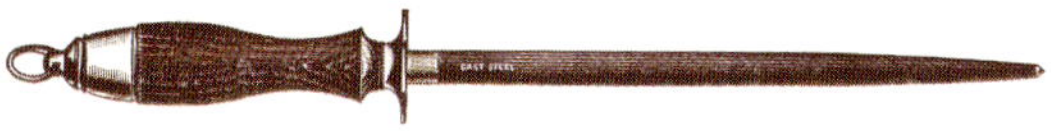

Croustillant de porc aux mandarines

Dans la cuisine chinoise, le porc est un des animaux que l'on préfère.
On le vénère et on le mange en entier, car les Chinois lui accordent des propriétés de longévité.
Cette recette allie le doux, l'amer et le sucré.

Pour 4 personnes

60 ml (4 c. à soupe) d'huile végétale
1 oignon moyen, émincé
1 branche de céleri, taillée en biseau
½ poivron taillé en julienne
¼ de gousse d'ail, émincée
30 ml (2 c. à soupe) de gingembre râpé
500 ml (2 tasses) d'huile végétale pour la friture
360 g (12 oz) de fines tranches de porc (pour fondue)
2 mandarines
60 ml (4 c. à soupe) de sucre
60 ml (4 c. à soupe) de jus d'orange
75 ml (5 c. à soupe) de sauce aux huîtres
4 tiges d'oignon vert
30 ml (2 c. à soupe) de coriandre hachée
sel et poivre au goût

Faites chauffer l'huile et faites-y revenir l'oignon, le céleri et le poivron pendant 2 minutes. Ajoutez l'ail et le gingembre, puis réservez. Faites chauffer les 500 ml (2 tasses) d'huile à friture et faites frire les tranches de porc sans trop remplir la poêle. Égouttez et asséchez. Découpez la peau des mandarines et retirez-en le maximum de peau blanche. Taillez des petits morceaux de zestes de mandarine. Faites chauffer le sucre avec le jus d'orange jusqu'à l'obtention d'un caramel. Ajoutez la sauce aux huîtres, puis mélangez le porc et les légumes. Ajoutez ensuite les tiges d'oignon vert, découpées, et la coriandre hachée. Salez, poivrez et servez aussitôt.

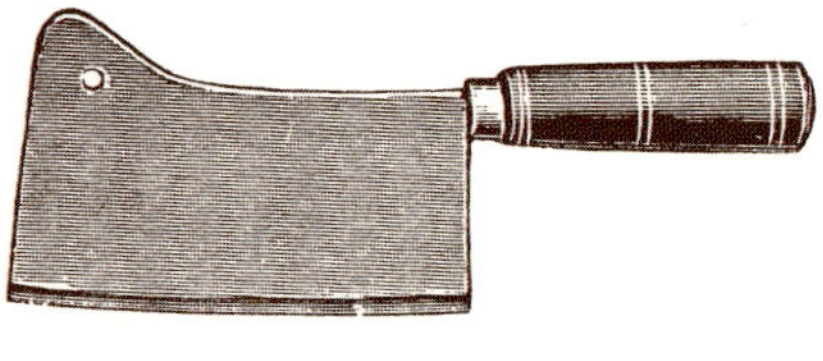

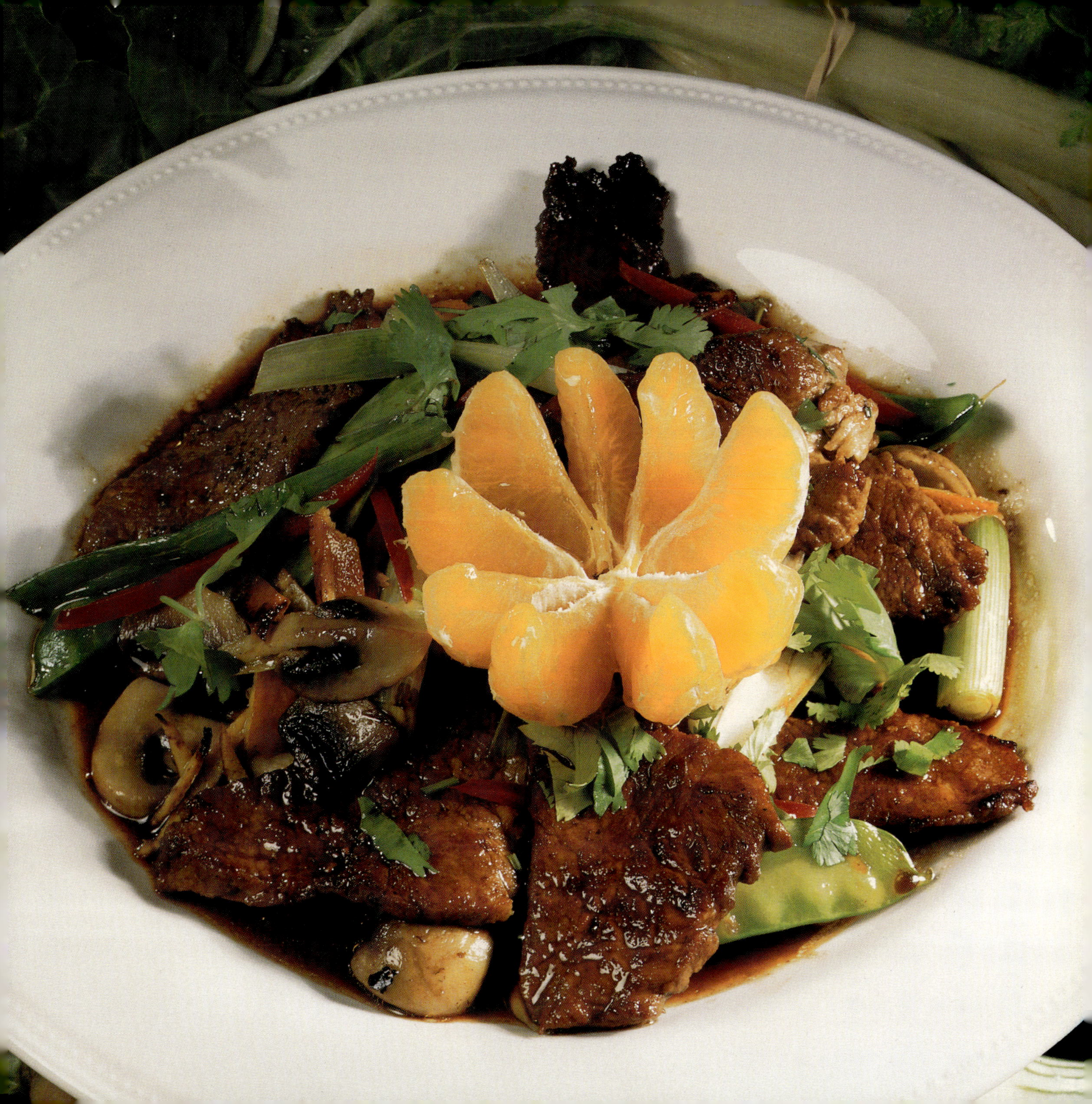

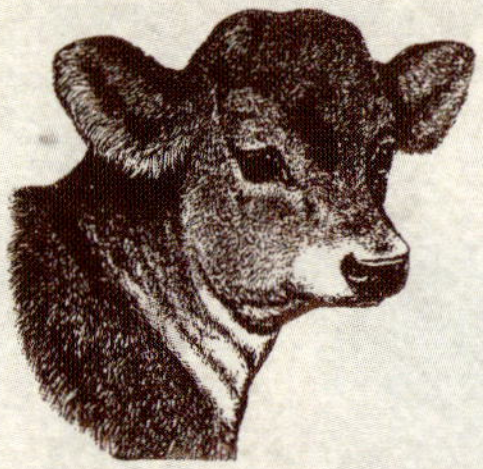

Le veau

- *Foie de veau au vinaigre balsamique et à la ricotta*
- *Ris de veau au porto et à la coriandre*

Où sont-ils passés, les petits veaux de lait qui tétaient leur mère et qui, dès que la tentation de brouter l'herbe verte du printemps leur venait en tête, étaient abattus? Après le veau aux hormones qui a longtemps donné mauvaise presse à la race, on trouve aujourd'hui sur le marché deux variétés de veau de lait. Le veau de lait, sevré à 6 ou 7 semaines et abattu vers 16 semaines, et le veau de grain qui, dès la fin de son sevrage, mange une moulée faite avec du maïs et qui est abattu à environ 19 semaines. L'idéal serait de pouvoir consommer un veau vers 10 semaines, ce qui est de plus en plus rare.

On aurait longtemps pu penser que l'Italie, pays grand consommateur de veau, était le premier producteur de cet animal. En réalité, l'Italie produit peu de veau et achète les veaux de lait de la communauté européenne, en particulier de la France et de l'Allemagne. La psychose du veau aux hormones tend à disparaître, mais il faut se l'avouer, elle a laissé des séquelles.

Principaux modes de cuisson

• longe	rosée ou à point	rôtie, grillée ou au four
• côte	rosée ou à point	grillée, pochée ou au four
• rôti	rosé ou à point	rôti, grillé ou au four
• escalope	rosée ou à point	pochée ou grillée
• épaule	rosée ou à point	au four ou en pot-au-feu
• jarret *(osso bucco)*	bien cuit	au four ou en pot-au-feu
• veau entier	bien cuit	broche méchoui
• farce	bien cuite	en pâté ou en paupiette
• cubes	bien cuits, rosés ou à point	bouillis, grillés, au four ou poêlés

• *abats: tête, foie, cœur, ris, langue et pieds. Certains des abats, incluant ceux du porc, sont des plus populaires. Il suffit de voir la demande pour le thymus, communément appelé ris de veau, glande du veau qui sert à digérer.*

Aujourd'hui, pour le veau comme pour le porc, il n'est plus nécessaire de cuire longuement les viandes blanches. La seule exception à cette règle, la volaille, qui est souvent porteuse de salmonelles. Si les précautions sanitaires ainsi que les précautions de décongélation et d'hygiène sont rigoureusement suivies dans le cas de la volaille, et si on la soumet à des cuissons adéquates et suffisantes, les risques sont minimes.

Foie de veau au vinaigre balsamique et à la ricotta

Pour 4 personnes

30 ml (2 c. à soupe) d'huile végétale
4 tranches de foie de veau de 150 à 160 g (5 à 5½ oz) chacune
sel et poivre au goût
60 ml (4 c. à soupe) de beurre
2 échalotes hachées
1 tomate émincée
125 ml (½ tasse) de ricotta en morceaux
60 ml (4 c. à soupe) de bouillon de volaille (voir recette p. 21)
30 ml (2 c. à soupe) de sherry
60 ml (4 c. à soupe) de vinaigre balsamique
4 feuilles de basilic, hachées

Faites chauffer l'huile dans une poêle en téflon et faites-y revenir le foie de veau, salez et poivrez. Faites-le cuire rosé des deux côtés, puis réservez-le dans un plat à four. Dans la même poêle, ajoutez le beurre, puis faites revenir l'échalote et la tomate pendant 2 à 3 minutes. Ajoutez les morceaux de ricotta, puis versez le bouillon de volaille. Fouettez le mélange, puis ajoutez le sherry et le vinaigre balsamique. Salez et poivrez. Versez sur le foie de veau et mettez au four à 180°C (350°F) pendant 5 minutes. Avant de servir, ajoutez le basilic haché.

Voir recette illustrée à la p. 124.

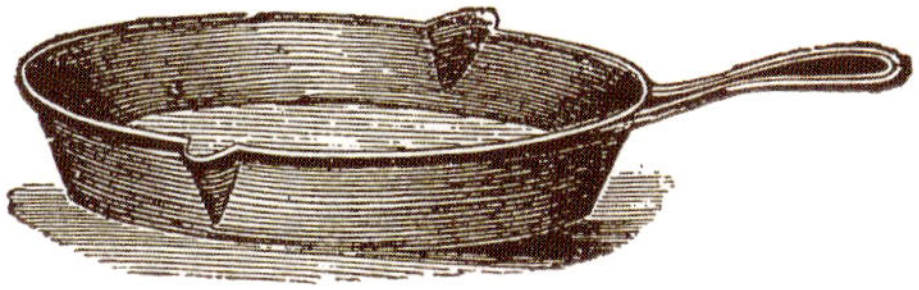

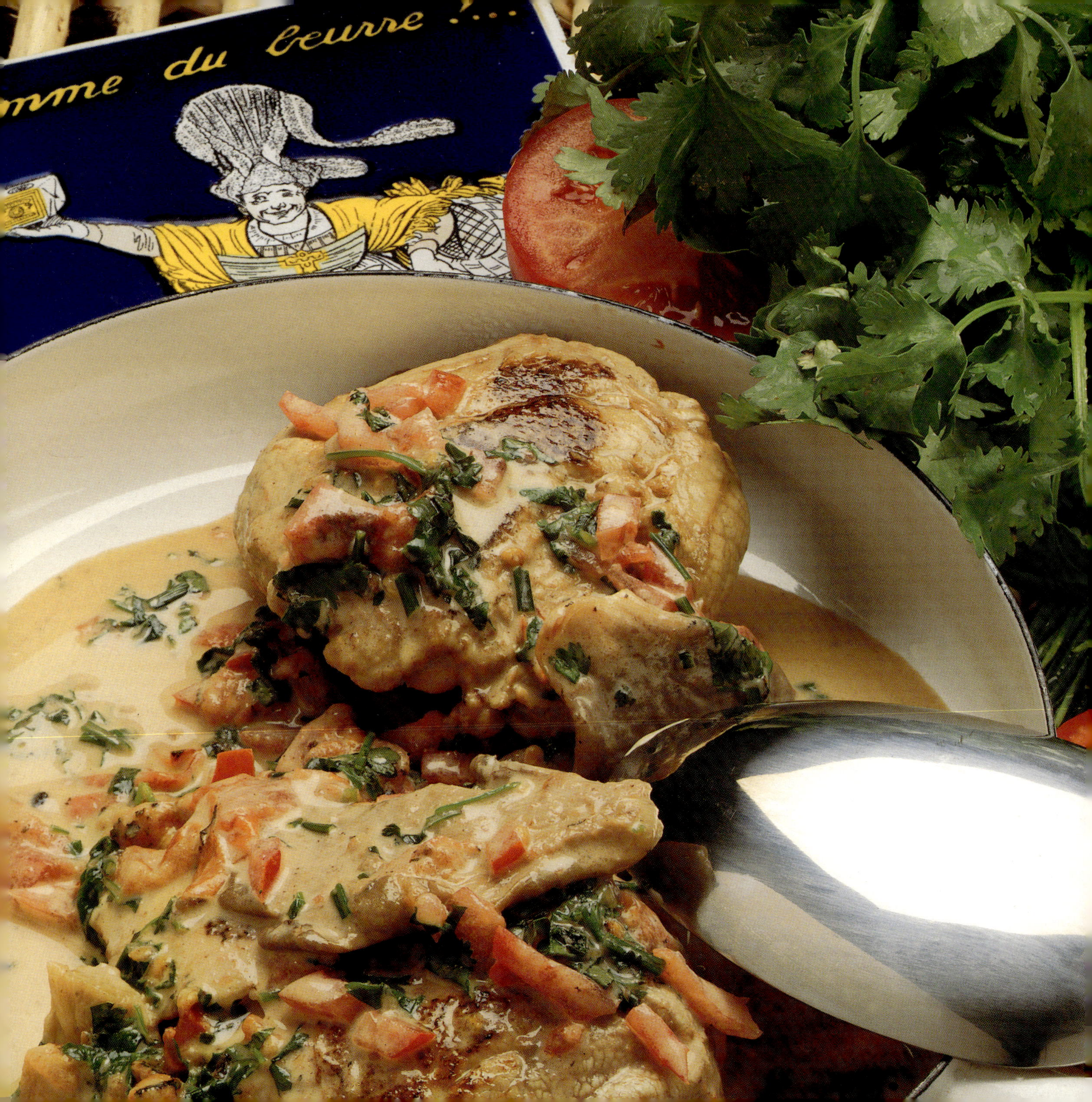
mme du beurre !...

Ris de veau au porto et à la coriandre

Ah, les ris de veau! On aime, ou on n'aime pas cette texture fondante comme du beurre, d'une délicatesse inégalée. En fait, le thymus, cette glande qui aide à la digestion du lait, demande une préparation adéquate si l'on veut rendre justice au produit. Les ris doivent d'abord être blanchis dans de l'eau vinaigrée, puis ensuite dénervés, c'est-à-dire qu'il faut retirer les petites peaux ou membranes de nerf qui se trouvent autour et sur les côtés. Après cela, il ne vous reste qu'à goûter le plaisir de déguster des ris au porto et à la coriandre, avec un bon vin et de vrais amis.

Pour 4 personnes

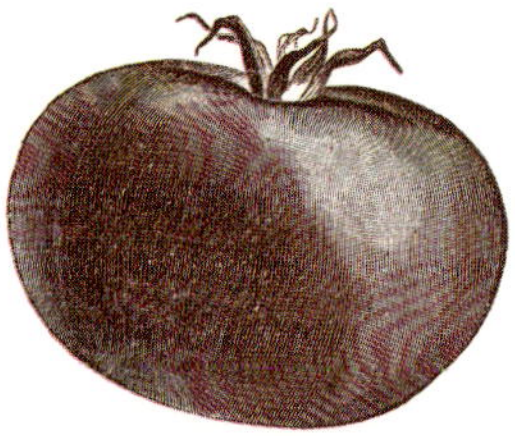

4 noix ou pomme* de ris de veau de 150 à 160 g (env. 5 oz) chacune
30 ml (2 c. à soupe) d'huile d'olive
sel et poivre au goût
12 petits pleurotes
1 échalote hachée finement
1 gousse d'ail, hachée
1 belle tomate mûre
175 ml (¾ tasse) de porto
125 ml (½ tasse) de crème épaisse (crème à 35 %)
30 ml (2 c. à soupe) de beurre
15 ml (1 c. à soupe) de ciboulette fraîche, hachée
45 ml (3 c. à soupe) de coriandre fraîche, hachée

Faites blanchir les ris de veau pendant 20 minutes à feu moyen, puis dénervez-les bien. Faites chauffer l'huile d'olive et faites colorer les ris de veau des deux côtés, salez et poivrez. Ajoutez les pleurotes, l'échalote et l'ail haché ainsi que la tomate coupée en dés. Versez le porto et la crème, puis salez et poivrez de nouveau. Faites cuire très doucement à couvert pendant 20 minutes. Retirez les ris et montez la sauce au beurre. Ajoutez la coriandre et la ciboulette, faites réchauffer les ris pendant 2 à 3 minutes et servez aussitôt.

* *Terminologie donnée par les bouchers.*

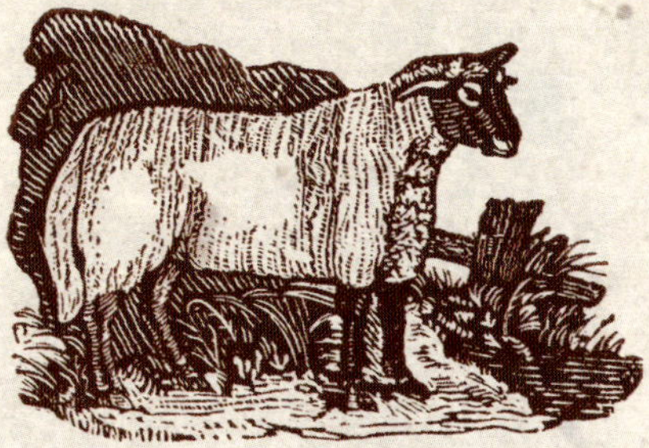

L'agneau

- *Sauté d'agneau aux salsifis*
- *Saucisson d'agneau aux poivrons*
- *Gigot d'agneau à la graine de polenta*

Cet animal a longtemps été victime de préjugés qui s'atténuent aujourd'hui. Jadis, le mouton avait un goût de laine et était utilisé bouilli dans les préparations culinaires pour les pot-au-feu. On en faisait aussi des sautés jusqu'à ce que l'on découvre les mérites du pré-salé, de l'agneau de Nouvelle-Zélande, d'Australie ou d'Écosse qui produisent aujourd'hui, comme la France, un agneau de qualité.

Que l'agneau soit un pré-salé ou qu'il provienne d'un élevage conventionnel, on le trouve sur le marché aussi bien en entier qu'en morceaux, pour satisfaire les exigences du consommateur.

Depuis quelques années, le Québec nous offre également un produit similaire de grande qualité, mais il est encore peu accessible au grand public.

Principaux modes de cuisson		
• côtelette	rosée	au four, grillée ou poêlée
• carré	rosé	au four, grillé ou poêlé
• couronne	rosée	au four, grillée ou poêlée
• gigot	rosé	au four ou tranches grillées à la poêle
• méchoui	rosé ou à point	à la broche ou au four
• longe	rosée	grillée ou poêlée
• farce	à point ou bien cuite	en garniture, au four ou pochée
• boulettes	à point ou bien cuites	grillées ou poêlées
• épaule, rôti	à point ou saignant	rôti, au four ou braisé
• cubes	à point ou saignants	en brochettes, sautés ou au four
• abats	à point ou bien cuits	sautés, au four, pochés, etc. (ris, rognons, foie, langue, etc.)

Sauté d'agneau aux salsifis

Pour 4 personnes

60 ml (4 c. à soupe) d'huile végétale
30 ml (2 c. à soupe) de beurre
600 g (1 1/3 lb) de cubes d'agneau
sel et poivre au goût
2 oignons émincés
1 carotte émincée
farine en quantité suffisante
250 ml (1 tasse) de vin blanc
60 ml (4 c. à soupe) de pâte de tomate
1 litre (4 tasses) de fond de veau en bouillon
(voir recette p. 20)
12 salsifis
1 citron
1/4 gousse d'ail, hachée
30 ml (2 c. à soupe) de persil frais, haché

Faites chauffer l'huile et le beurre, puis faites revenir vivement les morceaux d'agneau. Salez et poivrez. Retirez les morceaux d'agneau et réservez-les. Dans le même gras, faites rissoler les oignons et la carotte. Ajoutez la viande, puis saupoudrez d'environ 30 à 45 ml (2 à 3 c. à soupe) de farine. Versez le vin blanc, la pâte de tomate et le fond. Laissez cuire au four à 180°C (350°F) pendant 25 à 30 minutes. Épluchez les salsifis et frottez-les de citron, puis faites-les cuire à l'eau salée jusqu'à ce qu'ils soient tendres... Égouttez-les, puis faites chauffer la crème avec l'ail et faites cuire les salsifis pendant 3 à 4 minutes. Salez et poivrez. Mélangez avec l'agneau, puis ajoutez le persil. Servez en cocotte.

Vous pouvez aussi utiliser des salsifis en conserve ou surgelés, ou encore remplacer les salsifis par du panais.

Saucisson d'agneau aux poivrons

Pour 4 personnes

450 g (env. 1 lb) de chair d'agneau, prise dans l'épaule
2 poivrons verts, épluchés
1 poivron jaune
125 ml (1 tasse) de vin blanc
1 échalote
1 gousse d'ail
1 œuf entier
15 ml (1 c. à soupe) de gingembre râpé
5 ml (1 c. à thé) de quatre-épices
sel et poivre au goût

La veille, découpez la viande et les poivrons en morceaux. Mettez le tout à mariner avec le vin blanc, l'échalote et l'ail. Le lendemain, passez la viande et le poivron au hachoir à viande, grille à gros trous, puis mélangez avec l'œuf, le gingembre, le quatre-épices, le sel et le poivre. Formez un rouleau en forme de boudin et enveloppez-le dans du papier film plastique en faisant plusieurs tours. Fermez les deux bouts, puis poêlez le saucisson dans un bouillon ou de l'eau salée pendant 30 minutes à feu moyen. Laissez ensuite refroidir. Ce saucisson peut être réchauffé directement dans le papier film de départ ou encore grillé ou poêlé au four. Dans ce cas, il faut retirer le papier film autour. Servez avec la Sauce crème d'oignon au poivre noir (voir recette p. 26).

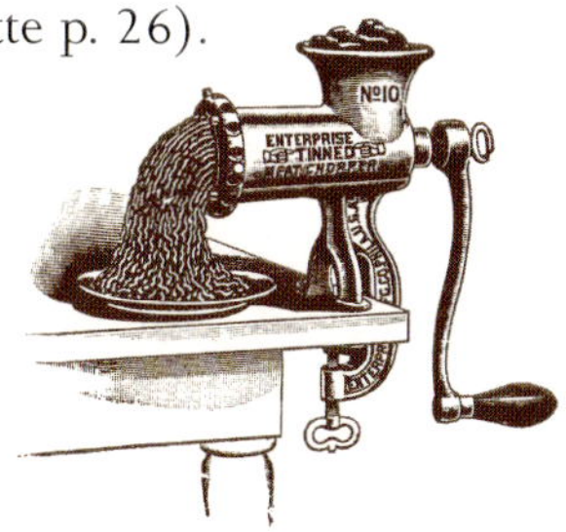

Gigot d'agneau à la graine de polenta

Il fallait jadis attendre le renouveau, le retour à la vie avec Pâques, où l'on ne tuait pas le veau gras, mais bien l'agneau pascal pour célébrer Pâques, mais aussi le printemps.
En Amérique *du Nord, cette tradition s'est transformée et l'on déguste plutôt du jambon, mais on peut trouver aujourd'hui presque partout de l'agneau de qualité sans qu'il ait un goût de laine.*

Pour 6 personnes

1 gigot d'agneau désossé (pour qu'il reste juste le manchon)
de 1,5 à 1,8 kg (env. 3 à 4 lb)
sel et poivre au goût
1 gousse de vanille fraîche
75 ml (5 c. à soupe) de pesto
30 ml (2 c. à soupe) d'huile d'olive
15 ml (1 c. à soupe) d'ail haché
30 ml (2 c. à soupe) de moutarde forte
150 g (5 oz) de semoule à polenta, grain moyen
30 ml (2 c. à soupe) d'herbes de Provence séchées

Faites désosser le gigot par votre boucher, puis salez-en et poivrez-en l'intérieur. Pratiquez de petites incisions à l'intérieur et piquez-y de petits morceaux de vanille. Badigeonnez de pesto, saupoudrez d'herbes de Provence séchées, puis ficelez le gigot grossièrement. Disposez sur une broche, puis mélangez le reste du pesto avec l'huile d'olive, l'ail et la moutarde. Badigeonnez entièrement le gigot du mélange, puis roulez-le dans la polenta. Faites cuire à la broche pendant une heure et demie, puis laissez reposer pendant 5 minutes. Servez avec un jus d'agneau, fait avec les os et les légumes.

Vous pouvez tout aussi bien faire cette recette au four classique, sans broche. Faites cuire l'agneau à 160°F (325°F) pendant une heure et quart.

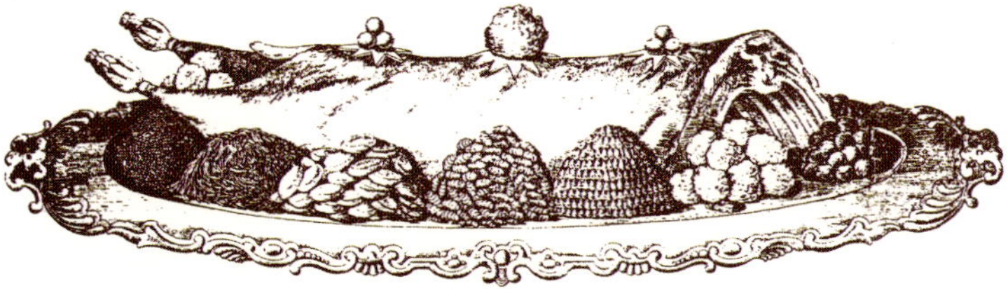

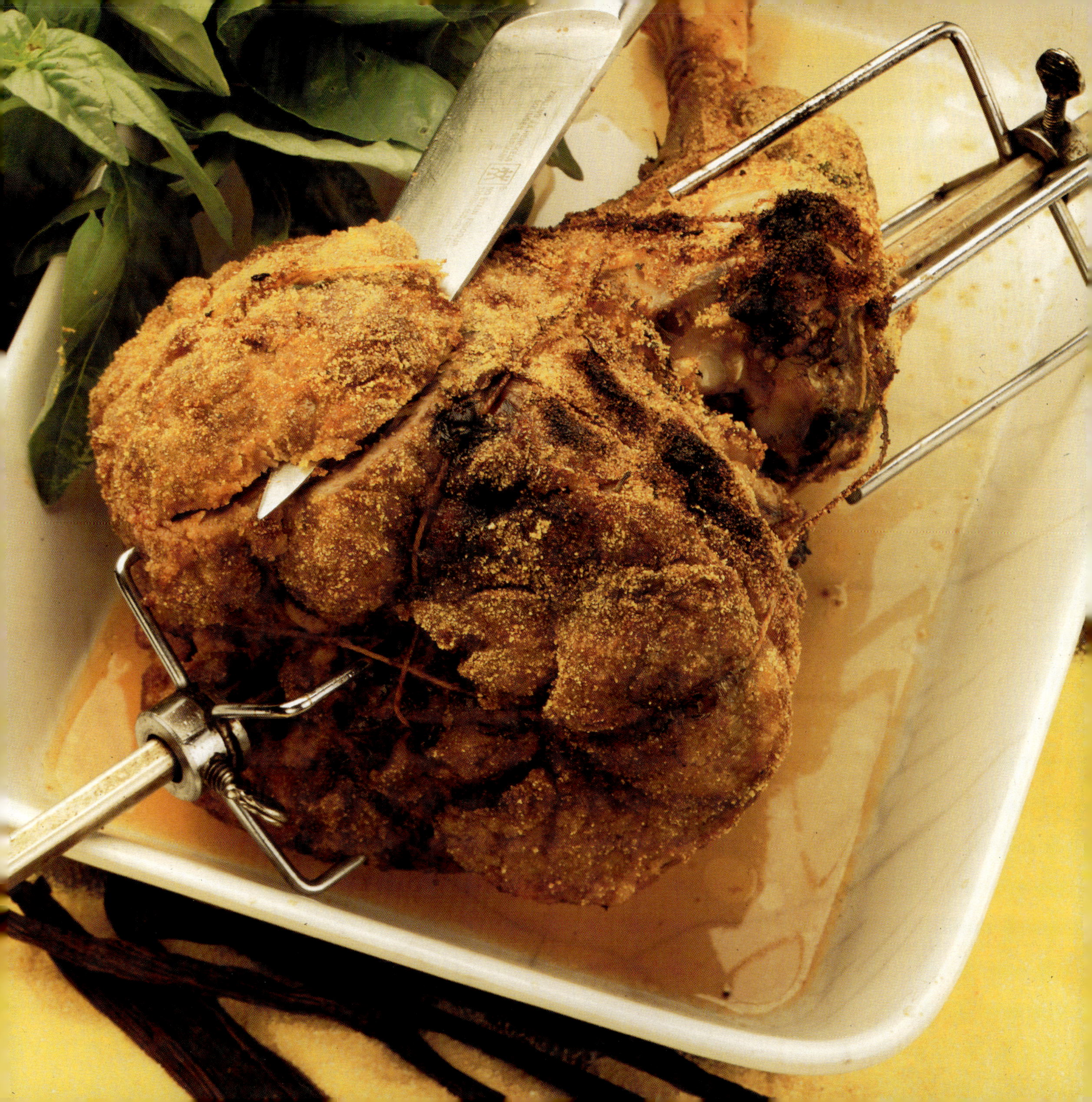

Le bœuf

- Pot-au-feu aux pieds de veau
- Brochette de bœuf en goulasch
- Paillarde de bœuf grillée à l'herbe de poivre
- Côte de bœuf au beurre de roquefort
- Filet de bœuf à la moelle

Principaux modes de cuisson

• steak	cuisson au choix	grillé ou poêlé
• aloyau (*t-bone*)	cuisson au choix	grillé ou poêlé
• côtes ou steak d'entrecôtes (*rib steak*)	cuisson au choix	grillé, poêlé ou au four
• bavette	cuisson au choix	grillée ou poêlée
• filet	cuisson au choix	grillé, poêlé ou au four
• cuisse entière ou en rôti	cuisson au choix	rôtie, à la broche ou au four
• contre-filet ou faux-filet	cuisson au choix	grillé, poêlé ou au four
• bœuf à bouillir	bien cuit	bouilli ou mijoté au four
• pot-au-feu ou en cubes	bien cuit	en ragoût, en brochettes, grillé, bouilli ou au four
• haché: tartare	cru	
• haché: en hamburgers	bien cuit	poêlé ou grillé
• *abats:* *en ce qui concerne les abats de bœuf, il y a maintenant beaucoup moins d'amateurs. La langue a encore des adeptes, et la queue, riche dans les fonds et dans les consommés, est toujours utilisée. Les autres abats de bœuf servent à préparer de la moulée pour les animaux.*		

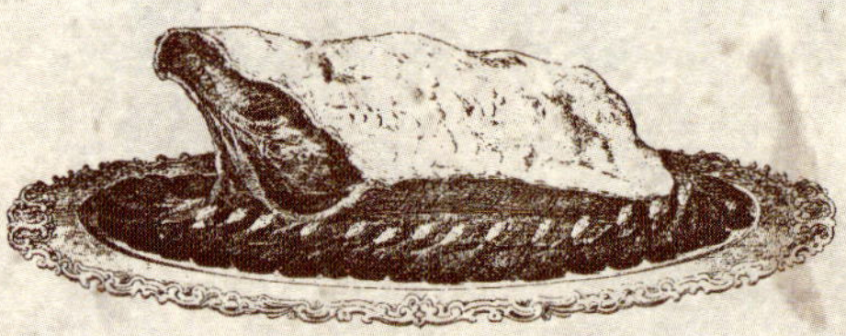

Pot-au-feu de bœuf aux pieds de veau

L'écrivain Colette disait: «Il faut avoir au moins trente ans pour apprécier le mérite gastronomique d'un bon pot-au-feu. Avant cet âge fatidique, on pense volontiers qu'il s'agit là d'un plat vulgaire.» Il n'est guère de chef qui n'ait eu à cœur d'établir sa propre recette. Je livre la mienne.

Pour 4 à 6 personnes

1,5 kg (3 lb) de plat de côtes de bœuf
500 g (env. 1 lb) de jarret de bœuf
1 kg (2¼ lb) de bœuf dans la tranche
2 pieds de veau
6 carottes
2 oignons + 2 poireaux
1 branche de céleri
2 navets
1 litre (4 tasses) de bouillon de volaille (voir recette p. 21)
1 bouquet garni
2 gousses d'ail
4 os à moelle
sel et poivre au goût

Découpez la viande et épluchez tous les légumes. Faites blanchir la viande pendant 3 à 4 minutes. Dans un grand faitout, disposez les légumes et les pieds de veau, puis ajoutez la viande et le bouillon de volaille. Remplissez à niveau avec de l'eau. Ajoutez le bouquet garni, l'ail et les os à moelle. Portez à ébullition, salez, poivrez, puis écumez. Réduisez le feu de moitié et faites cuire pendant une heure et demie à deux heures. Disposez la viande en premier dans un plat, puis mettez les légumes et les os à moelle autour. Servez avec du gros sel de mer et de la moutarde forte.

Brochettes de bœuf en goulasch

Le goulasch, d'origine hongroise, se fait avec du bœuf, des oignons et du paprika, le tout subtilement adouci de crème sure. Cette adaptation du goulasch en brochette nous apporte, en plus du goût du gril, le petit côté arachide des graines de sésame qui nous entraîne dans un voyage à travers les saveurs.

Pour 4 personnes

2 poivrons verts
1 gros oignon blanc, espagnol
600 g (1⅓ lb) de cubes de surlonge
16 champignons de Paris
sel et poivre au goût
30 ml (2 c. à soupe) d'huile
graines de sésame en quantité suffisante pour saupoudrer sur les brochettes
45 ml (3 c. à soupe) de paprika
125 ml (½ tasse) de crème sure
15 ml (1 c. à soupe) de ciboulette fraîche, hachée

Découpez le poivron vert en morceaux et retirez-en les pépins. Retirez la pelure de l'oignon et découpez-le également. Faites des cubes avec la viande, puis disposez en alternance viande, champignon, poivron, viande, oignon et champignon. Salez et poivrez les brochettes, puis huilez-les. Saupoudrez de graines de sésame. Faites griller les brochettes selon la cuisson désirée. Retirez et saupoudrez de paprika, puis badigeonnez de crème sure. Mettez ensuite au four à 90°C (190°F) pendant 3 minutes. Servez ainsi et saupoudrez de ciboulette hachée.

Paillarde de bœuf grillée à l'herbe de poivre

Une fine tranche de bœuf aplatie à l'aide d'une feuille, cela s'appelle une paillarde. En boucherie, une feuille est synonyme d'ustensile, comme un couperet ou une tranche de métal aplatie pour taper.

POUR 4 PERSONNES

4 morceaux de contre-filet de 180 g (6 oz) chacun
30 ml (2 c. à soupe) d'estragon séché
30 ml (2 c. à soupe) de poivre noir, concassé
30 ml (2 c. à soupe) de ciboulette hachée
60 ml (4 c. à soupe) de beurre
30 ml (2 c. à soupe) de fromage à la crème
15 ml (1 c. à soupe) de jus de citron
sel et poivre au goût

Dégraissez bien les morceaux de contre-filet, mettez-les entre deux feuilles de papier film, puis tapez pour aplatir les morceaux. Mélangez de façon homogène l'estragon, le poivre et la ciboulette avec le beurre et le fromage à la crème. Ajoutez ensuite le jus de citron. Grillez ou poêlez la viande de façon très rapide pendant 1 à 2 minutes. Salez et poivrez. Badigeonnez au pinceau avec le beurre d'herbes au poivre pour servir avec légumes, salade ou tout simplement de bonnes pommes de terre frites.

Côte de bœuf au beurre de roquefort

La côte est probablement la meilleure partie du bœuf. Tranchée épaisse, grillée et servie tout simplement avec un beurre au roquefort, épicé juste ce qu'il faut pour l'apprécier.

POUR 2 PERSONNES

60 g (2 oz) de roquefort
30 ml (2 c. à soupe) de jus de citron
30 ml (2 c. à soupe) de coriandre hachée
15 ml (1 c. à soupe) de sauce Worcestershire
2 ml (½ c. à thé) de gingembre
60 ml (4 c. à soupe) de beurre
sel et poivre au goût
huile en quantité suffisante
1 côte de bœuf de 600 g (1⅓ lb) environ

Émiettez le roquefort et mélangez-le avec le jus de citron, la coriandre, la sauce Worcestershire et le gingembre. Ajoutez le beurre, salez et poivrez. Huilez légèrement la côte de bœuf et préparez le gril pour qu'il soit assez chaud pour faire saisir rapidement la viande. Faites-la griller des deux côtés pendant 4 à 5 minutes. Avant la fin de la cuisson, ajoutez le mélange de roquefort en morceaux et laissez fondre doucement. Tranchez la côte de bœuf et servez avec des pommes au four et une salade.

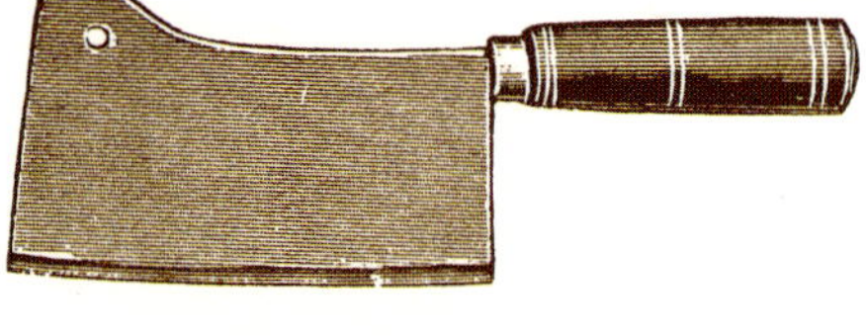

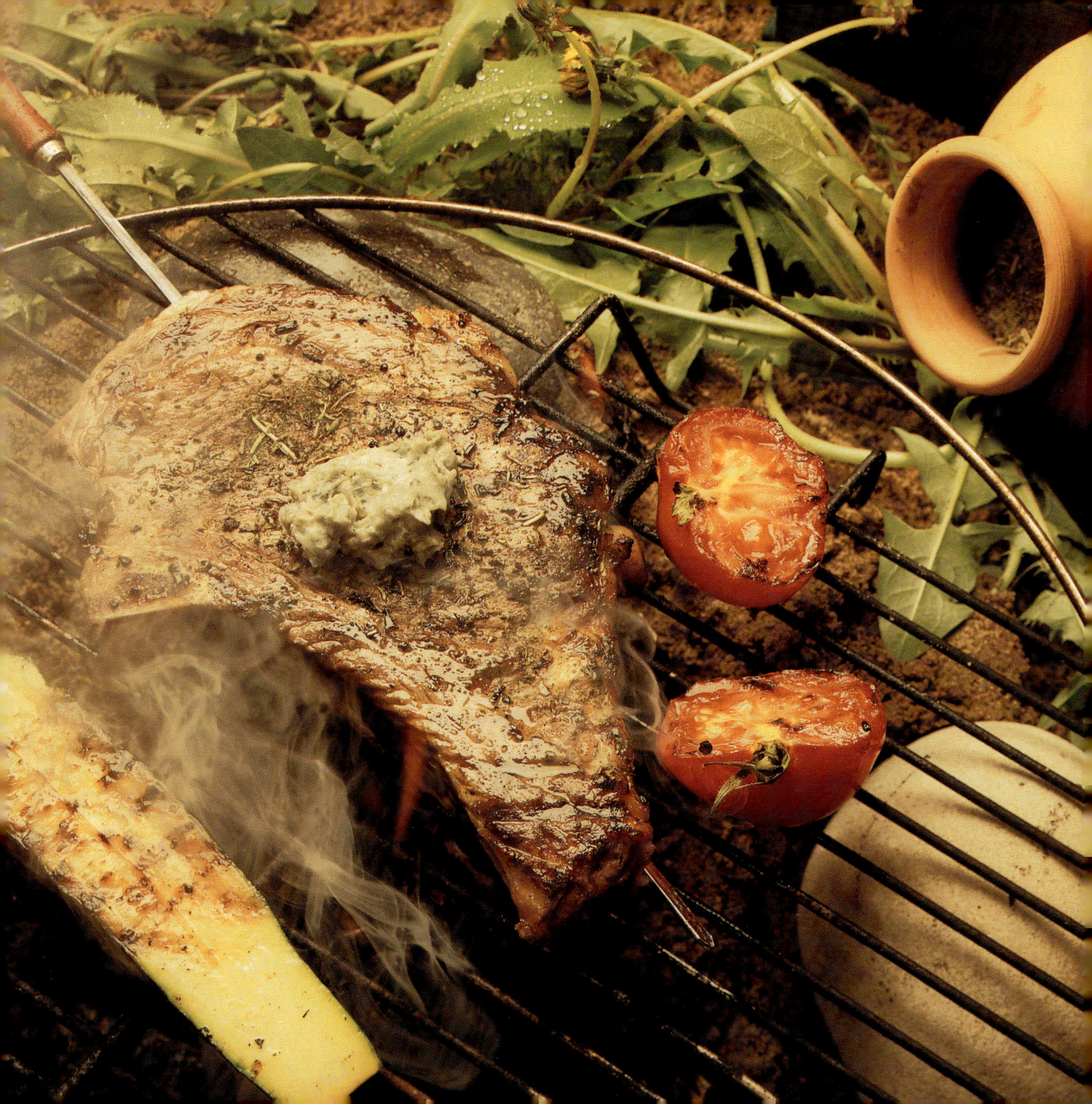

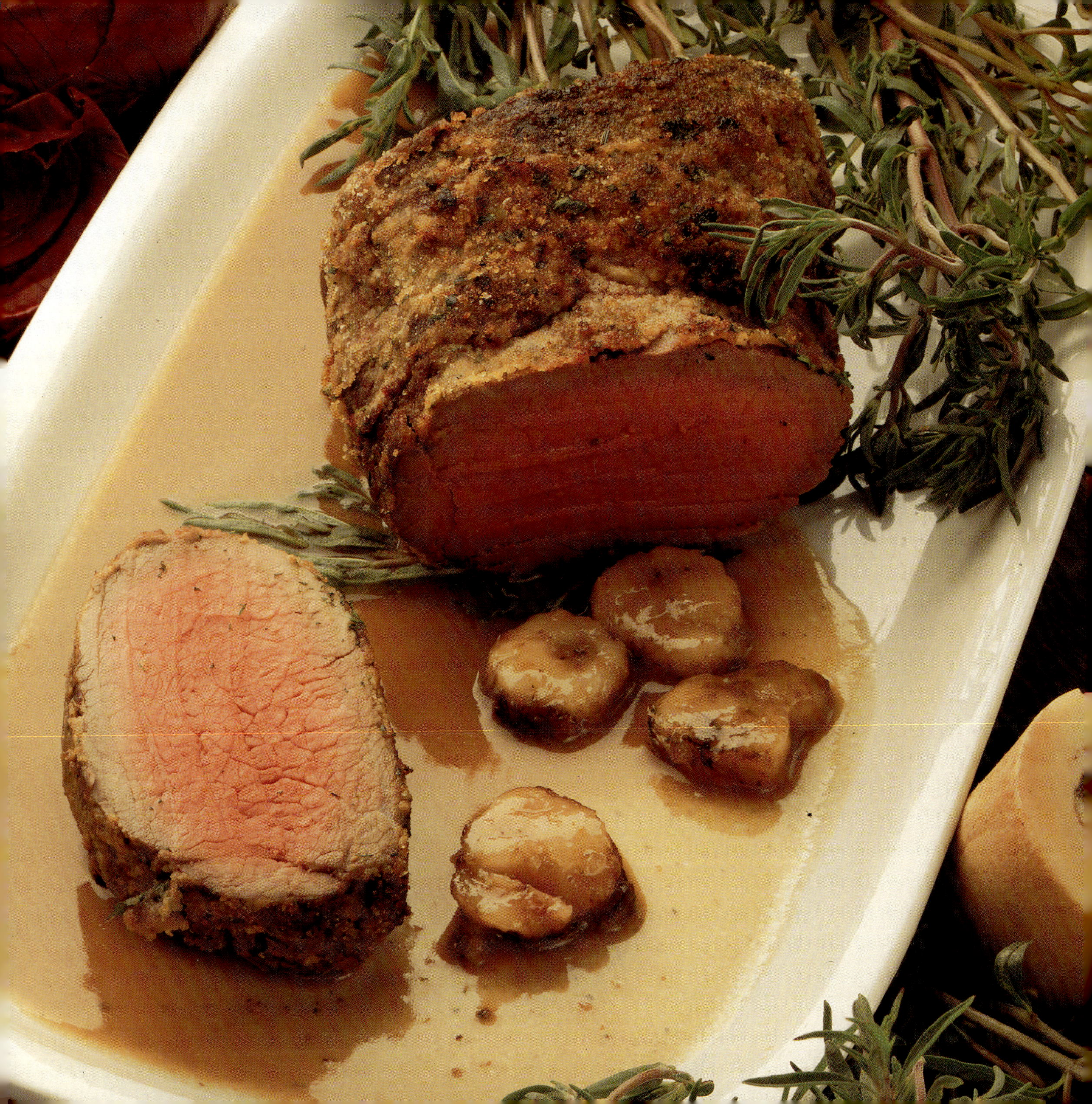

Filet de bœuf à la moelle

Il est de plus en plus difficile de trouver de beaux os à moelle.
C'est comme si les bouchers les gardaient pour eux...
Mais si vous avez réussi à en trouver, essayez cette recette.

POUR 6 À 8 PERSONNES

60 ml (4 c. à soupe) d'huile
1 filet de bœuf de 1,2 kg (2⅔ lb), paré et nettoyé
sel et poivre au goût
4 beaux os à moelle
½ gousse d'ail, hachée
30 ml (2 c. à soupe) de moutarde forte
30 ml (2 c. à soupe) de persil frais, haché
125 ml (½ tasse) de chapelure
60 ml (4 c. à soupe) de beurre
2 échalotes hachées
125 ml (½ tasse) de champignons
75 ml (5 c. à soupe) de porto
125 ml (½ tasse) de bouillon de volaille (voir recette p. 21)
75 ml (5 c. à soupe) de crème épaisse (crème à 35 %)

Faites revenir le filet dans l'huile pendant 3 à 4 minutes pour qu'il se colore. Passez ensuite au four à 375°C (190°F) pendant 10 minutes. Retirez ensuite, salez et poivrez. Laissez reposer, puis faites refroidir. Faites pocher les os à moelle dans l'eau bouillante légèrement salée pendant 4 minutes, puis retirez la moelle. Laissez-la durcir au réfrigérateur pendant 30 minutes. Gardez-en la moitié pour la sauce. Prenez l'autre moitié et écrasez-la au pilon. Mélangez avec l'ail, la moutarde et le persil. Ajoutez la chapelure, tartinez le pourtour du filet de bœuf et remettez au four à 180°C (350°F) pendant 10 minutes.

Dans une casserole, faites fondre le beurre, ajoutez l'échalote et les champignons émincés, salez et poivrez. Versez le porto et le bouillon de volaille. Faites réduire de moitié et ajoutez la crème, puis laissez épaissir. Salez, poivrez, puis ajoutez le reste de moelle en tranches. Découpez le filet rosé et nappez-le de sauce.

Le cheval

- *Tartare de cheval*

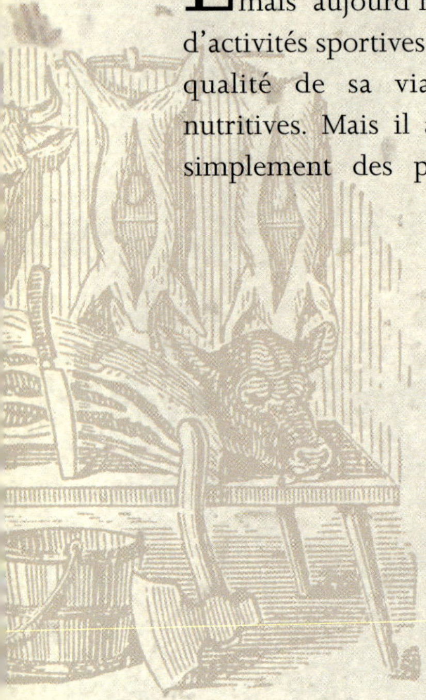

Le cheval a longtemps été un animal de labour, mais aujourd'hui, il sert aussi à la pratique d'activités sportives. Il possède des amateurs pour la qualité de sa viande et pour ses propriétés nutritives. Mais il a aussi ses détracteurs ou tout simplement des personnes qui ne veulent pas considérer la viande de cheval comme une viande de boucherie. Cette viande est toutefois fragile et doit être utilisée rapidement. Elle se travaille en cuisine de la même façon que le bœuf. L'élevage est tout aussi rigoureux que celui du bœuf ou du porc, et est régi par des normes sanitaires rigoureuses.

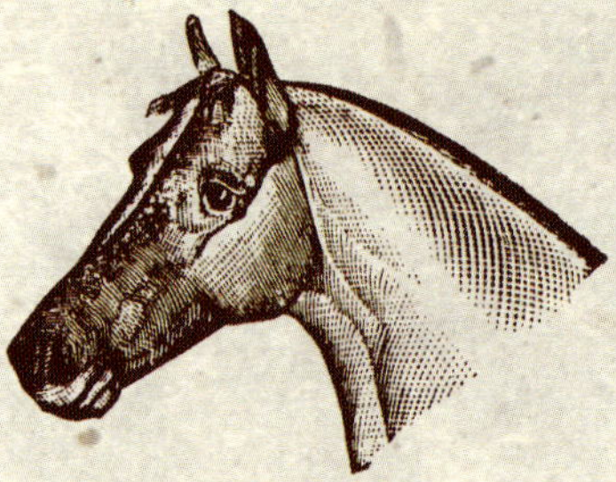

Tartare de cheval

Faire un bon steak tartare demeure un art. Première condition, avoir de la viande très fraîche et hachée au couteau. Deuxième condition, l'accompagner d'une sauce qui va bien relever votre tartare. Et troisième condition, avoir les amis capables d'apprécier le tartare.

Pour 4 personnes

500 g (env. 1 lb) de viande de cheval très fraîche
2 jaunes d'œufs
30 ml (2 c. à soupe) de moutarde forte
60 ml (4 c. à soupe) d'huile d'olive
30 ml (2 c. à soupe) de persil haché
30 ml (2 c. à soupe) de câpres hachées
15 ml (1 c. à soupe) de cornichons hachés
15 ml (1 c. à soupe) de sauce Worcestershire
sauce Tabasco au goût
30 ml (2 c. à soupe) de cognac
sel et poivre au goût

Hachez la viande au couteau et réservez-la. Mélangez au fouet les jaunes d'œufs avec la moutarde et l'huile d'olive pour faire une mayonnaise. Ajoutez les oignons, le persil, les câpres et les cornichons. Mélangez avec la viande et relevez avec la sauce Worcestershire, la sauce Tabasco et le cognac. Salez et poivrez. Dressez en assiette et servez avec des frites maison.

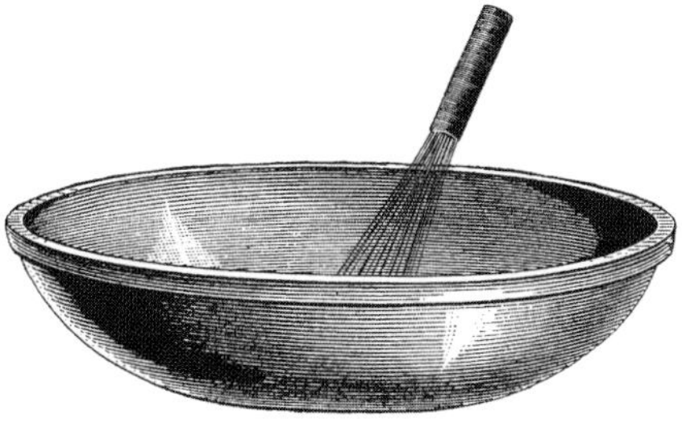

La volaille

- Poitrine de poulet à la raclette
- Pilons de volaille à l'érable
- Poulet de grain en crapaudine aux épices et au romarin
- Mousse de foies de volaille aux tomates séchées
- Mijotée de lapin à la sauge et au gingembre
- Magret de canard aux olives vertes et aux poivrons rouges
- Tranches de foie gras à l'estragon
- Délice de caille au chou et aux abricots secs

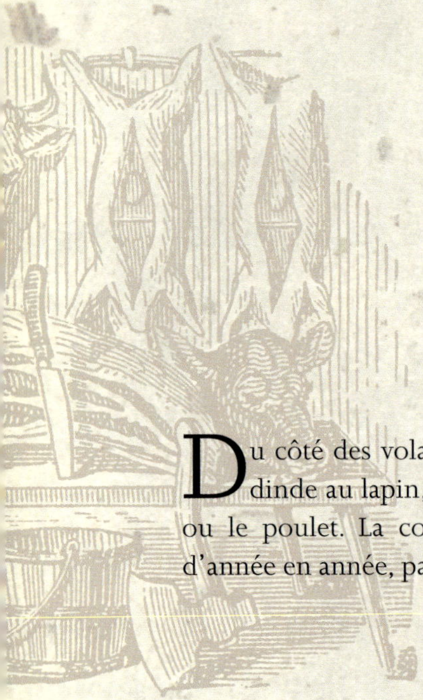

Du côté des volailles, le choix est très vaste, de la dinde au lapin, en passant par la caille, le canard ou le poulet. La consommation de poulet s'accroît d'année en année, parce que cette viande, moins chère que les autres — sauf pour le porc —, a su profiter à l'industrie du fast-food qui ne nous la présente pas toujours sous le meilleur angle.

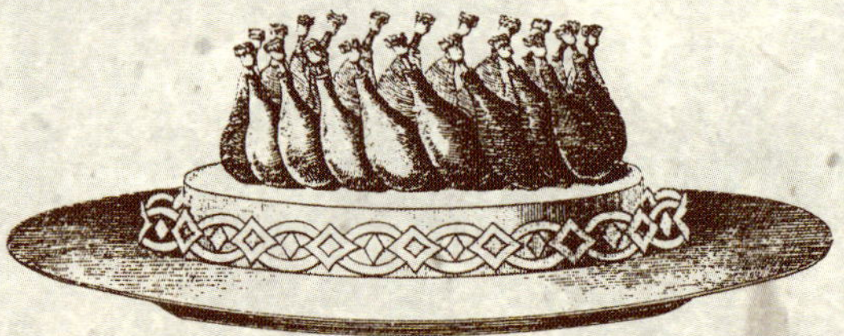

Poitrine de poulet à la raclette

Cette recette, très simple, épatera vos amis qui arrivent sans prévenir. Ils seront toujours impressionnés et penseront que vous êtes magicien!

Pour 4 personnes

45 ml (3 c. à soupe) de sauce tamari
45 ml (3 c. à soupe) de sauce chili
1 gousse d'ail, hachée
30 ml (2 c. à soupe) de coriandre hachée
8 gouttes de sauce Tabasco
8 gouttes de sauce Worcestershire
45 ml (3 c. à soupe) d'huile d'olive
15 ml (1 c. à soupe) de beurre d'arachide
30 ml (2 c. à soupe) de jus de citron
sel et poivre au goût
4 poitrines de poulet de 180 g (6 oz) chacune
8 tranches de raclette ou de cheddar

Dans un saladier, mélangez tous les ingrédients, sauf le poulet et le fromage. Faites ensuite mariner le poulet pendant 15 à 20 minutes, puis disposez-le sur une plaque à four, salez et poivrez. Faites-le cuire à 180°C (350°F) pendant 15 minutes. Badigeonnez-le de nouveau et faites-le cuire à 150°C (300°F) pendant 10 minutes. Retournez le poulet et gardez-le au chaud. Faites bien chauffer le gril du four. Disposez sur chacune des poitrines de poulet 2 tranches de fromage et faites gratiner le tout pendant 2 à 3 minutes. Servez avec des pommes de terre à la vapeur.

Pilons de volaille à l'érable

Le pilon, la partie inférieure de la cuisse, est évidemment beaucoup moins charnu que cette dernière. Cependant, cette partie est peu chère et est très intéressante à travailler. N'ayez surtout pas peur de vous lécher les doigts! Tant pis pour les bonnes manières…

Pour 4 personnes

20 pilons de volaille
bouillon de volaille (voir recette p. 21) ou eau salée en quantité suffisante pour faire cuire les pilons
75 ml (5 c. à soupe) de sirop d'érable
30 ml (2 c. à soupe) de sauce tamari
3 tranches de tomate séchée, hachée
1 gousse d'ail, hachée très finement
8 gouttes de sauce Tabasco
3 ml (½ c. à thé) de graines de cumin
sel et poivre au goût

Faites cuire les pilons de volaille pendant 30 minutes dans un bouillon de volaille ou dans de l'eau bouillante salée. Égouttez les pilons. Mélangez le sirop d'érable et la sauce tamari avec les tomates séchées, l'ail, la sauce Tabasco et le cumin. Badigeonnez les pilons, disposez-les sur une plaque à four et faites-les cuire pendant 8 à 10 minutes, à 190°C (375°F) tout en badigeonnant deux à trois fois. Servez avec du riz ou des pommes de terre.

Vous pouvez aussi faire griller les pilons directement sur le gril ou sur le barbecue.

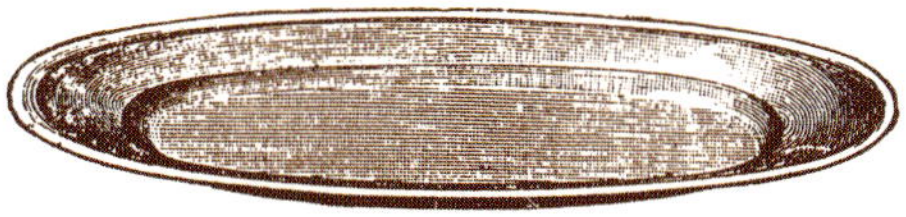

Poulet de grain en crapaudine aux épices et au romarin

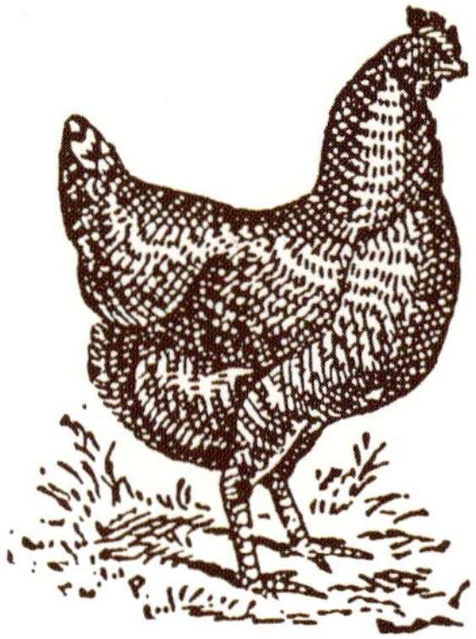

POUR 6 PERSONNES

1 poulet de grain de 2,5 à 3 kg (5½ à 6½ lb)
500 ml (2 tasses) de cidre brut
60 ml (4 c. à soupe) d'huile d'olive extra-vierge
30 ml (2 c. à soupe) de graines de coriandre
15 ml (1 c. à soupe) de piments séchés, écrasés
1 gousse d'ail, hachée, sans le germe
½ pousse de gingembre frais, épluché et râpé
60 ml (4 c. à soupe) de sauce tamari
15 ml (1 c. à soupe) de gros sel de mer
15 ml (1 c. à soupe) de romarin frais
2 feuilles de laurier
125 ml (½ tasse) de bouillon de volaille ou d'eau
30 pommes de terre grelots
12 carottes nouvelles
sel et poivre au goût

Désossez la partie de la poitrine en évitant de découper la peau. Retirez les os du bassin et de l'épaule. Puis préparez une marinade comme suit: mélangez le cidre avec l'huile, les graines de coriandre, les piments séchés, l'ail, le gingembre et la sauce tamari. Bien enduire le poulet de cette marinade et laissez au réfrigérateur pendant vingt-quatre heures. Remuez toutes les trois ou quatre heures.

Égouttez le poulet et déposez-le sur une plaque à rôtir. Ajoutez-y le gros sel, le romarin et les feuilles de laurier. Préchauffez le four à 180°C (350°F) et faites dorer le poulet pendant 30 minutes. Versez le reste de la marinade et le bouillon. Disposez les pommes de terre autour du poulet, salez et poivrez. Terminez la cuisson au four pendant environ une heure en baissant la température à 160°C (325°F). Faites cuire les carottes dans un peu d'eau et une noix de beurre. Égouttez-les et disposez-les dans le plat de service avec une branche de romarin. Salez et poivrez si nécessaire.

Cette recette peut aussi se faire avec des poussins de Cornouailles ou de très petits poulets. Il faut alors compter un demi-poussin par personne.

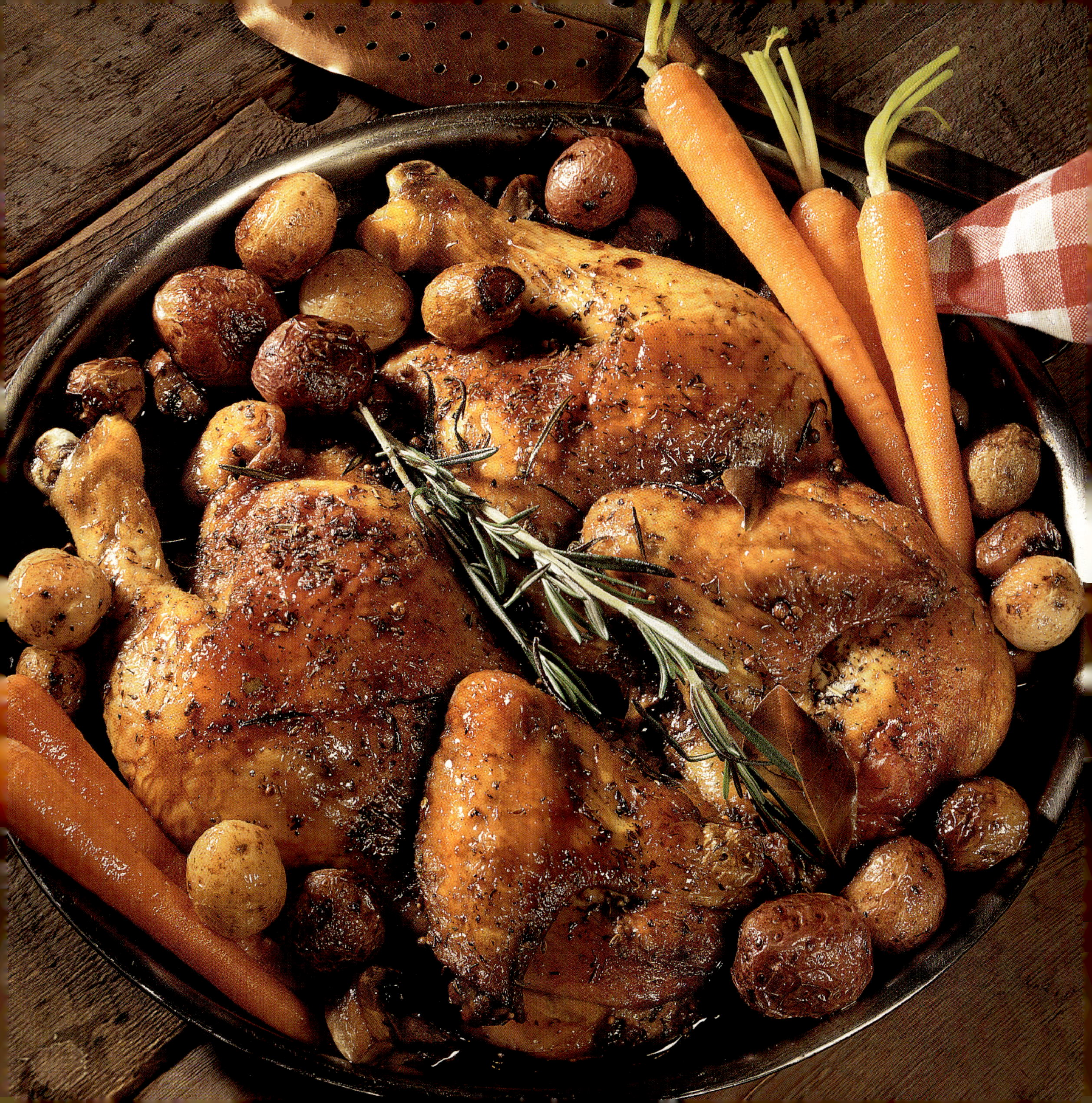

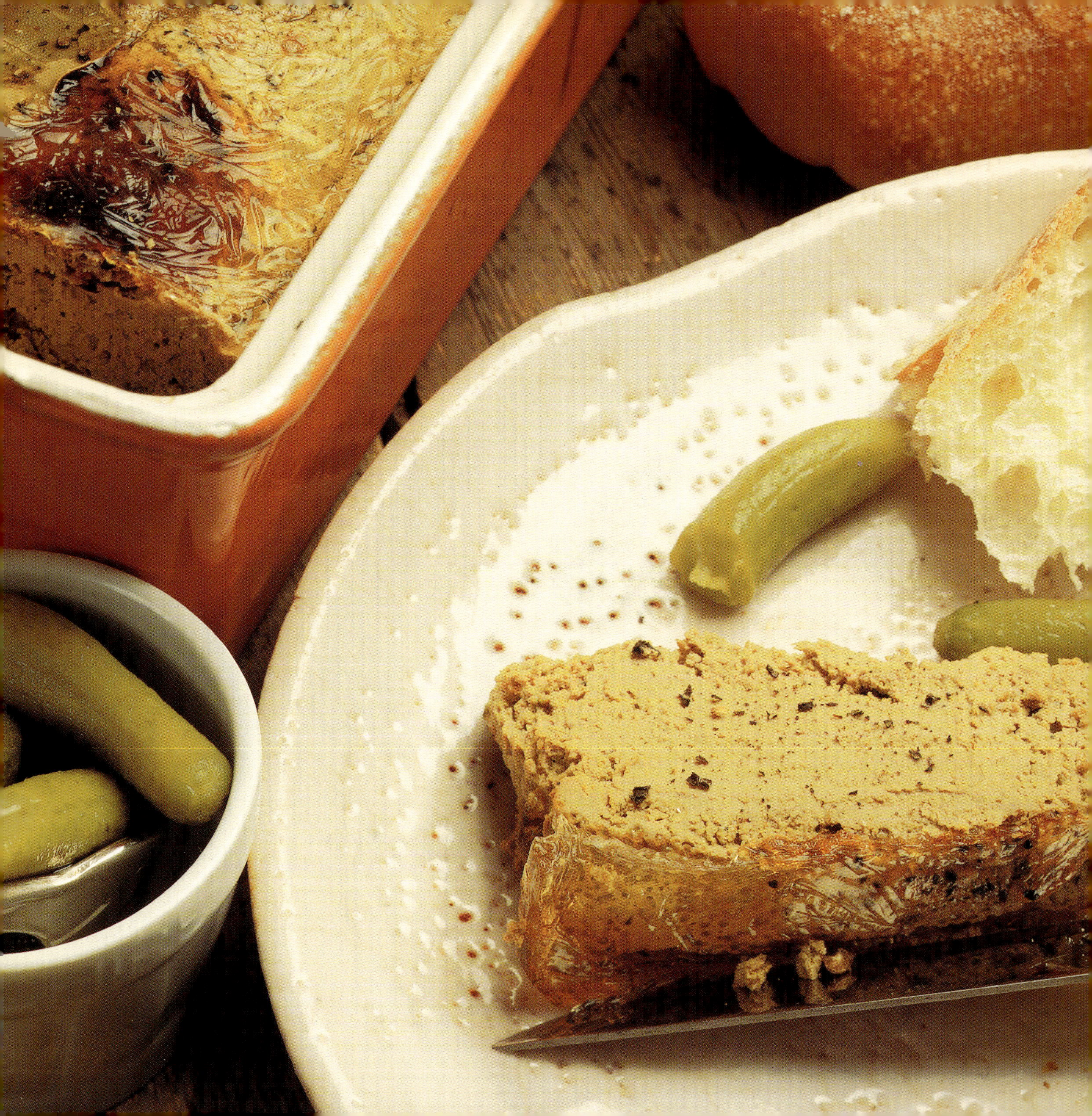

Mousse de foies de volaille aux tomates séchées

Pour ne pas qu'ils soient amers, on doit bien laver les foies au préalable et les débarrasser du fiel ou pancréas qui les entoure, puis les faire tremper dans le lait pendant vingt-quatre heures et les essuyer avant de les préparer. Si on a la chance d'avoir des foies blonds, ce ne sera que meilleur.

Pour 12 à 15 personnes

500 g (env. 1 lb) de foies de volaille
60 ml (4 c. à soupe) de porto ou de xérès
175 ml (¾ tasse) de crème épaisse (crème à 35 %)
2 œufs entiers, moyens
1 gousse d'ail, hachée, sans le germe
2 ml (½ c. à thé) de muscade
6 tranches de tomates séchées
sel et poivre au goût
120 g (¼ lb) de beurre
½ fromage boursin nature
cognac blanc
cornichons
tomates séchées, marinées dans l'huile d'olive

Passez les foies au robot avec le porto, la crème, les œufs, l'ail, la muscade et la tomate séchée. Salez, poivrez et faites cuire au bain-marie pendant une heure et quart à 180°C (350°F). Laissez refroidir complètement le pâté, puis passez de nouveau au robot avec le beurre et le boursin. Salez et poivrez de nouveau, puis ajoutez le cognac. Disposez un papier ciré au fond et autour du moule et garnissez du mélange. Laissez au réfrigérateur pendant deux à trois heures avant de servir avec des cornichons et des tomates séchées, marinées dans l'huile d'olive.

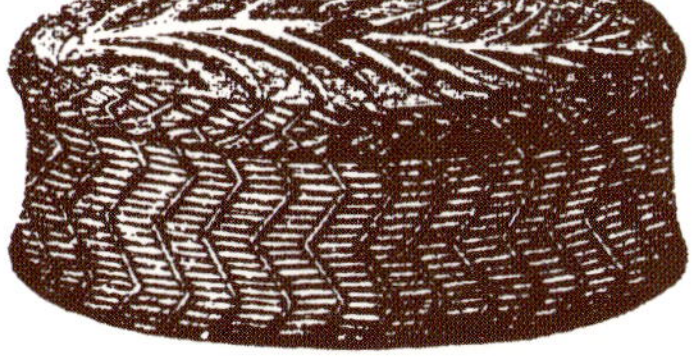

Mijotée de lapin à la sauge et au gingembre

POUR 4 PERSONNES

1 beau lapin de 1,5 à 1,7 kg (3 à 3¾ lb)
60 ml (4 c. à soupe) d'huile d'olive
2 carottes épluchées et coupées en rondelles
1 gros oignon émincé
2 gros champignons, comme les cèpes, les Portobello, etc.
ou 10 champignons des bois
4 gousses d'ail entières
6 tranches de tomates séchées
sel et poivre au goût
1 belle pousse de gingembre frais
2 feuilles de sauge
12 olives vertes
12 amandes émincées
175 ml (¾ tasse) de crème épaisse (crème à 35 %)
15 ml (1 c. à soupe) de moutarde forte
¼ de noix de muscade râpée ou 1 ml (¼ c. à thé) de muscade râpée
courgettes provençales ou pâtes fraîches

Découpez le lapin en 6 morceaux. Prenez une sauteuse, en fonte de préférence, faites chauffer l'huile d'olive et faites-y revenir le lapin pendant 7 à 8 minutes pour qu'il prenne couleur. Retirez les morceaux et disposez au fond de la sauteuse l'oignon émincé, les carottes, les champignons en morceaux, l'ail et les tomates séchées. Remettez les morceaux de lapin, salez et poivrez. Ajoutez le gingembre et la sauge ainsi que les olives vertes et les amandes. Laissez cuire à feu très doux sans liquide (l'humidité de la cuisson suffit) pendant deux heures, à couvert. Lorsque le lapin est cuit, retirez-le et disposez-le dans un plat de service. Ajoutez ensuite dans la casserole de cuisson la crème, la moutarde et la muscade, portez à ébullition, puis retirez. Salez et poivrez de nouveau, puis versez le mélange sur le lapin. Servez avec des courgettes provençales ou des pâtes fraîches.

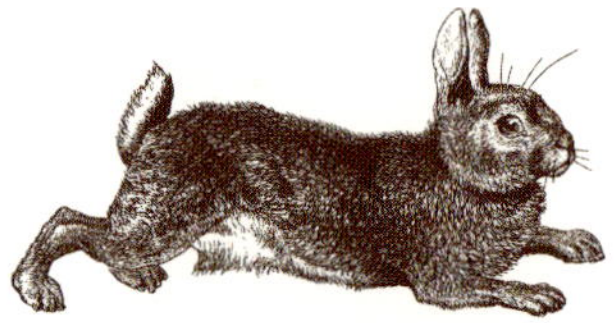

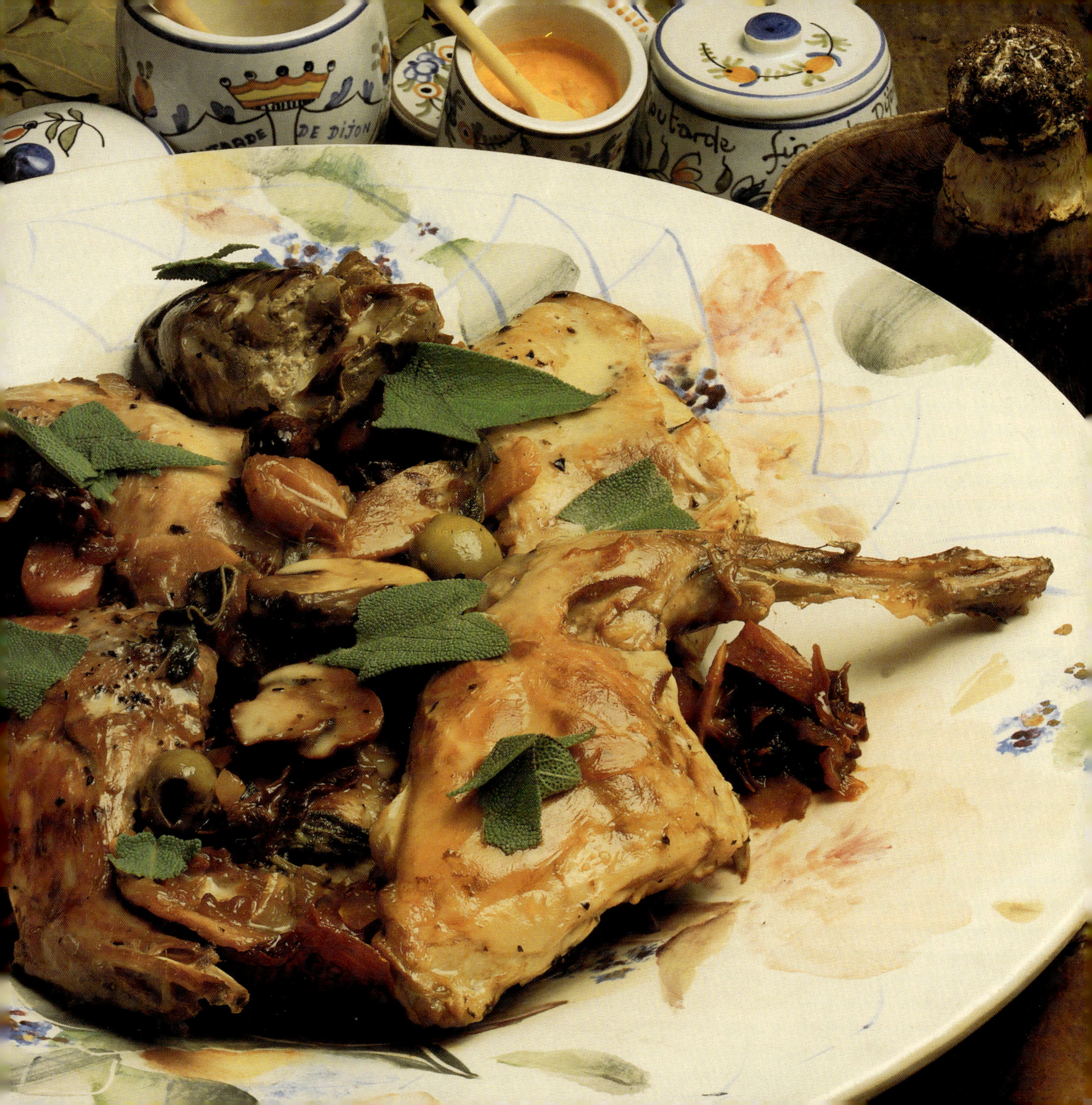
DE DIJON

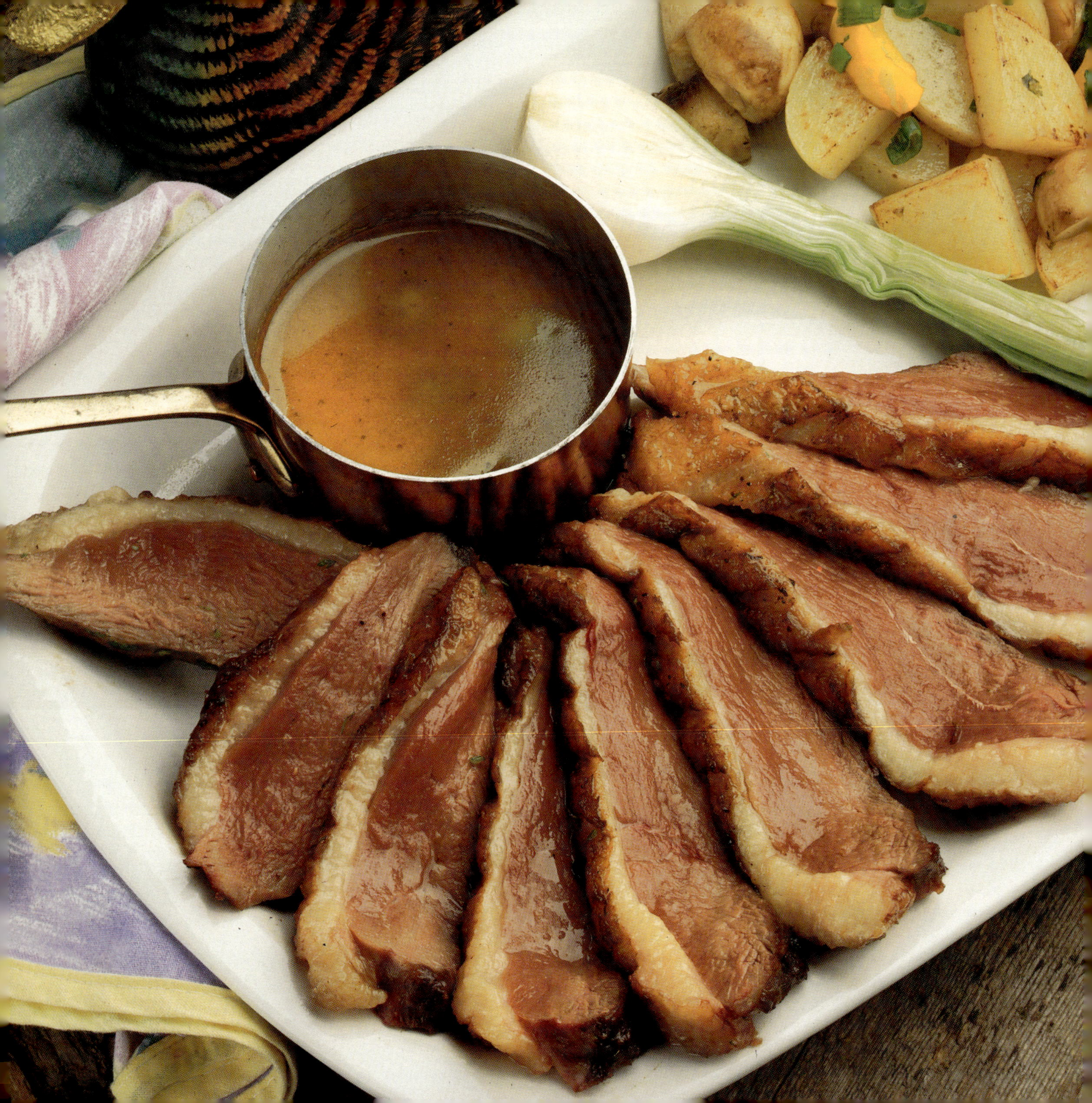

Magret de canard aux olives vertes et aux poivrons rouges

Quand on voyage, on découvre évidemment des coins de pays, mais aussi une culture alimentaire qui est très différente d'un continent à l'autre. Le canard, cet animal mi-sauvage, mi-basse-cour, nous réserve également des surprises. En Chine, on sert du canard laqué, au Périgord, du confit, à la Tour d'Argent, à Paris, du canard au sang ou tout simplement rôti. Le canard est un volatile qui n'a pas la popularité de son collègue le poulet, mais qui est certes, sur le plan gastronomique, beaucoup plus intéressant.

Pour 4 personnes

2 magrets de canard avec la peau
sel et poivre au goût
60 ml (4 c. à soupe) d'huile d'olive
1 échalote hachée
1 poivron rouge, haché grossièrement
100 g (3½ oz) d'olives vertes, sans noyau
60 ml (4 c. à soupe) de xérès
250 ml (1 tasse) de bouillon de volaille (voir recette p. 21)
1 gousse d'ail, hachée
30 ml (4 c. à soupe) de coriandre fraîche, hachée

Dans une poêle bien chaude, faites cuire les magrets sans gras sur un côté, pendant 3 minutes. Baissez le feu et retournez les magrets. Salez, poivrez et faites cuire encore pendant 3 minutes, puis mettez au four à 150°C (300°F) pendant 5 minutes. Dans une autre casserole, faites chauffer l'huile d'olive. Faites revenir l'échalote hachée avec le poivron et les olives pendant 3 minutes. Versez le xérès et le bouillon de volaille. Ajoutez l'ail, salez et poivrez. Laissez cuire ainsi pendant 5 minutes à feu doux. Passez au robot. Ajoutez ensuite la coriandre. Détaillez les magrets en éventail, puis disposez-les sur la sauce déposée au fond de chaque assiette.

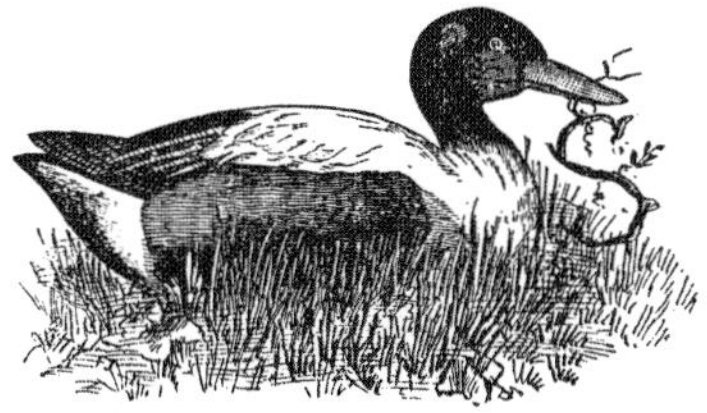

Tranches de foie gras à l'estragon

Jamais le foie gras ne pourra être égalé. De canard ou d'oie,
cela demeure une question de goût. Pour ma part,
je préfère celui de canard, poêlé avec des raisins macérés dans le sauternes
ou le porto avec juste ce qu'il faut de poivre
et une touche d'estragon.

Pour 2 personnes

125 ml (½ tasse) de raisins secs, sans pépins
125 ml (½ tasse) de porto ou de sauternes
sel et poivre au goût
2 tranches de foie gras cru de 150 g (5 oz) chacune
farine en quantité suffisante pour fariner le foie gras
75 ml (5 c. à soupe) de fond de volaille
(voir recette p. 21)
30 ml (2 c. à soupe) d'estragon frais ou 5 ml (1 c. à thé) d'estragon séché
60 ml (4 c. à soupe) de beurre froid, non salé

Faites macérer les raisins coupés en deux dans le porto ou le sauternes. Salez et poivrez le foie gras, puis farinez-le très légèrement. Faites chauffer sans brûler une poêle en téflon et faites-y cuire le foie gras pendant 2 minutes de chaque côté. Disposez le foie dans des assiettes. Déglacez la poêle avec les raisins et le porto ou le sauternes. Ajoutez le fond de volaille et l'estragon. Faites réduire pendant une minute, puis ajoutez les petits morceaux de beurre froid. Nappez le foie de cette sauce et servez aussitôt.

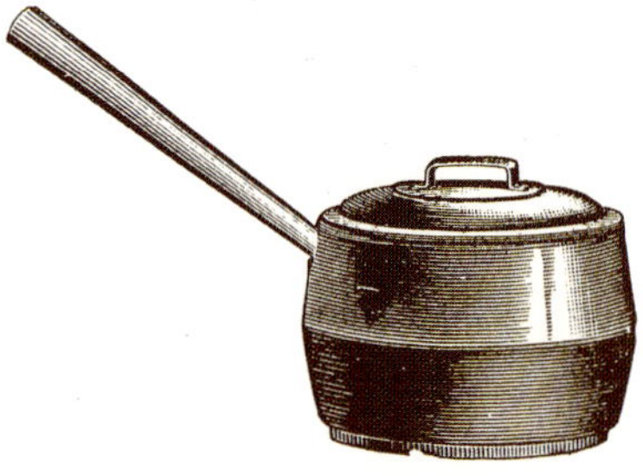

Délice de caille au chou et aux abricots secs

«Il n'y a que les imbéciles qui ne soient pas gourmands.
On est gourmand comme on est artiste, comme on est poète...
Le goût, c'est un organe délicat, perfectible et respectable comme l'œil et l'oreille.»

GUY DE MAUPASSANT

POUR 4 PERSONNES

4 grosses cailles ou 8 petites
60 ml (4 c. à soupe) d'huile d'olive
15 ml (1 c. à soupe) de romarin frais
gros sel en quantité suffisante
60 ml (4 c. à soupe) de vodka
1 beau chou pommé
125 ml (½ tasse) de beurre
sel et poivre au goût
4 tranches de bacon
125 ml (½ tasse) d'abricots secs
1 oignon émincé
500 ml (2 tasses) de jus de pomme
1 gousse d'ail hachée
poivre du moulin

Retirez et séparez les cuisses des suprêmes. Désossez les suprêmes pour ne garder que les poitrines sans os. Mettez les poitrines à mariner avec l'huile, le romarin et le gros sel, puis ajoutez la vodka. Laissez mariner ainsi pendant 30 minutes et remuez souvent. Faites blanchir le chou à l'eau bouillante pendant 4 à 5 minutes, puis découpez-le finement. Faites chauffer le beurre et faites revenir les cuisses. Salez et poivrez. Ajoutez sur le dessus le chou et le bacon, découpés en morceaux. Ajoutez ensuite sur le dessus les abricots et l'oignon émincés, puis le jus de pomme. Répartissez l'ail, puis salez et poivrez de nouveau. Faites cuire au four à 180°C (350°F) pendant une heure et quart à une heure et demie, en remuant de temps en temps. Juste avant de servir, égouttez les poitrines et poêlez-les pendant 2 à 3 minutes, à feu moyen. Servez avec le chou et la garniture. Saupoudrez de poivre du moulin.

Le gibier

- *Noisettes de chevreuil aux atocas*

Le gibier, très abondant au Canada et aux États-Unis, n'est pourtant pas très recherché, sauf par les chasseurs et par les amateurs de cette viande, qui est régie par des contrôles très sévères. La commercialisation en est pratiquement proscrite. Reste le gibier d'élevage qui ne porte hélas souvent que le nom de gibier!

Le Chili, l'Argentine et la Nouvelle-Zélande proposent depuis peu, sur les marchés étrangers, un choix de gibier d'élevage de qualité qui, grâce aux moyens modernes de transport et à la conservation sous vide, arrive à l'état frais dans nos assiettes.

Le gibier est consommé de façon marginale, en saison. Le gibier d'élevage doit vieillir de trois à cinq jours avant l'utilisation. Parfois, il faut faire mariner certains gibiers très maigres, comme le bison et l'orignal, pour en attendrir les chairs. Les autres gibiers peuvent se travailler presque comme toutes les viandes, mais ils demandent à être accompagnés de sauces plus relevées.

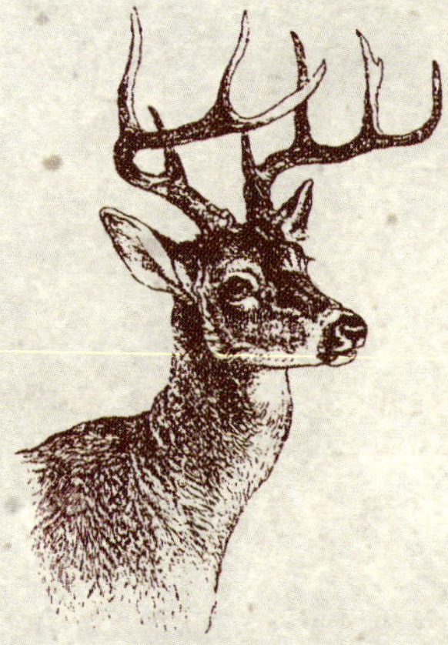

Noisettes de chevreuil aux atocas*

*Habitant moi-même dans la forêt, je déteste tuer les animaux,
surtout lorsque l'on parle de biche, de lièvre ou de chevreuil.
Mais quel plaisir quand un ami chasseur m'apporte un morceau de chevreuil
que j'apprête souvent comme ceci...*

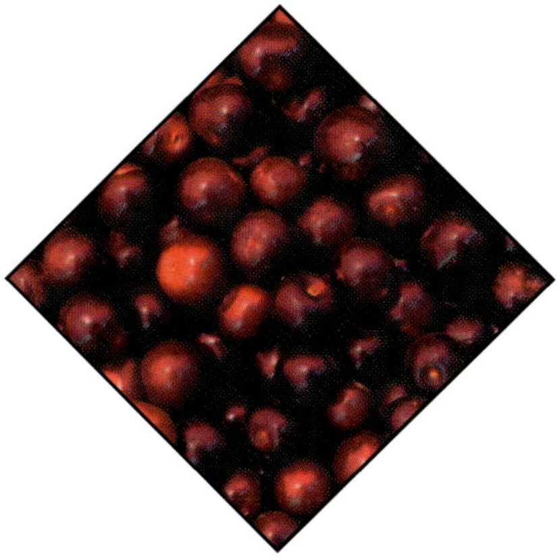

POUR 4 PERSONNES

1 kg (2¼ lb) d'os de chevreuil ou de gibier
60 ml (4 c. à soupe) de beurre
1 oignon émincé
1 carotte finement coupée
1 bouquet garni
500 ml (2 tasses) de vin rouge flambé**
125 ml (½ tasse) de canneberges
2 gousses d'ail, écrasées
125 ml (½ tasse) de gin
3 foies de volaille
sel et poivre au goût
60 ml (4 c. à soupe) de vinaigre de vin
30 ml (2 c. à soupe) d'huile
600 g (1⅓ lb) de chevreuil (longe, filet ou cuisse) désossé

Dans une grande casserole, faites revenir les os grossièrement concassés avec le beurre pour qu'ils se colorent. Ajoutez l'oignon, la carotte et le bouquet garni, puis versez le vin flambé. Laissez réduire de moitié. Filtrez le jus et jetez les os. Faites réchauffer le jus avec la moitié des canneberges, puis ajoutez l'ail, le gin et les foies de volaille. Salez et poivrez. Laissez cuire pendant 4 minutes, passez au robot, puis au chinois fin. Ajoutez le vinaigre et le reste des canneberges, salez et poivrez. Dans une poêle en téflon, ajoutez l'huile et faites cuire le chevreuil pendant 3 minutes de chaque côté, à feu moyen. Servez avec la sauce et un gratin de haricots blancs.

** Nom indien donné à la canneberge.*
*** Flamber: faire brûler l'alcool au préalable.*

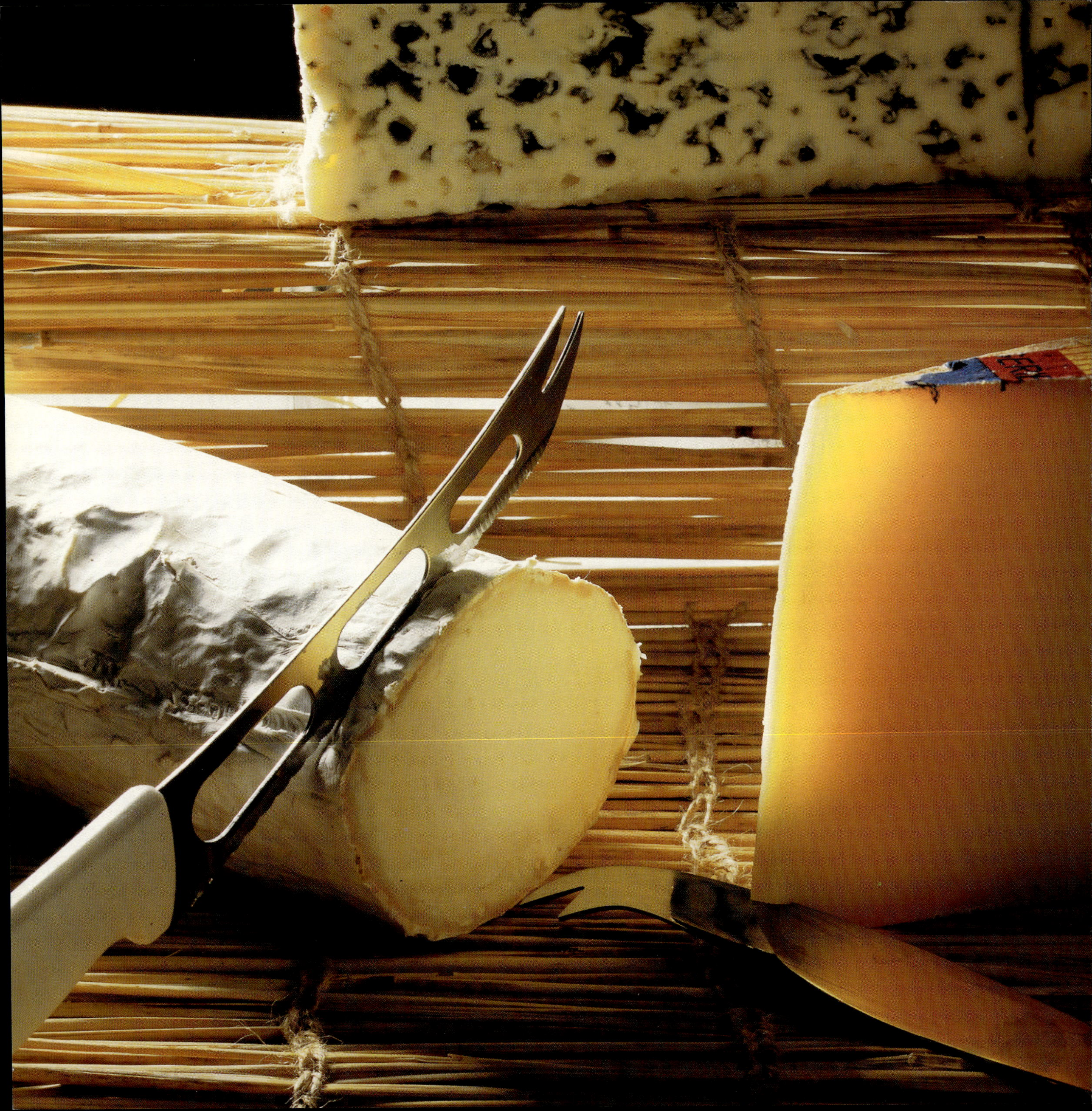

Le fromage et le pain

- Panini de légumes et parmigiano
- Millefeuille de brie Chicoutai
- Petites fleurs de courgette au fromage de chèvre
- Tomates et bocconcini grillé, côté Sud

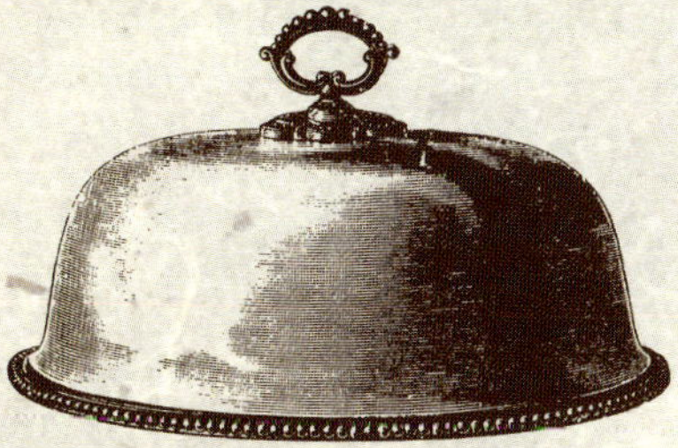

Certes, on trouve dans tous les pays du monde bon nombre de variétés de fromages, tant à pâtes cuites qu'à pâtes tendres, à pâte fleuries ou persillées. Les Français demeurent les maîtres d'œuvre dans le domaine de l'industrie fromagère. Avec environ 400 variétés de fromage, ils nous en proposent pour tous les goûts. Des multitudes de fromages de chèvre, du Poitou au Sancerrois, du traditionnel camembert en passant par le pont-l'évêque ou le brie, — qu'il soit de Meaux ou de Melun —, du reblochon au saint-nectaire, sans oublier le vacherin du Mont-d'Or au lait cru. Même si les Français occupent une place de choix dans le domaine de l'industrie laitière, ils doivent se plier aux normes draconiennes que les Américains et les Japonais leur imposent pour importer leurs produits et franchir les frontières du Nouveau Monde. Ils importent donc des fromages aseptisés au lait pasteurisé qui ne sont plus à la hauteur de leur réputation.

Par ailleurs, plusieurs pays ont développé leur propre industrie fromagère et proposent des fromages au lait cru, comme la Trappe du Manitoba et le Saint-Basile de Portneuf.

Un choix de cinq fromages constitue un plateau intéressant. En voici un exemple: un fromage à pâte cuite, de type comté, gruyère ou cheddar, un chèvre affiné, un brie ou un triple-crème comme le Saint-André, un bleu, un fromage à croûte fleurie, de type pont-l'évêque ou encore un Saint-Basile de Portneuf. Il est préférable de servir les fromages chambrés, c'est-à-dire de les sortir du réfrigérateur trois ou quatre heures à l'avance.

Si la plupart des gens connaissent les fromages, peu de personnes accordent au choix du pain l'importance qu'il mérite. Un pain au levain bien cuit ou une fougasse aux lardons accompagnent à merveille un fromage de chèvre, un pain aux noix un époisses, un pain au cumin ou de seigle un munster. Faites-vous plaisir et essayez des pains bien faits, bien cuits, sans trop de levure et surtout sans graisse à l'intérieur avec un peu de bleu et une touche de beurre demi-sel. Cela vous permettra sans disgrâce d'accéder au paradis des gourmands.

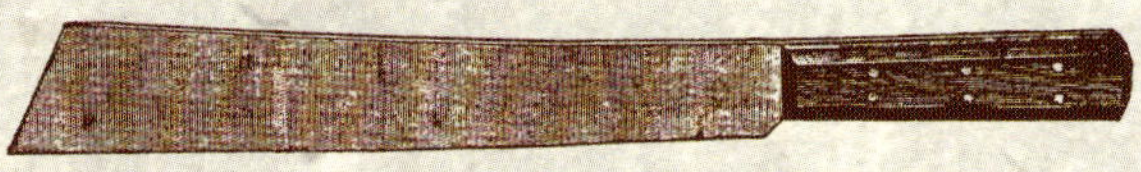

Hommage au roquefort

Un petit berger aurait-il oublié dans sa cave un morceau de fromage fait de lait de brebis? Le fromage devint marbré, c'est-à-dire couvert de veines verdâtres, et eut en fait meilleur goût. Par la suite, il renouvela son expérience et collabora à la découverte du *Penicillium roqueforti*, champignon unique au monde et dont seules bénéficiaient les caves de Roquefort. Aujourd'hui, on obtient ce *Penicillium* avec les moisissures d'un pain de seigle. Et la «poussière» qui en résulte est introduite dans le fromage de brebis avant l'affinage.

Depuis 1866, l'appellation de Roquefort est protégée par un arrêté du parlement de Toulouse qui était à ce moment la première décision de justice connue en matière d'appellation fromagère. Cependant, une loi sera promulguée en juillet 1925, confirmant la décision de 1866, tandis que Casanova louangeait le noble fromage en ces termes:

> *«...oh que le Chambertin et le Roquefort sont excellents mets pour restaurer l'amour et pour porter à prompte maturité un amour naissant!»*

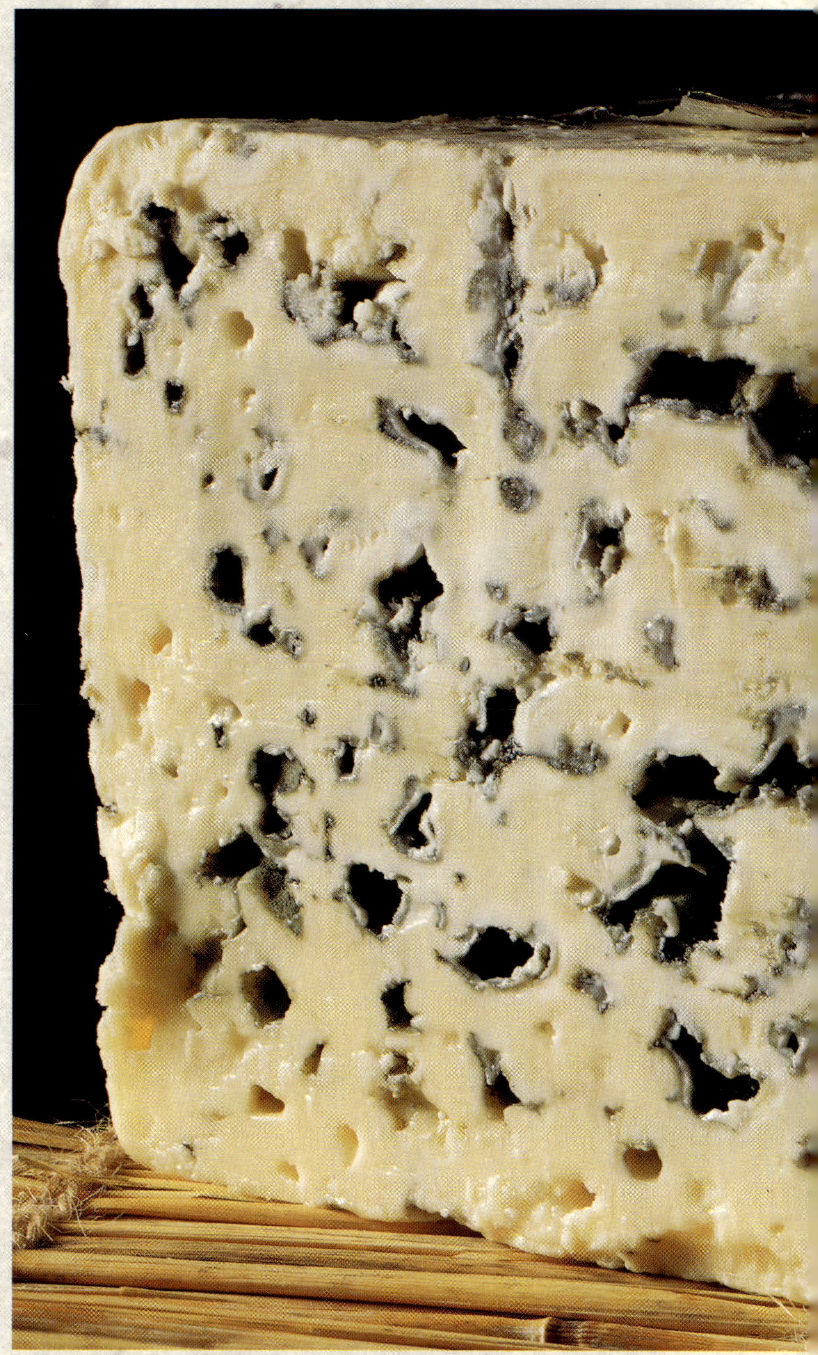

Un des meilleurs roqueforts: le papillon noir et les crevasses bien persillées de Penicillium.

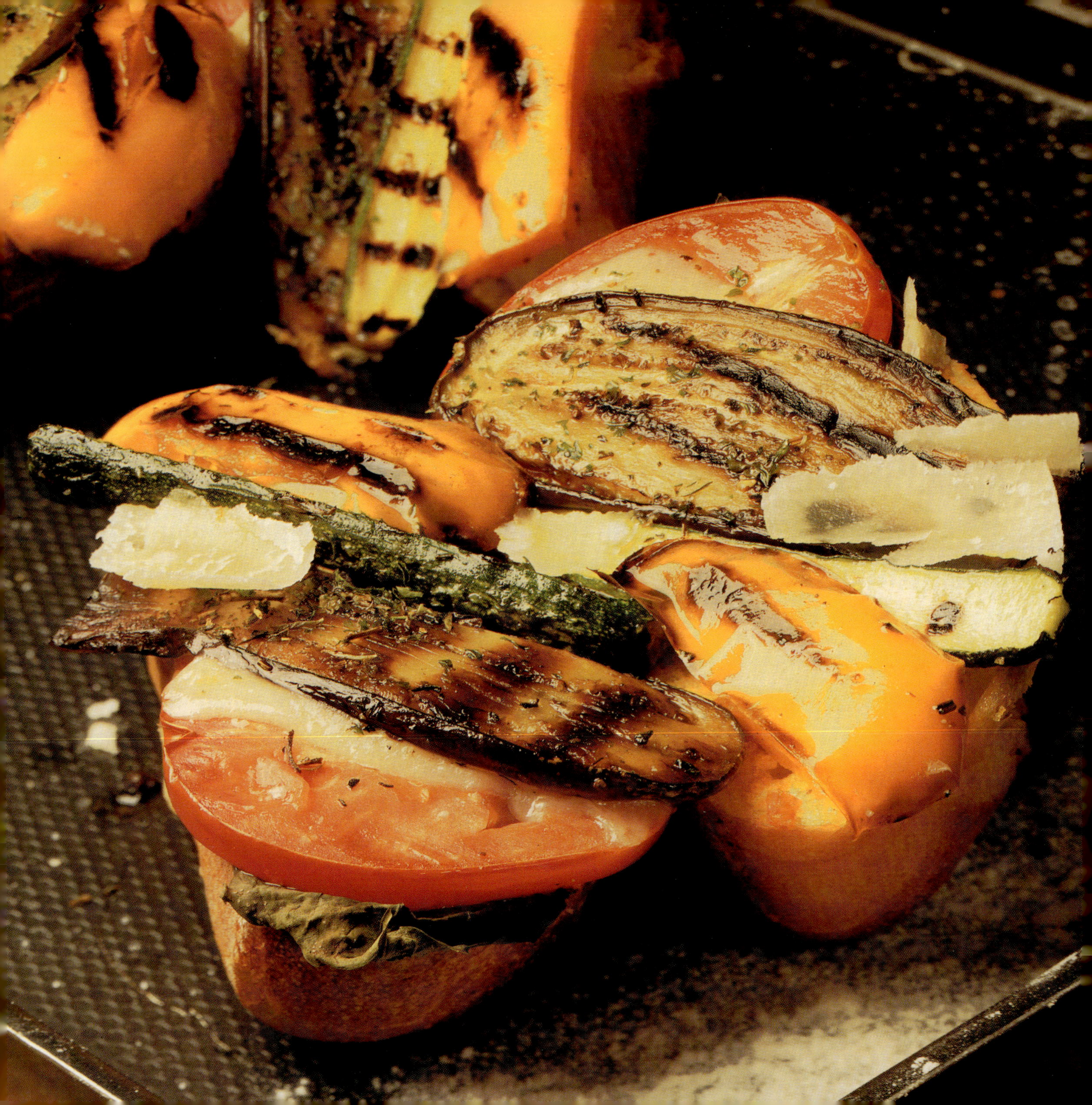

Panini de légumes et parmigiano

Pour 4 personnes

4 petits pains blancs, de style *panini*
45 ml (3 c. à soupe) d'huile d'olive extra-vierge
8 petites courgettes
1 poivron jaune
2 tomates coupées en tranches
4 tranches de mozzarella
5 ml (1 c. à thé) de romarin et
d'origan séchés et mélangés
8 feuilles de basilic
sel et poivre au goût
morceaux de parmesan

Ouvrez les pains en deux, puis, à l'aide d'un pinceau, badigeonnez l'intérieur d'huile d'olive. Coupez les courgettes en deux, découpez des lanières de poivron assez larges et faites-les griller doucement. Sur les petits pains, mettez en alternance les légumes, les tranches de tomate et la mozzarella. Ajoutez les herbes séchées et les feuilles de basilic, une feuille sur chaque côté du pain. Badigeonnez de nouveau d'huile d'olive et faites cuire au four, à *broil*, pendant 3 minutes. Assaisonnez légèrement de sel et de poivre, puis servez avec les morceaux de parmesan.

Les panini ou petits pains longs ont la forme de pains à hot-dogs. On peut servir ces pains pour la collation ou pour un pique-nique. Il est alors possible de les faire cuire sur le barbecue. On trouve ces pains dans les boulangeries ou dans les épiceries fines.

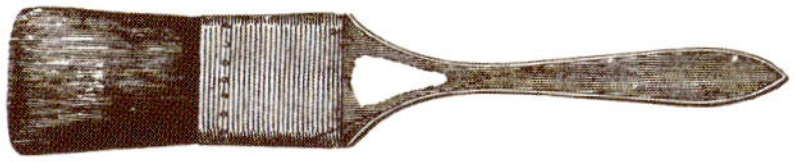

Millefeuille de brie Chicoutai

La Chicoutai, cette liqueur de mûres au nom indien, est faite au Québec et se marie fort bien au brie. Le brie, lui, vient d'Europe, peut-être de Meaux ou de Melun. Mais la Chicoutai se marie aussi avec le brie du Québec qui fait aujourd'hui d'excellents fromages pasteurisés, mais qui en fait malheureusement très peu au lait cru. S'il vous reste une abaisse de pâte feuilletée, alors voilà de quoi l'utiliser.

Pour 4 personnes

200 g (7 oz) de pâte feuilletée
200 g (7 oz) de brie
30 ml (2 c. à soupe) de beurre doux
15 ml (1 c. à soupe) de moutarde forte
60 ml (4 c. à soupe) de Chicoutai
15 ml (1 c. à soupe) de ciboulette hachée
15 ml (1 c. à soupe) de sucre glace
30 ml (2 c. à soupe) de noix hachées

Abaissez au rouleau la pâte feuilletée à une épaisseur de 0,5 cm (¼ po), puis détaillez trois bandes de 15 cm (6 po) de longueur sur 6 cm (2¼ po) de largeur et piquez-les à l'aide d'une fourchette. Préchauffez le four à 200°C (400°F) et faites cuire pendant environ 5 à 7 minutes ces bandes de pâte entre deux tôles à biscuits, afin d'éviter qu'elles ne gonflent. Laissez ensuite refroidir. Retirez la croûte du fromage et passez au robot avec le beurre et la moutarde. Ajoutez la Chicoutai et la ciboulette. Retirez la pâte et étalez sur une des bandes de pâte cuite d'environ 0,75 cm (¼ à ½ po). Disposez une autre bande du feuilleté cuit sur la pâte et recommencez la même opération. Ajoutez les noix, puis la dernière bande de pâte. Avant de servir, passez au four à 325°C (160°F) pendant 2 minutes, à feu moyen. Saupoudrez de sucre glace avant de découper.

Petites fleurs de courgette au fromage de chèvre

Pour 4 personnes

12 fleurs de courgette
2 tranches de pain
30 ml (2 c. à soupe) de crème épaisse (crème à 35 %)
100 g (3½ oz) de fromage de chèvre affiné
45 ml (3 c. à soupe) de porto
¼ de gousse d'ail, hachée
1 tranche de tomate séchée, hachée
1 œuf dur, haché
30 ml (2 c. à soupe) de ciboulette fraîche, hachée
30 ml (2 c. à soupe) de persil frais, haché
30 ml (2 c. à soupe) de menthe fraîche, hachée
sel et poivre au goût
250 ml (1 tasse) de bouillon de volaille (voir recette p. 21)
30 ml (2 c. à soupe) d'huile d'olive

Ouvrez délicatement les fleurs de courgette. Retirez la croûte du pain, puis faites-le tremper dans la crème. Passez-le au robot avec le fromage, le porto, l'ail, la tomate séchée et l'œuf dur. Ajoutez ensuite les herbes, salez et poivrez. Garnissez les fleurs de cette farce. Disposez dans un plat à four et versez le bouillon. Faites cuire au four à 160°C (325°F) pendant 20 minutes. Servez avec un filet d'huile d'olive.

Tomates et bocconcini grillé, côté Sud

Les tomates juteuses du jardin n'ont rien de comparable en bouche à ce fruit-légume lorsqu'il a mûri sur branche et qu'il est cueilli au dernier moment. Il n'est pas nécessaire de les réfrigérer, ce qui leur fait perdre une partie de leur goût. Pour ma part, je les aime bien mûres, éclatantes de soleil et parfumées à souhait. Ici, le mélange du bocconcini grillé apporte une dimension qui me rapproche un peu plus du côté Sud.

Pour 4 personnes

2 petits bocconcini
15 ml (1 c. à soupe) d'herbes de Provence
30 ml (2 c. à soupe) d'huile d'olive extra-vierge
3 tomates rouges
2 tomates jaunes
sel et poivre au goût

Vinaigrette recommandée:
75 ml (5 c. à soupe) de vinaigrette provençale ou à l'échalote (voir recettes p. 63 et 62)

Faites mariner les bocconcini, coupés en quatre morceaux chacun, dans les herbes et l'huile d'olive pendant 15 minutes. Découpez les tomates en tranches fines et mettez les couleurs en alternance dans les assiettes. Prenez une grille ou une poêle en téflon (de préférence) et faites-la chauffer à feu moyen. Disposez 2 ou 3 morceaux de bocconcini à la fois sur la grille pour qu'ils fondent et qu'ils deviennent croustillants. Évitez de trop chauffer la grille et retirez le fromage gratiné. Recommencez ainsi l'opération jusqu'à épuisement du bocconcini. Disposez les morceaux de fromage autour et au milieu des tomates, ajoutez la vinaigrette et la ciboulette hachée. Salez et poivrez au goût.

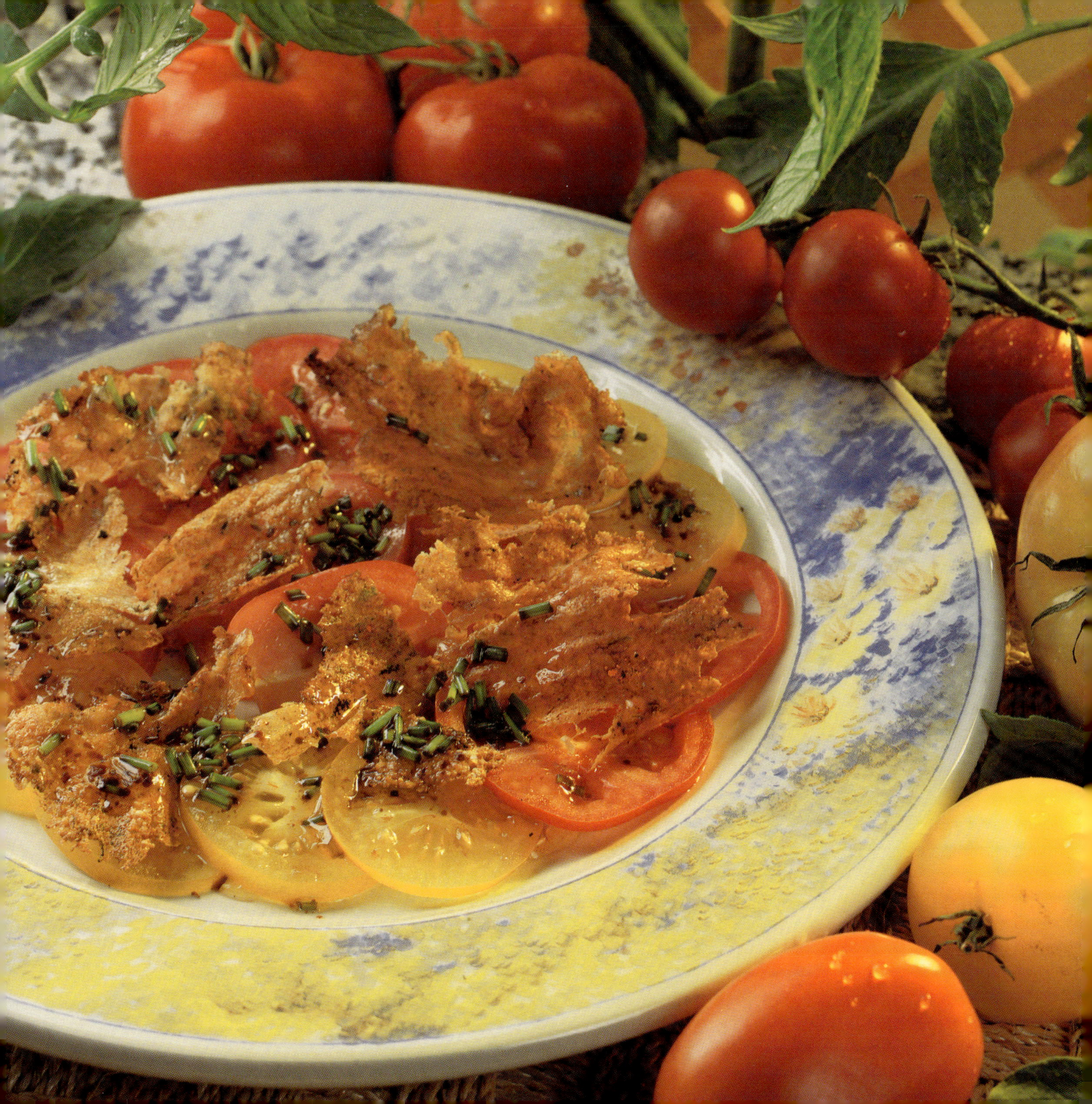

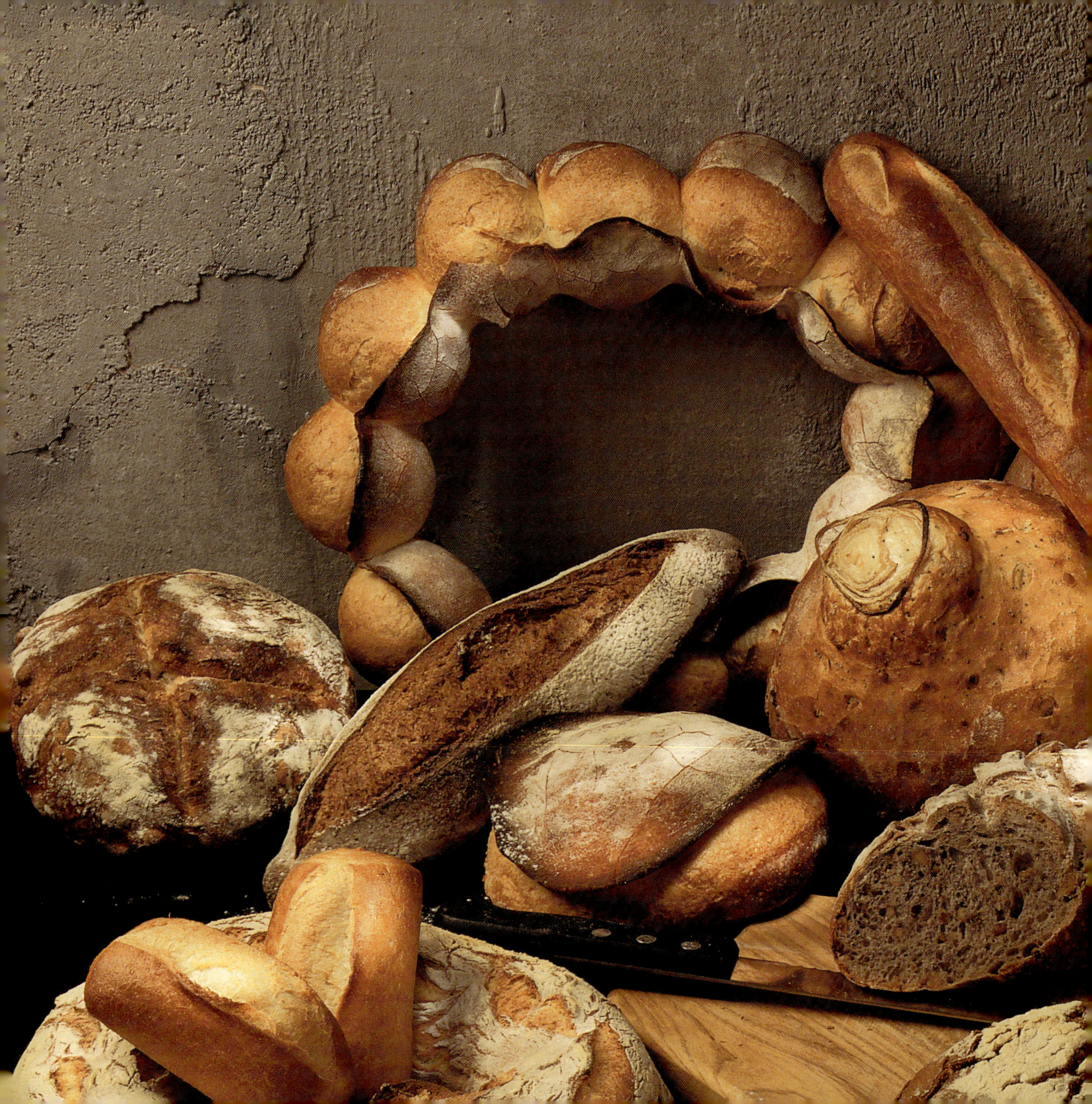

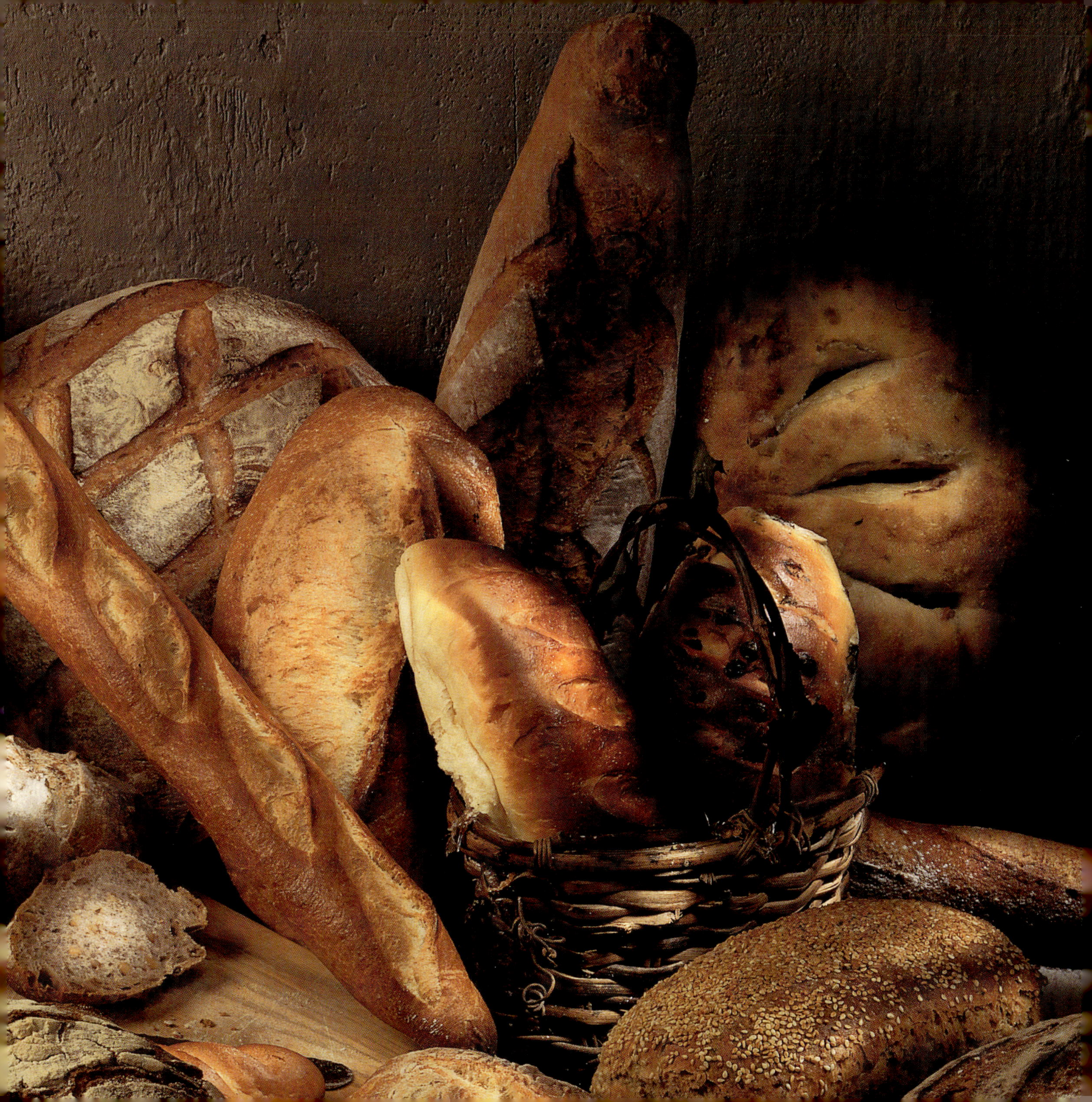

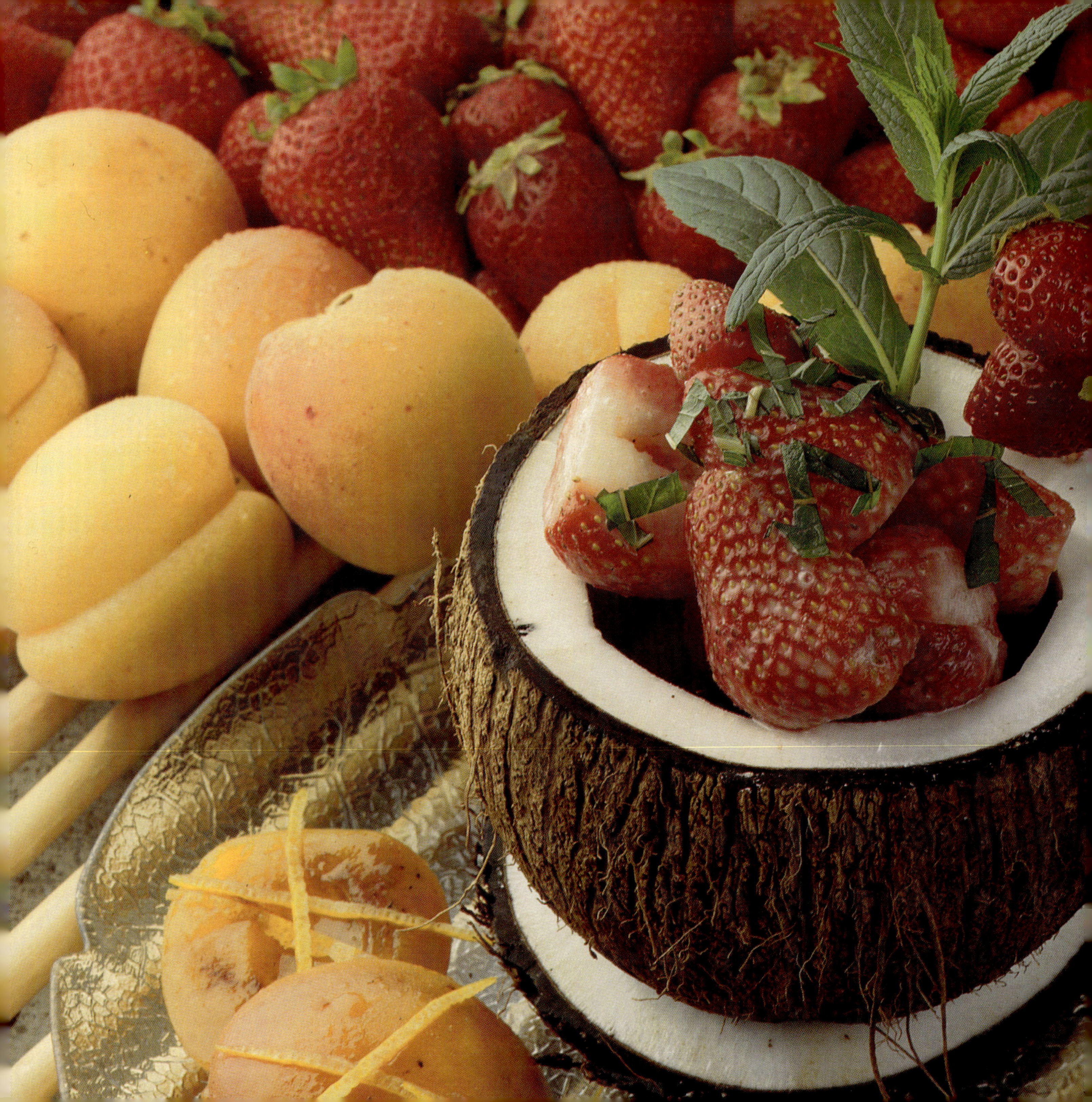

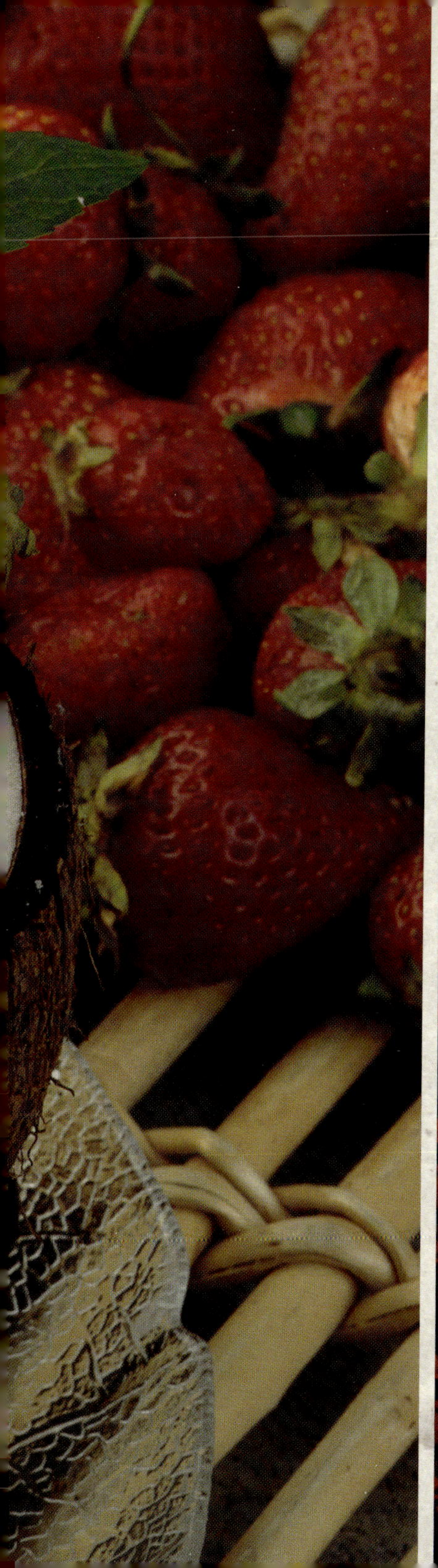

Les desserts gourmands

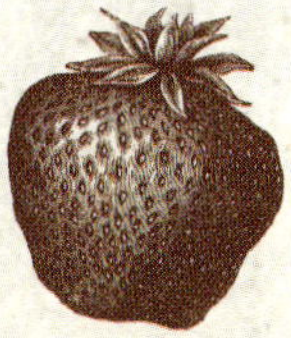

- Salade de fraises au coco triple-sec et à l'abricot rôti
- Crème pâtissière épaisse
- Coulis de framboises
- Feuilleté aux fraises au caramel écossais
- Érablière aux framboises
- Salsa de bananes aux agrumes
- Sorbet de canneberges et de mangues
- Sorbet de litchis au saké
- Glace plombières
- Tarte aux poires et aux amandes
- Tarte tiède aux pommes et aux poires à la vanille fraîche
- Pain de Gênes
- Crème brûlée au sucre roux
- Chocolat! Chocolat!
- Choco-passion
- Brownies au chocolat
- Tuiles aux pins pignons et à l'orange

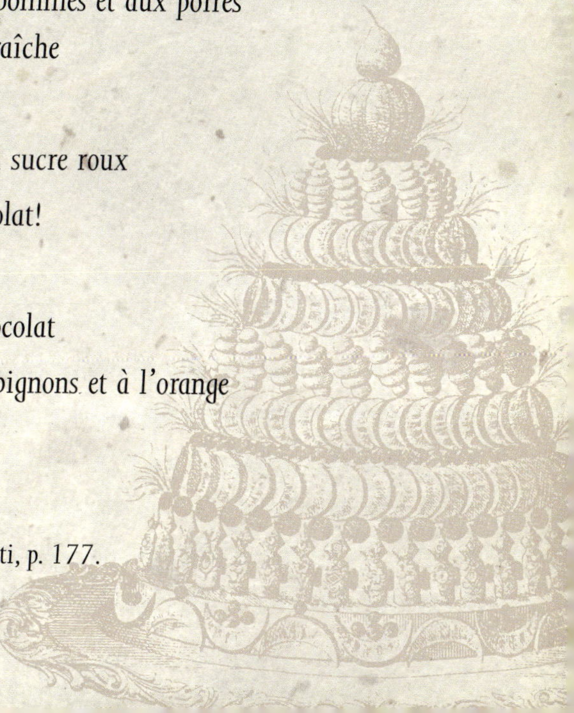

Salade de fraises au coco triple-sec et à l'abricot rôti, p. 177.

Les desserts: avec ou sans appétit, juste pour la gourmandise

Quand on est un enfant, un repas sans dessert, c'est le monde qui s'écroule. Quel bambin ne s'est pas fait dire, devant un plat moins appétissant qu'un autre, cette petite phrase où pointait la menace: «Si tu manges tout, tu auras du dessert…» Se priver de dessert, c'est rester sur son… plaisir.

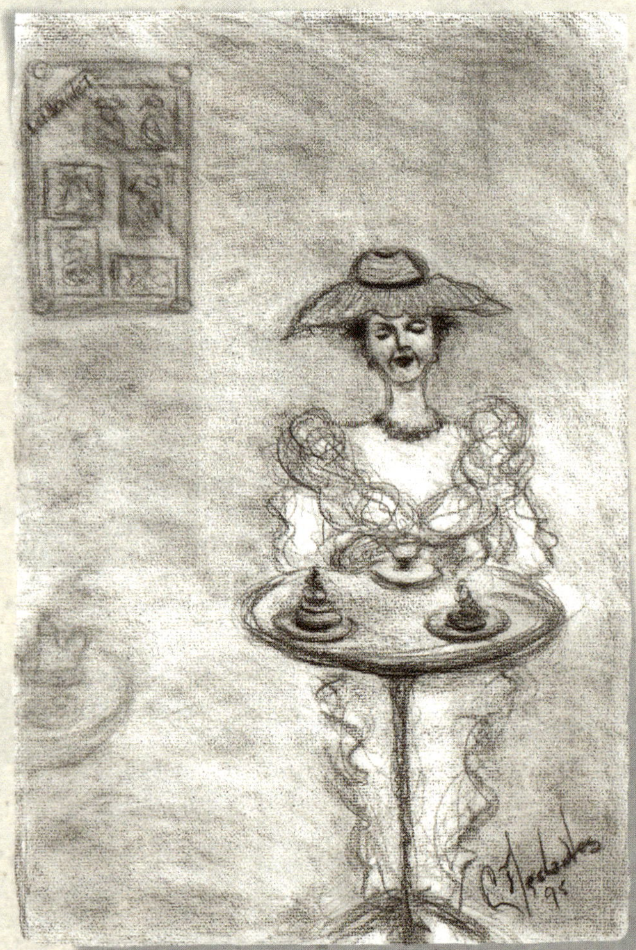

Quel bonheur, en effet, de voir arriver sur la table une tarte aux pommes fumante, une crème brûlée, ou mieux, celle que l'on brûle devant vous, croquante et fondante à souhait, avec juste ce qu'il faut de vanille fraîche et de sucre! Un bon thé servi avec des confitures, du beurre et une tranche de pain de Gênes aux amandes est un pur délice. Alors, que dire de l'aliment-dessert par excellence, celui qui fait pâlir tous les autres, celui qui fait commettre autant de péchés qu'il cause de crises de foie: le chocolat. Le chocolat, le grand, le vrai, est comme un vin long et puissant en bouche, on retient sa finesse plusieurs minutes sur la langue et on apprécie longuement son velouté. Les Aztèques n'exagéraient pas en déclarant que le chocolat était la boisson des dieux, et que rien ne pouvait le remplacer.

Sauf, peut-être, un bon café bien tassé. Choisissez celui que vous préférez — l'arabica, le robusta ou le brésilien —, et goûtez ce complément parfait à un excellent repas. En matière de café, la même règle qui s'applique au vin, au chocolat et aux fromages est de rigueur: évitez, dans un premier temps, de mélanger les variétés. Laissez-vous aller à la découverte: commencez par le plus doux et allez-y ensuite avec des plus corsés comme les Javas noirs ou les Colombiens. Il ne vous restera alors qu'à apprécier et à savourer ce plaisir qui est, selon moi, un des grands plaisirs gourmands.

Salade de fraises au coco triple-sec et à l'abricot rôti

Ah, les fraises et les abricots! Ils arrivent en même temps et inondent nos marchés. Il ne faut pas les garder au réfrigérateur où ils perdent une partie de leur saveur, mais plutôt dans des endroits frais et secs. De quoi regretter les bons vieux garde-manger.

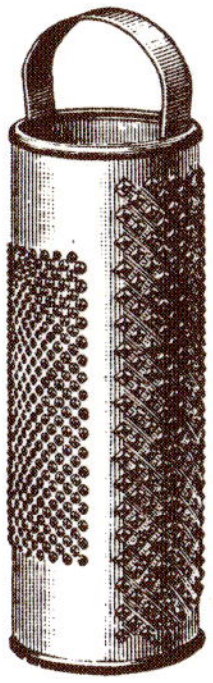

Pour 4 personnes

4 noix de coco
125 ml (½ tasse) de triple-sec
45 ml (3 c. à soupe) de sucre
24 fraises
30 ml (2 c. à soupe) de beurre
30 ml (2 c. à soupe) de cassonade
4 abricots
30 ml (2 c. à soupe) de jus d'orange
12 lanières de zeste d'orange et/ou de citron
4 feuilles de menthe, hachées

Cassez les noix de coco. Ouvrez-les par le haut en conservant la chair de la partie supérieure pour la râper. Videz l'eau. Râpez la pulpe des parties supérieures, puis ajoutez 60 ml (4 c. à soupe) d'eau à la pulpe. Pressez ensuite la pulpe dans un linge pour récupérer le lait. Ajoutez le triple-sec et le sucre au lait de coco. Équeutez les fraises et coupez-les en deux. Mettez-les à macérer dans le liquide pendant 30 minutes. Faites chauffer une poêle avec le beurre, ajoutez la cassonade et faites dorer les abricots coupés en deux pendant 2 à 3 minutes. Versez le jus d'orange. Retirez les abricots et disposez-les dans une assiette. Ajoutez le jus des abricots aux fraises. Garnissez les noix de coco avec les fraises. Décorez ensuite les abricots des zestes d'orange et/ou de citron, blanchis au préalable. Puis mettez des feuilles de menthe sur les fraises.

Vous pouvez scier la base des noix de coco, pour les faire tenir debout, avec une scie sauteuse.

Voir recette illustrée à la p. 174.

Crème pâtissière épaisse

DONNE 500 ML (2 TASSES)

500 ml (2 tasses) de lait
1 gousse de vanille
80 g (2¾ oz) de farine ou 50 g (env. 2 oz) de fécule
3 jaunes d'œufs
80 g (2¾ oz) de sucre
15 ml (1 c. à soupe) de beurre fondu

Faites bouillir le lait avec la gousse de vanille, puis retirez la vanille, Mélangez la farine avec les jaunes, le sucre et le beurre. Ajoutez le lait et laissez cuire en remuant pendant 2 à 3 minutes. Retirez et disposez dans un saladier. Laissez refroidir avant de servir.

Coulis de framboises

DONNE 250 ML (1 TASSE)

250 ml (1 tasse) de framboises
30 ml (2 c. à soupe) de jus de citron
125 ml (½ tasse) de sucre
30 ml (2 c. à soupe) de miel
60 ml (4 c. à soupe) d'eau

Mélangez tous les ingrédients au blender, puis passez au chinois pour en retirer les pépins. Conservez au froid.

Feuilleté aux fraises au caramel écossais

Le drambuie est en fait une redistillation du whisky pour en faire un alcool plus fort. Je l'utilise dans cette recette avec un caramel et de l'orange sous forme de jus. Le tout a la consistance d'une crème écossaise que je vous propose ici avec un feuilleté aux fraises du pays de Félix Leclerc et des figues qui viennent de Californie.

POUR 4 PERSONNES

250 g (env. 8 oz) de pâte feuilletée
1 jaune d'œuf
30 ml (2 c. à soupe) de beurre
2 figues fraîches
125 ml (½ tasse) de sucre
12 fraises
125 ml (½ tasse) de drambuie
60 ml (4 c. à soupe) de jus d'orange
125 ml (½ tasse) de crème épaisse (crème à 35 %)

Étalez la pâte feuilletée à une épaisseur de 0,5 cm (¼ po), puis, avec un emporte-pièce ou un verre, découpez huit ronds. À l'aide d'un petit couteau, faites des arabesques sur quatre des ronds et badigeonnez du jaune d'œuf mélangé avec 15 ml (1 c. à soupe) d'eau. Faites cuire à 200°C (400°F) pendant 7 à 10 minutes. Faites fondre le beurre. Faites revenir les figues pendant 1 à 2 minutes, puis ajoutez le sucre et faites cuire encore pendant 1 minute. Retirez du feu. Garnissez le fond des feuilletés avec les figues et les fraises équeutées. Dans la casserole de cuisson des figues, ajoutez le drambuie et laissez caraméliser avec le jus d'orange. Hors du feu, versez la crème tout en fouettant. Nappez les fruits de la sauce et servez tiède.

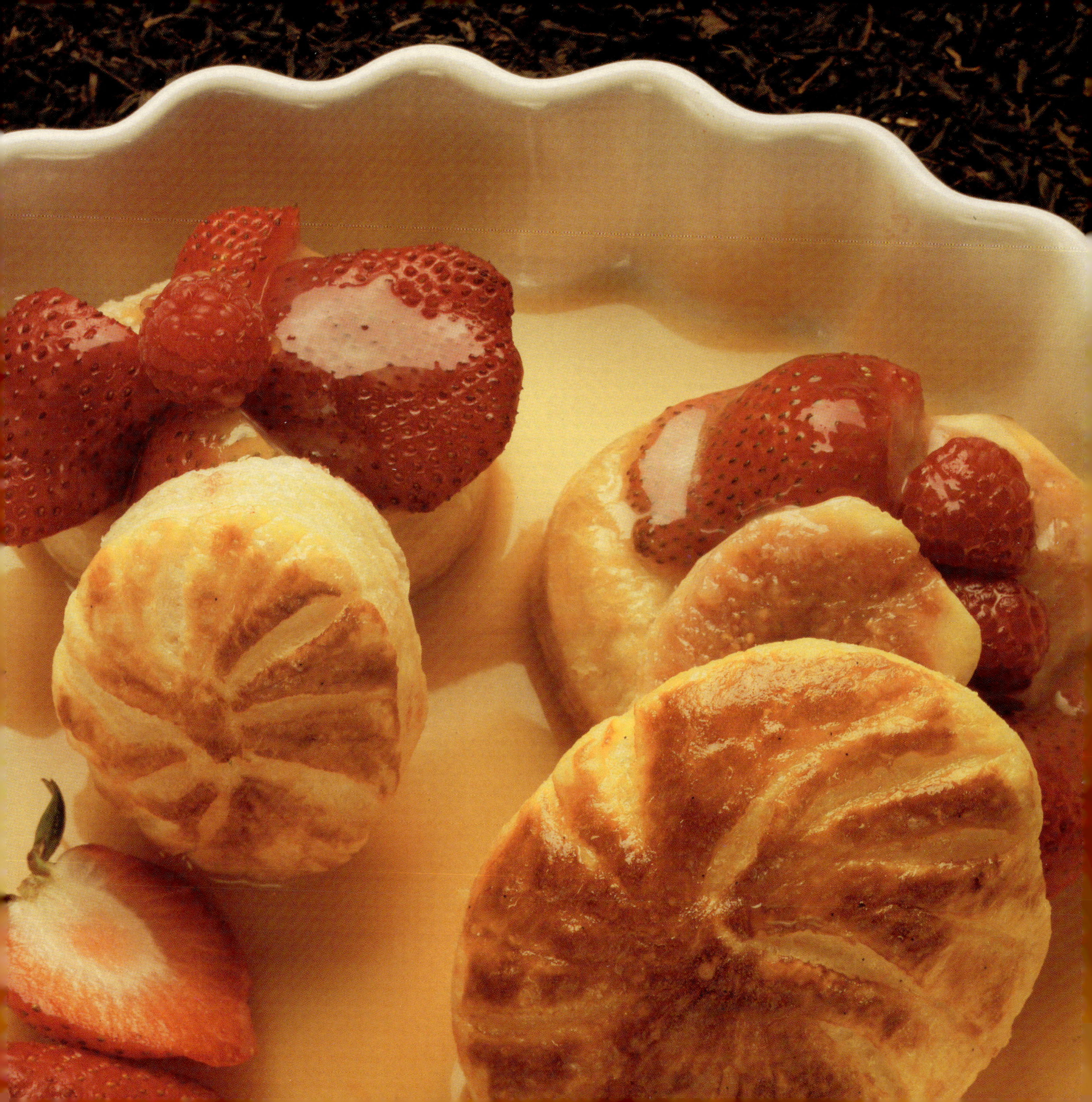

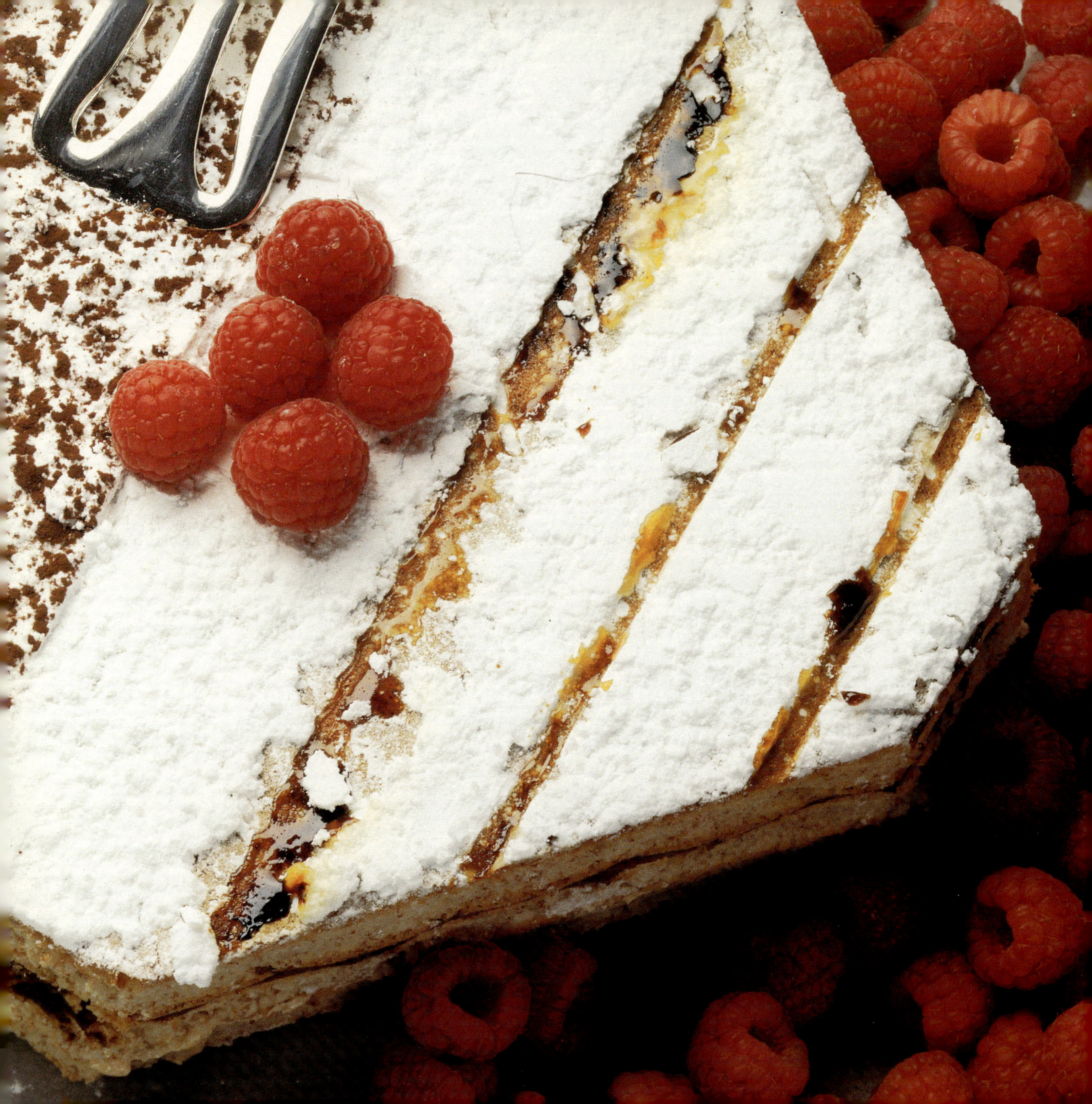

Érablière aux framboises

On n'a jamais pu compter réellement le nombre de feuilles dans un millefeuille, mais une chose est certaine, pour que votre millefeuille soit bon, il faut prévoir une pâte feuilletée de bonne qualité, faite au beurre, une crème pâtissière à l'érable et des framboises.

POUR 8 À 10 PERSONNES

300 g (10 oz) de pâte feuilletée
200 g (7 oz) de crème pâtissière (voir recette p. 178)
60 ml (4 c. à soupe) de sirop d'érable
30 ml (2 c. à soupe) de poivre noir concassé
125 ml (½ tasse) de crème fouettée
1 casseau de framboises
60 ml (4 c. à soupe) de sucre glace
125 ml (½ tasse) de coulis de framboises déjà préparé (voir recette p. 178)

Étalez la pâte feuilletée en trois carrés de 15 x 15 cm (6 x 6 po), selon le principe du millefeuille de brie. Mélangez la crème pâtissière avec le sirop d'érable et incorporez-y la crème fouettée. Garnissez successivement les couches de pâte feuilletée de ce mélange en ayant soin de mettre entre chaque couche des morceaux de framboise. Ajoutez ensuite une bande de pâte et saupoudrez de sucre glace. Coupez les bouts pour donner une originalité à votre dessert et, à l'aide d'une brochette de métal préchauffée, faites des tiges de caramel. Décorez le dessus de framboises et servez avec un coulis de framboises.

Salsa de bananes aux agrumes

POUR 4 PERSONNES

4 bananes
½ citron
60 ml (4 c. à soupe) de beurre doux
30 ml (2 c. à soupe) de sucre
30 ml (2 c. à soupe) de cassonade
60 ml (4 c. à soupe) de jus d'orange
60 ml (4 c. à soupe) de jus de pamplemousse
60 ml (4 c. à soupe) de curaçao
30 ml (2 c. à soupe) de noix de coco, râpée

Découpez les bananes en tranches et frottez-les au citron. Faites chauffer le beurre juste assez pour qu'il ne se colore pas, ajoutez le sucre et la cassonade, puis passez les tranches dans le mélange et faites-les sauter pendant 1 à 2 minutes. Retirez les bananes du feu et disposez-les dans un plat. Ajoutez le jus d'orange et le jus de pamplemousse dans la poêle, puis le curaçao. Laissez réduire pendant 1 minute. Versez le jus sur les bananes. Saupoudrez de noix de coco et faites gratiner pendant 1 minute. Vous pouvez servir froid ou chaud.

Voir recette illustrée à la p. 182.

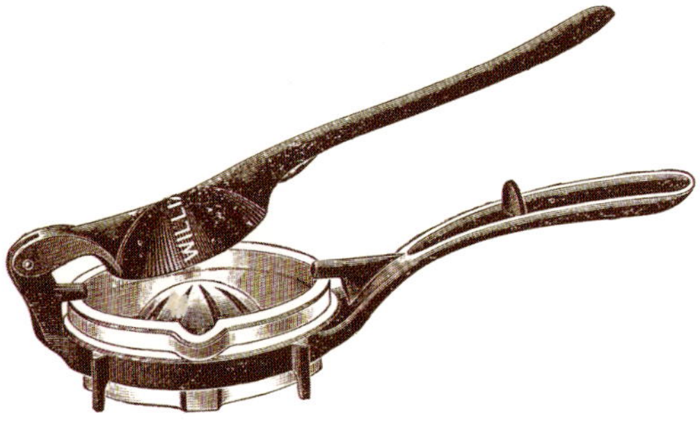

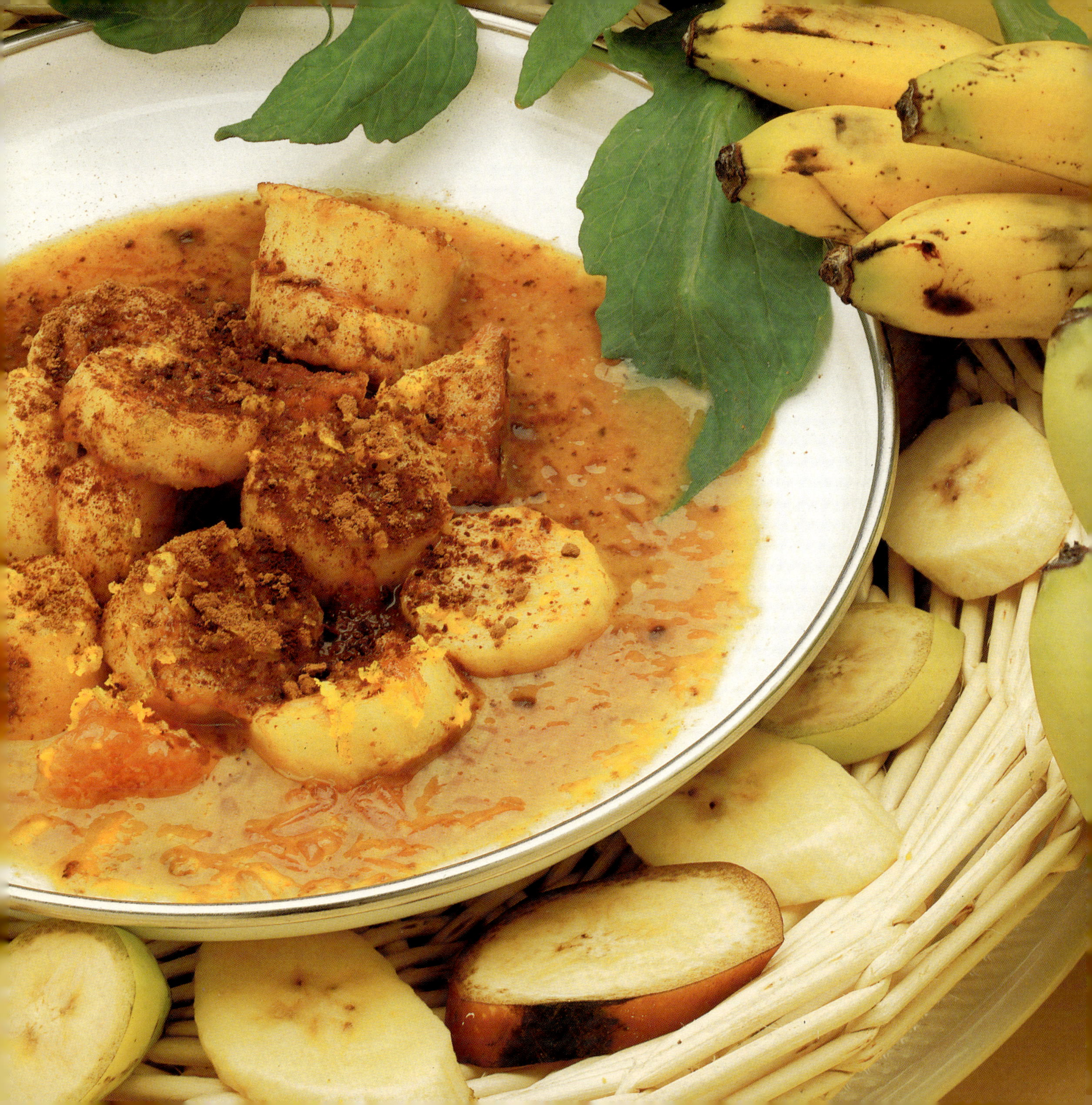

Sorbet de canneberges et de mangues

Il faut avoir vu, une fois sans sa vie, les champs de canneberges, à l'automne, qui attendent la célèbre fête de l'Halloween. Portant le nom indien d'atocas, la canneberge est un fruit légèrement acide, qui accompagne parfaitement le gibier, le porc et la volaille, mais qui fait aussi d'excellents sorbets, mélangée avec de la mangue.

POUR 6 PERSONNES

250 ml (1 tasse) de sucre
250 ml (1 tasse) d'eau
1 bâton de vanille
250 ml (1 tasse) de canneberges
1 mangue bien mûre
1 citron

Dans une casserole, faites chauffer le sucre et l'eau. Ajoutez la vanille et les canneberges. Faites cuire ainsi pendant 4 à 5 minutes. Retirez la vanille et passez ensuite au robot avec la mangue épluchée et coupée en morceaux. Laissez refroidir. Mettez en sorbetière et ajoutez le jus de citron. Laissez turbiner, puis conservez au congélateur pendant une heure et demie à deux heures avant de servir.

Si vous n'avez pas de sorbetière, passez au robot, puis gardez au congélateur pendant deux heures. Repassez ensuite au robot, puis gardez au congélateur pendant une heure. Passez de nouveau au robot et gardez au congélateur pendant au moins trois heures avant de consommer.

Salsa de bananes aux agrumes, p.181.

Sorbet de litchis au saké

Ces fruits exotiques, que l'on déguste la plupart du temps dans les restaurants chinois ou japonais, se nomment litchis, longanes ou ramboutans. Ces fruits à cosse et «à poils» gorgés d'eau et de soleil sont délicieux lorsqu'ils sont préparés en sorbet et, dans ce cas, le résultat est excellent même si on utilise des fruits en conserve.

POUR 4 PERSONNES

2 boîtes de litchis
125 ml (½ tasse) de sucre
30 ml (2 c. à soupe) de jus de citron
125 ml (½ tasse) de saké
30 ml (2 c. à soupe) de miel
le zeste d'une orange

Passez au robot les litchis avec le sucre, le citron, le saké et le miel. Disposez dans la machine à sorbet et turbinez avec le zeste d'orange jusqu'à consistance ferme. Gardez au congélateur, puis servez dans des coupes réfrigérées au préalable.

Si vous n'avez pas de sorbetière, passez au robot, puis gardez au congélateur pendant deux heures. Repassez ensuite au robot, puis gardez au congélateur pendant une heure. Passez de nouveau au robot et gardez au congélateur pendant au moins trois heures avant de consommer.

Vous pouvez faire cette recette avec des litchis frais.

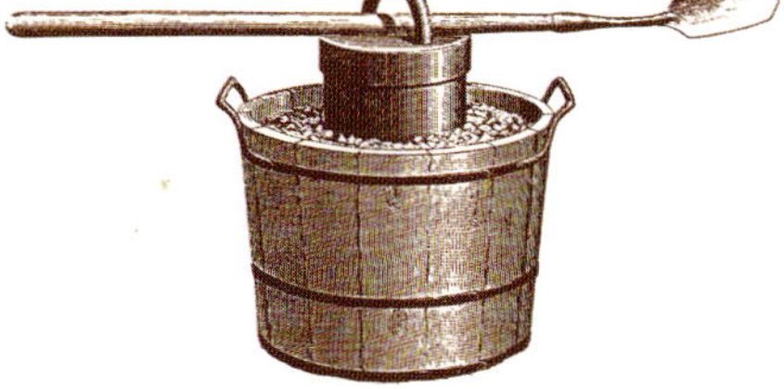

Glace plombières

En feuilletant des anciens livres de cahiers de cuisine pour lesquels Mme Jeanne Brillat-Savarin était rédactrice, je découvris cette recette que j'ai, depuis, quelque peu modifiée. Elle aurait pour ancêtre, en 1858, la fameuse glace plombières qui aurait été offerte à Napoléon III et au chef du gouvernement italien de l'époque, Camille Cavour.

Pour 6 personnes

250 g (env. 8 oz) d'amandes blanches, effilées
500 ml (2 tasses) de lait
6 jaunes d'œufs
250 ml (1 tasse) de sucre
125 ml (½ tasse) de crème épaisse (crème à 35 %)
60 ml (4 c. à soupe) de sucre glace
6 abricots
30 ml (2 c. à soupe) de pectine de pomme
75 ml (5 c. à soupe) de liqueur d'abricot

Faites pocher les amandes effilées dans le lait pendant 10 minutes, puis passez-les au robot. Filtrez au chinois et conservez les amandes broyées pour une autre préparation. Fouettez les jaunes avec le sucre, puis incorporez au lait chaud tout en remuant. Dès que le liquide atteint le point d'ébullition, cessez de fouetter et filtrez de nouveau. Une fois le mélange refroidi, passez à la sorbetière. Fouettez la crème et le sucre glace en chantilly à peine ferme et incorporez, en cours de turbinage, de la glace. Gardez au congélateur pendant au moins trois heures. Retirez le noyau des abricots et émincez les abricots. Ajoutez 60 ml (4 c. à soupe) d'eau et la pectine. Laissez cuire à feu très doux pendant 5 à 7 minutes. Ajoutez la liqueur d'abricot et réservez. Découpez la glace plombières en tranches et nappez de marmelade d'abricots.

Tarte aux poires et aux amandes

Brillat-Savarin, l'auteur de Physiologie du goût, avait trois sœurs. Pierrette, la sœur cadette, mourut à 99 ans et 10 mois à table, après avoir dit à sa servante: «Et maintenant, fille, apportez-moi le dessert.»

Pour 6 personnes

5 poires Bartlett ou Anjou
150 g (5 oz) de pâte feuilletée
75 g (2½ oz) d'amandes émondées*
125 ml (½ tasse) de sucre
2 œufs
30 ml (2 c. à soupe) de beurre mou
3 ml (½ c. à thé) d'essence d'amandes
60 ml (4 c. à soupe) de confiture ou de gelée d'abricot

Épluchez les poires et pochez-les à l'eau bouillante citronnée pendant 4 à 5 minutes, puis découpez-les en fines tranches. Étalez la pâte feuilletée à une épaisseur de 0,5 cm (¼ po) et garnissez-en le fond d'un cercle ou d'un moule à tarte. Détaillez une bande de 0,5 cm (¼ po) de largeur et fixez-la autour, à l'intérieur du moule. Prenez un papier d'aluminium et mettez à l'intérieur, soit des fèves sèches, soit des cailloux. Garnissez le fond avec les poires, puis passez au robot les amandes avec le sucre. Réservez ce mélange. Mélangez les œufs, le beurre et l'essence d'amandes. Ajoutez cette dernière préparation au mélange d'amandes et de sucre. Répartissez ce mélange autour des poires et faites cuire de nouveau à 160°C (325°F) pendant 15 à 17 minutes. Faites chauffer la gelée ou confiture avec un peu d'eau et badigeonnez le dessus de la tarte, lorsqu'elle est tiède.

** Amandes auxquelles on a retiré la membrane marron qui les entoure.*

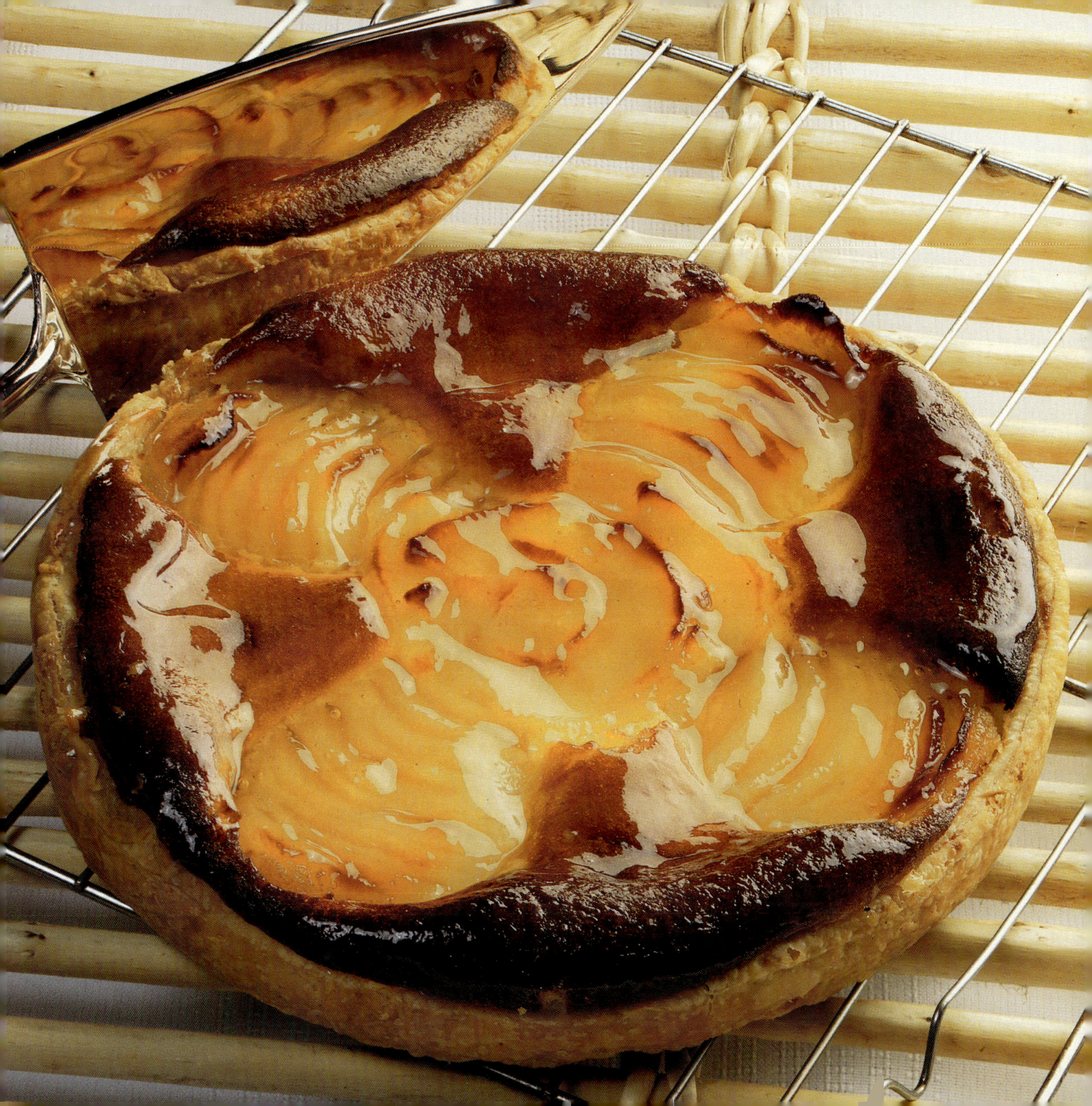

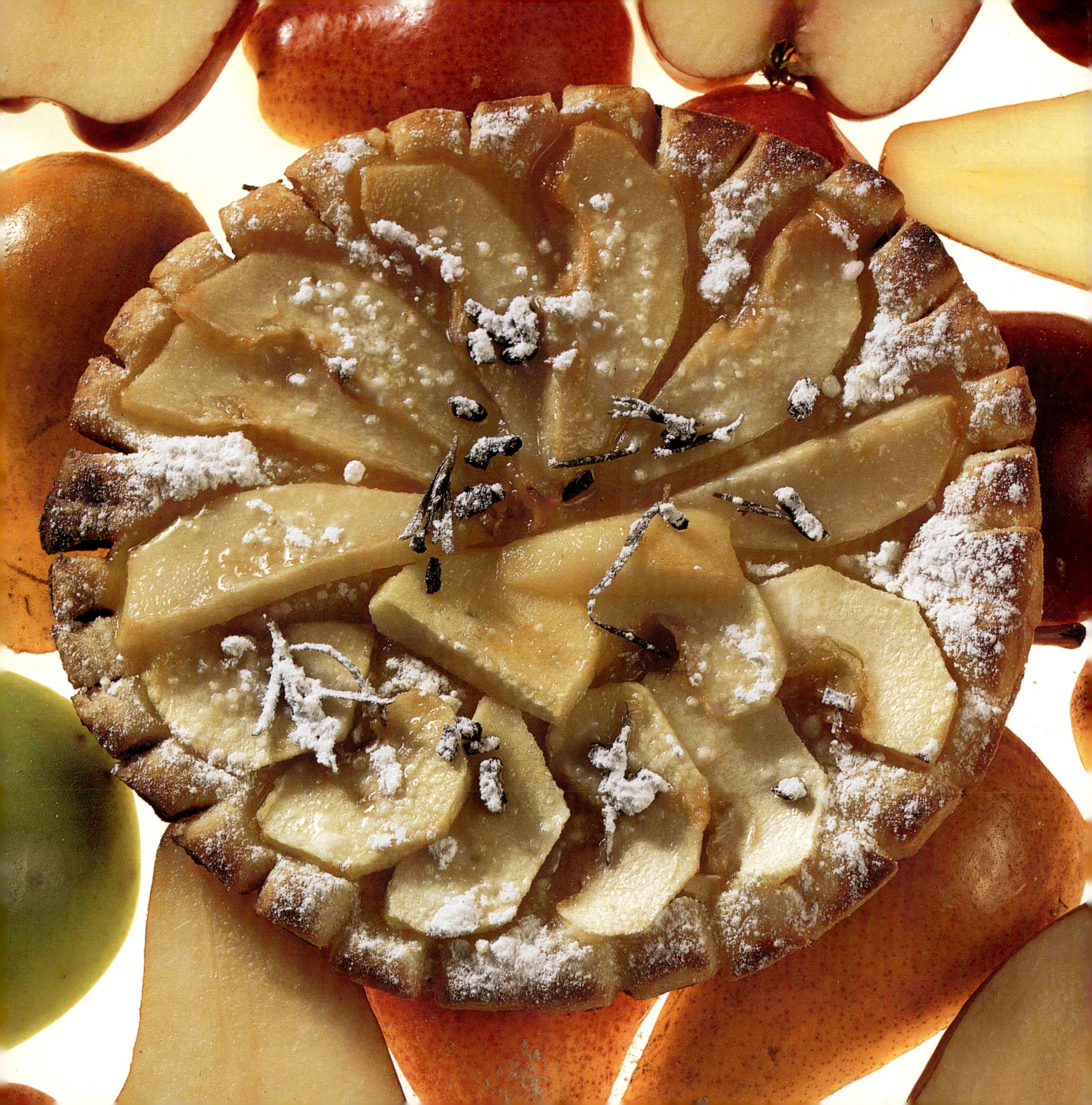

Tarte tiède aux pommes et aux poires à la vanille fraîche

*J'ai longtemps cru que la vanille poussait comme des fraises...
En réalité, cette liane de la famille des orchidées est fécondée à la main ou par des insectes.
Elle produit une gousse d'abord verte qui, en séchant noircit et prend tout son parfum. Rien à voir avec l'essence artificielle qui nc fait que porter le nom de vanille. La véritable vanille nous fait cadeau de la beauté en nous offrant sa fleur et elle réveille notre sens olfactif d'une façon délicate. Au cours de mes voyages, j'ai aussi découvert plusieurs variétés de vanille. L'une des plus intéressantes et des plus parfumées demeure la vanille de Huahiné, île sœur de Tahiti, qui, en plus du tourisme, pratique le commerce fort lucratif de la culture de la vanille. Dans cette recette, je vous invite à découvrir le mariage de la pomme, de la poire et de la vanille.*

POUR 4 PERSONNES

3 pommes Délicieuses ou Golden
3 poires
le jus d'un citron
500 g (env. 1 lb) de pâte feuilletée
farine (quantité suffisante)
30 ml (2 c. à soupe) de beurre coupé en petits morceaux
60 ml (4 c. à soupe) de sucre
1 gousse de vanille
60 ml (4 c. à soupe) de sucre à glacer

Épluchez les pommes et les poires, retirez-en le cœur et découpez-les en tranches fines. Passez-les dans le jus de citron. Étalez la pâte à environ 0,5 cm (1/4 po) d'épaisseur, tout en la farinant légèrement. À l'aide d'une assiette à entremets, découpez des ronds de pâte et disposez-les sur une plaque à four. Piquez la pâte avec une fourchette à plusieurs reprises. Répartissez sur chacune des abaisses les tranches de pommes et de poires. Ajoutez les petits morceaux de beurre et saupoudrez de sucre. Découpez très finement la vanille aux ciseaux et disposez-en les morceaux sur les fruits. Faites cuire au four à 190°C (375°F) pendant 8 à 10 minutes. Au sortir du four, saupoudrez de sucre à glacer et servez.

On peut râper du fromage cheddar sur le dessus ou servir avec une boule de glace à la vanille.

Pain de Gênes

Cette recette en hommage à Masséna s'appelait à l'origine «gâteau d'Ambroisie» et c'était, en fait, la nourriture des dieux de l'Olympe. Par la suite, ce gâteau devint le «pain de Gênes». Délicieux avec du café, du thé ou de la crème anglaise, il se prend à l'heure du thé ou le matin avec un bol de café au lait.

Pour 10 à 12 personnes

50 g (1½ oz) de sucre glace
500 g (env. 1 lb) de pâte d'amandes, crue
4 œufs entiers
3 jaunes d'œufs
30 ml (2 c. à soupe) de rhum
15 ml (1 c. à soupe) d'essence de vanille naturelle
50 g (1½ oz) de farine
50 g (1½ oz) de fécule
4 blancs d'œufs
125 g (4 oz) de beurre fondu

Au batteur, mélangez le sucre glace et la pâte d'amandes. Ajoutez les quatre œufs entiers un à un, puis les jaunes, le rhum et l'essence de vanille. Battez à vitesse moyenne pendant 10 minutes. Mélangez la farine et la fécule, incorporez au mélange à petite vitesse et battez encore pendant 3 minutes. Fouettez les blancs en neige ferme, puis incorporez-les au mélange précédent à la spatule. Ajoutez le beurre fondu refroidi et incorporez-le très doucement au mélange. Beurrez des moules à charlotte, versez-y le mélange et faites cuire à basse température, soit à 160°C (325°F) pendant 35 minutes. Laissez refroidir avant de démouler.

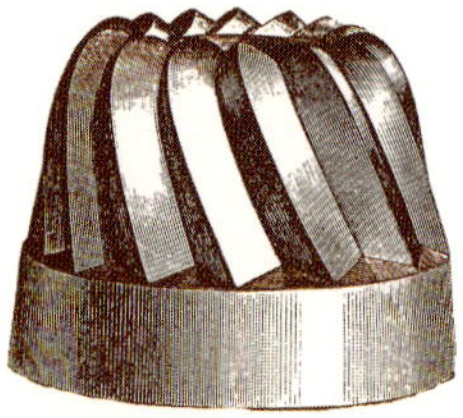

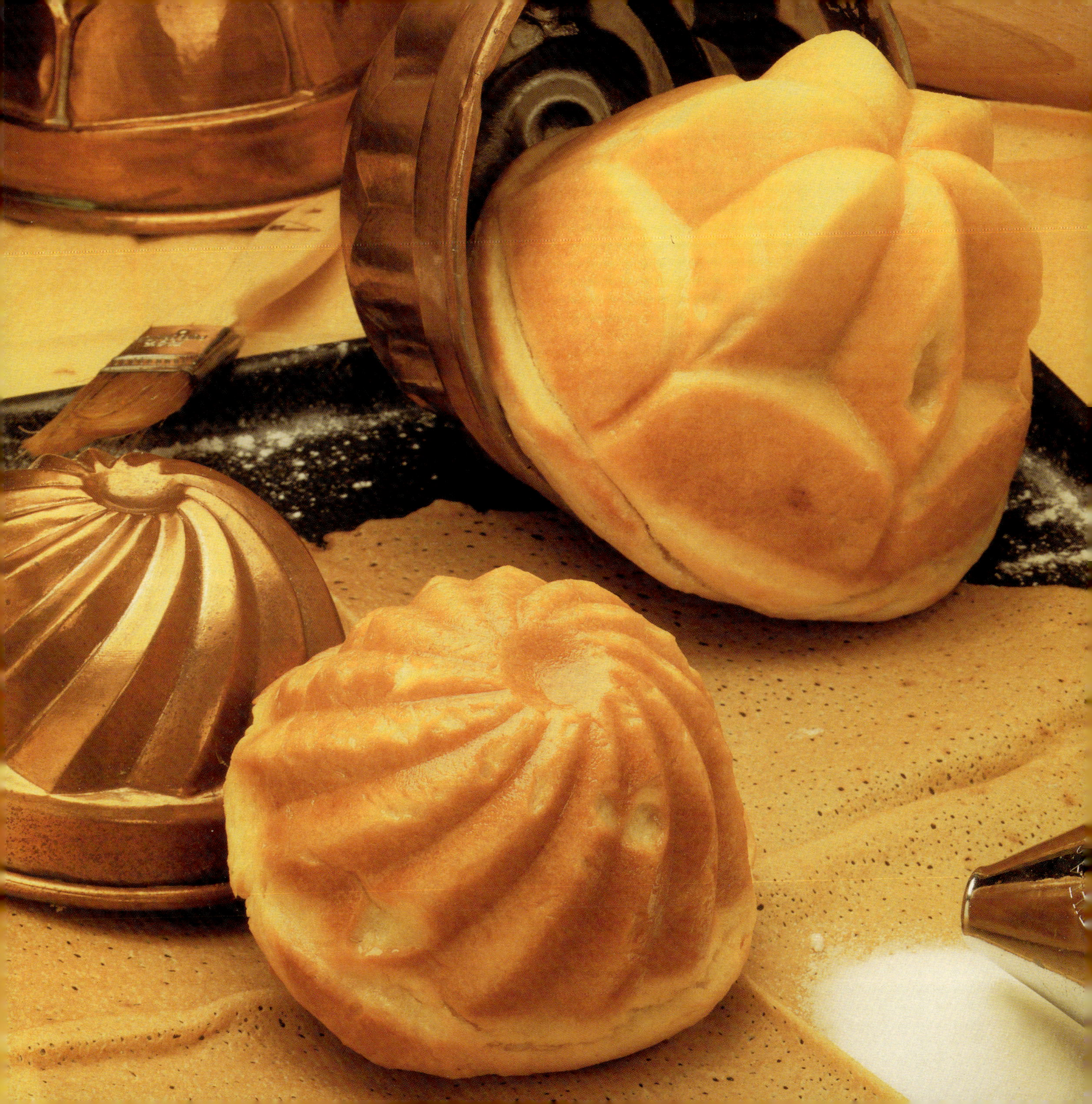

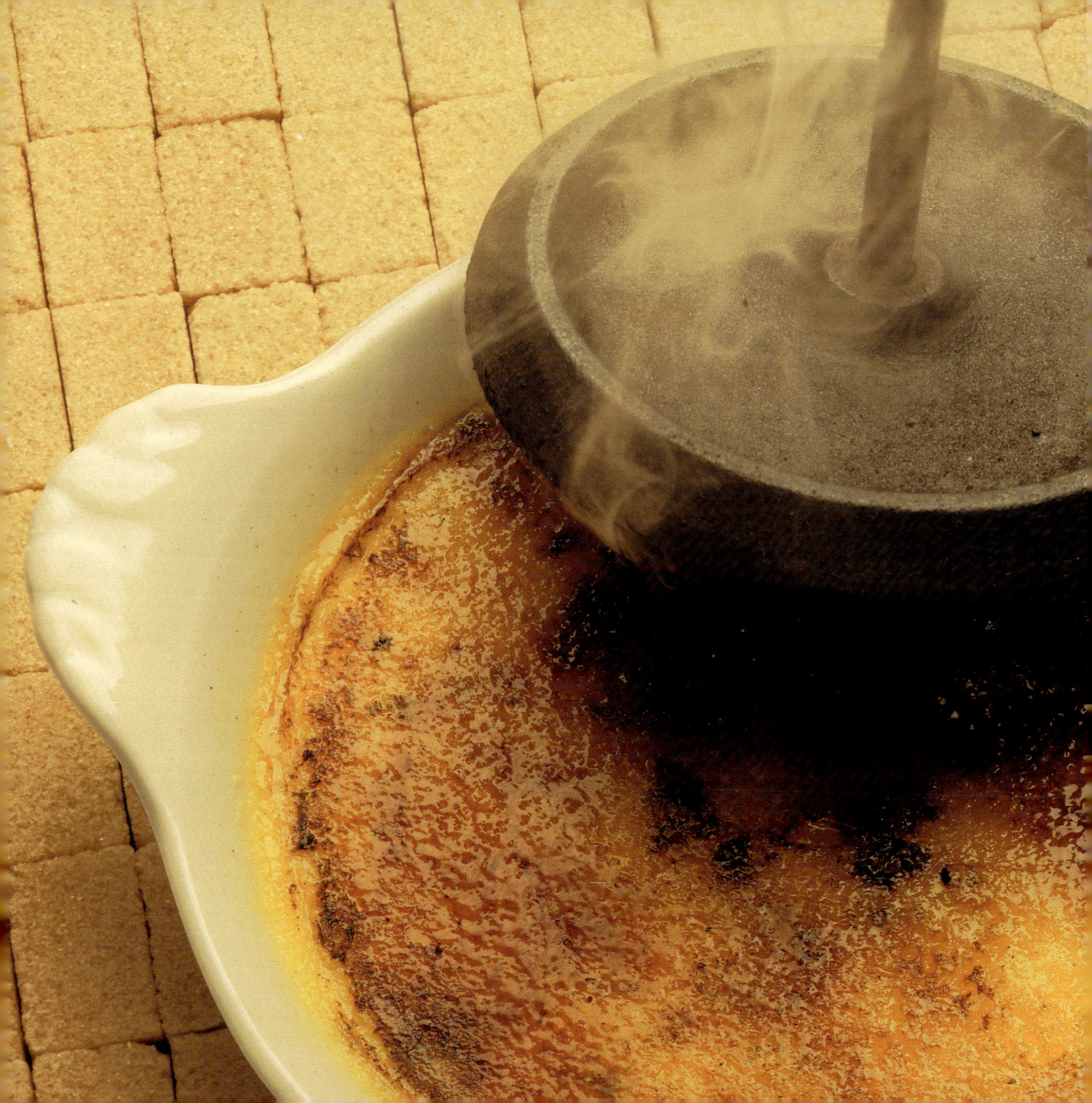

Crème brûlée au sucre roux

La crème brûlée est simple à faire, encore faut-il respecter la cuisson lente et ne pas oublier le papier journal au fond du bain-marie afin d'éviter un contact direct avec le récipient. Même si cette recette est «riche et célèbre», offrez-vous le luxe de la faire de temps en temps, pour le plaisir…

Pour 4 personnes

1 gousse de vanille
ou 4 gouttes d'extrait naturel de vanille
500 ml (2 tasses) de crème épaisse (crème à 35 %)
6 jaunes d'œufs (calibre gros)
120 g (4 oz) de sucre roux
4 gouttes de fleur d'oranger (facultatif)
60 ml (4 c. à soupe) de sucre roux pour la caramélisation

Ouvrez la gousse de vanille en deux et laissez-la infuser dans la crème, puis faites tiédir doucement le mélange. Fouettez les jaunes avec le sucre, puis ajoutez l'eau de fleur d'oranger et la vanille liquide, si vous n'utilisez pas de gousse. Versez délicatement la crème tiède sur les œufs mélangés avec le sucre. Retirez la vanille en ayant soin de bien gratter les grains de vanille. Disposez dans des ramequins assez larges et peu profonds, afin de faciliter la cuisson et surtout la caramélisation. Mettez un papier journal au fond d'une plaque à four pour faire un bain-marie, ajoutez l'eau et faites cuire au four à 150°C (300°F) pendant 15 à 20 minutes. Éteignez le four et laissez reposer pendant 3 minutes à l'intérieur. Laissez refroidir la crème, saupoudrez de sucre roux et, à l'aide du fer très chaud, caramélisez le dessus. Servez ensuite.

À défaut de fer, faites griller au four, à broil, ou avec une torche chalumeau, caramélisez le dessus.

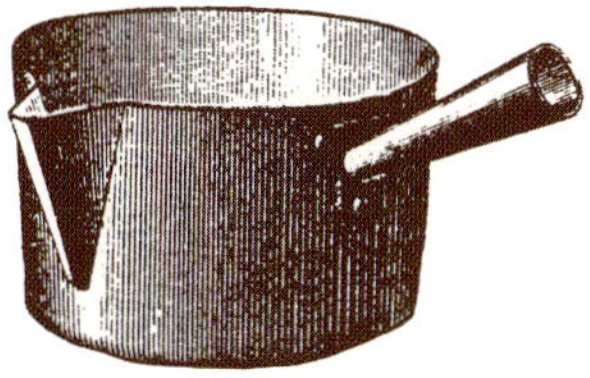

Chocolat! Chocolat!

Peut-on ne pas aimer le bon chocolat? Dans les chocolats qui contiennent 70 % de cacao, on trouve, tout comme dans le cas du café, de grands crus de cacao. Le mélange de chocolat noir, de cacao très pur et de bons ingrédients peut parfois faire tourner la tête.

POUR 6 PERSONNES

150 g (5 oz) de chocolat noir, amer
6 jaunes d'œufs
250 ml (1 tasse) de sucre
125 ml (½ tasse) de fruits confits
60 ml (4 c. à soupe) de Tia Maria
250 ml (1 tasse) de beurre mou
125 ml (½ tasse) de cacao non sucré de première qualité
500 ml (2 tasses) de crème épaisse (crème à 35 %)

Faites fondre le chocolat noir au bain-marie. En fouettant, faites blanchir les jaunes d'œufs avec le sucre pendant 2 à 3 minutes. Incorporez à la spatule le chocolat fondu. Faites macérer les fruits confits avec le Tia Maria. Dans un saladier, mélangez le beurre mou et le cacao pour obtenir un mélange très lisse. Ajoutez ensuite cette préparation au premier mélange ainsi que les fruits macérés. Fouettez la crème avec le sucre glace, puis incorporez-la vivement au mélange. Au fond et sur le tour d'un moule rectangulaire, mettez du papier sulfurisé, puis garnissez ce moule aux trois quarts avec la crème de chocolat. Laissez prendre pendant deux à trois heures au réfrigérateur avant de démouler. Découpez les tranches avec un couteau chauffé à l'avance.

Vous pouvez servir ce dessert avec une crème anglaise au café ou un coulis de poires.

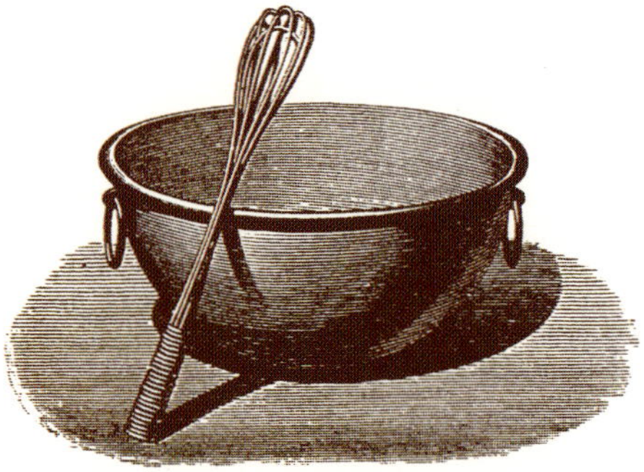

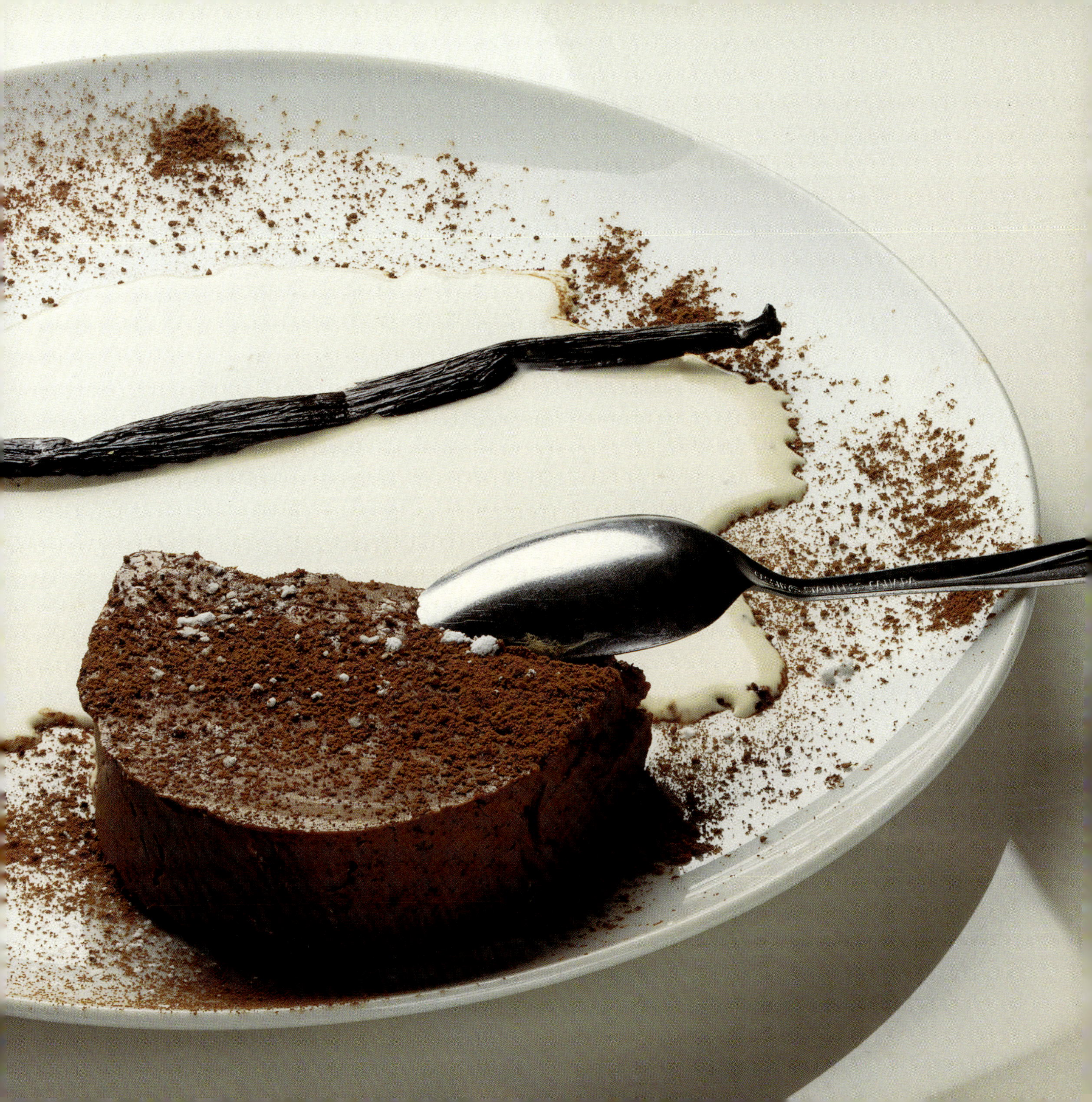

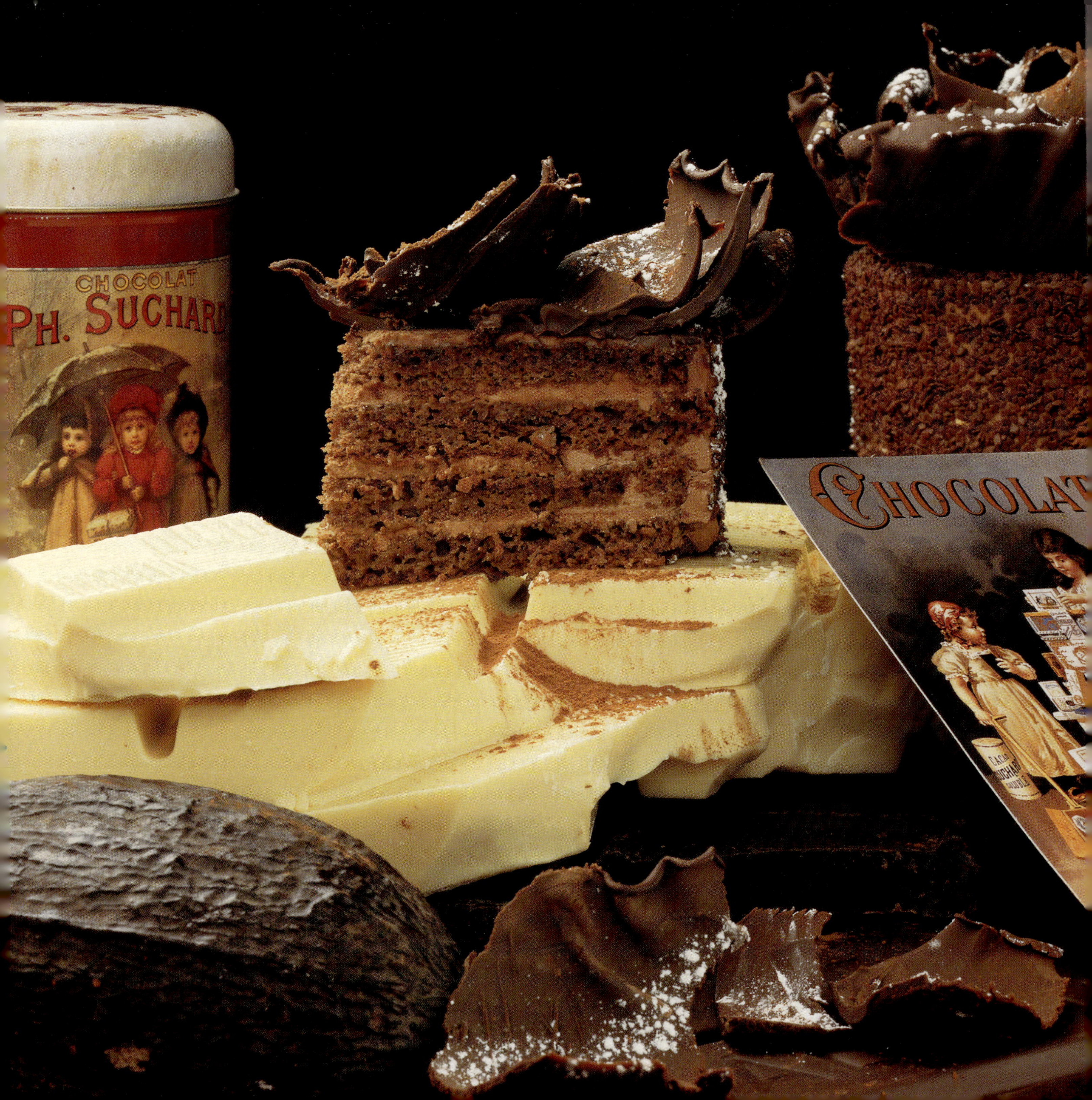
CHOCOLAT
PH. SUCHARD
CHOCOLAT

Choco-passion

Pour 8 à 10 personnes

250 g (8 oz) de chocolat noir
9 jaunes d'œufs
175 ml (¾ tasse) de sucre
125 g (4 oz) de farine
5 ml (1 c. à thé) de levure sèche
350 g (12 oz) de beurre doux
4 blancs d'œufs + une pincée de sel

Crème

250 g (8 oz) de chocolat au lait
175 ml (¾ tasse) de crème
60 ml (4 c. à soupe) de sucre
50 g (1½ oz) de pâte de noisette ou de Nutella
60 ml (4 c. à soupe) de café noir
3 blancs d'œufs
125 ml (½ tasse) de jus d'orange

Finition

175 g (6 oz) de chocolat noir
60 ml (4 c. à soupe) de granules de chocolat
30 ml (2 c. à soupe) de sucre glace

Faites fondre le chocolat noir au bain-marie. Battez les jaunes d'œufs et le sucre jusqu'à ce que le mélange épaississe. À petite vitesse, incorporez la farine et la levure aux jaunes d'œufs, puis ajoutez le beurre en pommade en battant pendant 3 à 4 minutes. Fouettez les blancs en neige avec une pincée de sel et incorporez-les délicatement au mélange des jaunes d'œufs. Mélangez ensuite cette préparation au chocolat fondu. Beurrez un moule à gratiner assez haut et disposez-y le mélange. Faites cuire au four à 325°C (160°F) pendant 20 à 25 minutes et laissez refroidir avant de démouler.

Crème

Faites fondre le chocolat au lait au bain-marie. Battez la crème avec la moitié du sucre et incorporez ensuite le chocolat fondu, puis la pâte de noisette (ou le Nutella) et le café. Fouettez les blancs avec le reste du sucre et incorporez-les au mélange délicatement.

Tranchez le gâteau en quatre et imbibez trois des quatre parties de jus d'orange. Disposez la partie non imbibée sur un carton à gâteau et garnissez-la de crème. Ajoutez successivement les étages et la crème jusqu'en haut.

Finition

Faites fondre le chocolat pour la finition. Étalez-le sur une plaque et gardez au réfrigérateur pendant 5 minutes. Ensuite, à l'aide d'une spatule de métal, faites des copeaux assez larges et disposez-les en rosace. Répartissez autour les granules de chocolat et saupoudrez de sucre glace.

Brownies au chocolat

Une bonne crème glacée maison à la vanille et, dessus ou dessous, des brownies au chocolat. Ce dessert est, à ce jour, peut-être ce que j'ai retenu de la cuisine américaine avec, en prime, et en final, la sauce chaude au chocolat!

Pour 4 personnes

65 ml (4 c. à soupe + 1 c. à thé) de beurre doux
125 ml (½ tasse) de farine
140 g (5 oz) de chocolat noir, en morceaux
3 œufs entiers
250 ml (1 tasse) de sucre
5 ml (1 c. à thé) d'extrait de vanille naturelle
30 ml (2 c. à soupe) de cacao extra amer
5 ml (1 c. à thé) de levure sèche
2 ml (½ c. à thé) de sel
60 ml (4 c. à soupe) de crème sure
30 ml (2 c. à soupe) de pépites de chocolat noir

Préchauffez le four à 180°C (350°F). Prenez une plaque rectangulaire à bords et beurrez-la légèrement, puis saupoudrez-la de farine. Faites fondre le chocolat au bain-marie. Lorsqu'il est fondu, incorporez les morceaux de beurre et lissez bien le mélange. Au batteur, mélangez œufs, sucre et vanille jusqu'à ce que le mélange blanchisse et épaississe (cela prend environ 2 minutes), puis, à petite vitesse, incorporez le chocolat fondu. Arrêtez le mélangeur et, à la spatule, incorporez la farine mélangée au préalable avec le cacao, la levure et le sel. Travaillez pendant 2 à 3 minutes, puis ajoutez la crème sure et travaillez de nouveau pendant 1 minute. Ajoutez ensuite les pépites de chocolat. Garnissez le moule fariné avec la pâte et faites cuire au four pendant 40 minutes environ. Laissez refroidir avant de découper.

Vous pouvez ajouter noix, arachides, noix de pacane ou de macadam.

Tuiles aux pins pignons et à l'orange

Un petit chocolat amer bien noir de préférence, un bon café express et des tuiles aux pins pignons, que demander de plus? C'est déjà un péché…

Pour 4 personnes

50 g (env. 2 oz) de farine
75 g (2½ oz) de sucre à glacer
100 g (3½ oz) de pins pignons
1 blanc d'œuf + 1 œuf entier
15 ml (1 c. à soupe) d'eau de fleur d'oranger
le zeste d'une orange
30 ml (2 c. à soupe) de beurre fondu

Mélangez ensemble la farine, le sucre et les pignons. Ajoutez les œufs et l'eau de fleur d'oranger, puis mélangez bien à la spatule. Incorporez le zeste d'orange et le beurre fondu. Laissez reposer au frais pendant 30 minutes. Préchauffez le four à 190°C (375°F) et prenez une plaque à four légèrement huilée. À l'aide d'une fourchette, étalez sur la plaque de petits tas de la préparation, puis faites cuire au four. Lorsque le tour et l'intérieur commencent à dorer, sortez les galettes, posez-les sur un rouleau à pâtisserie ou sur une bouteille de façon à leur donner la forme d'une tuile. Conservez-les à l'abri de l'humidité.

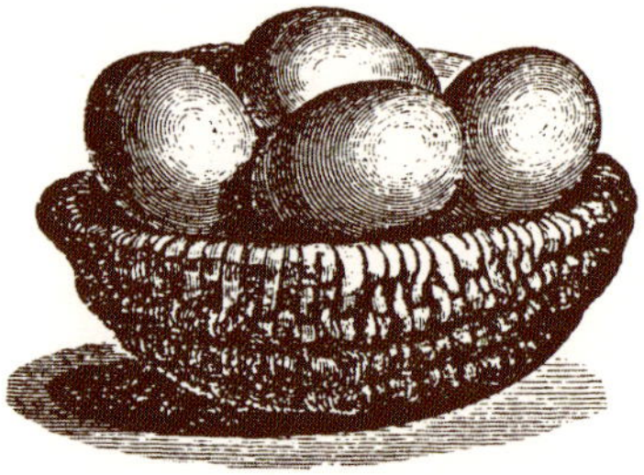

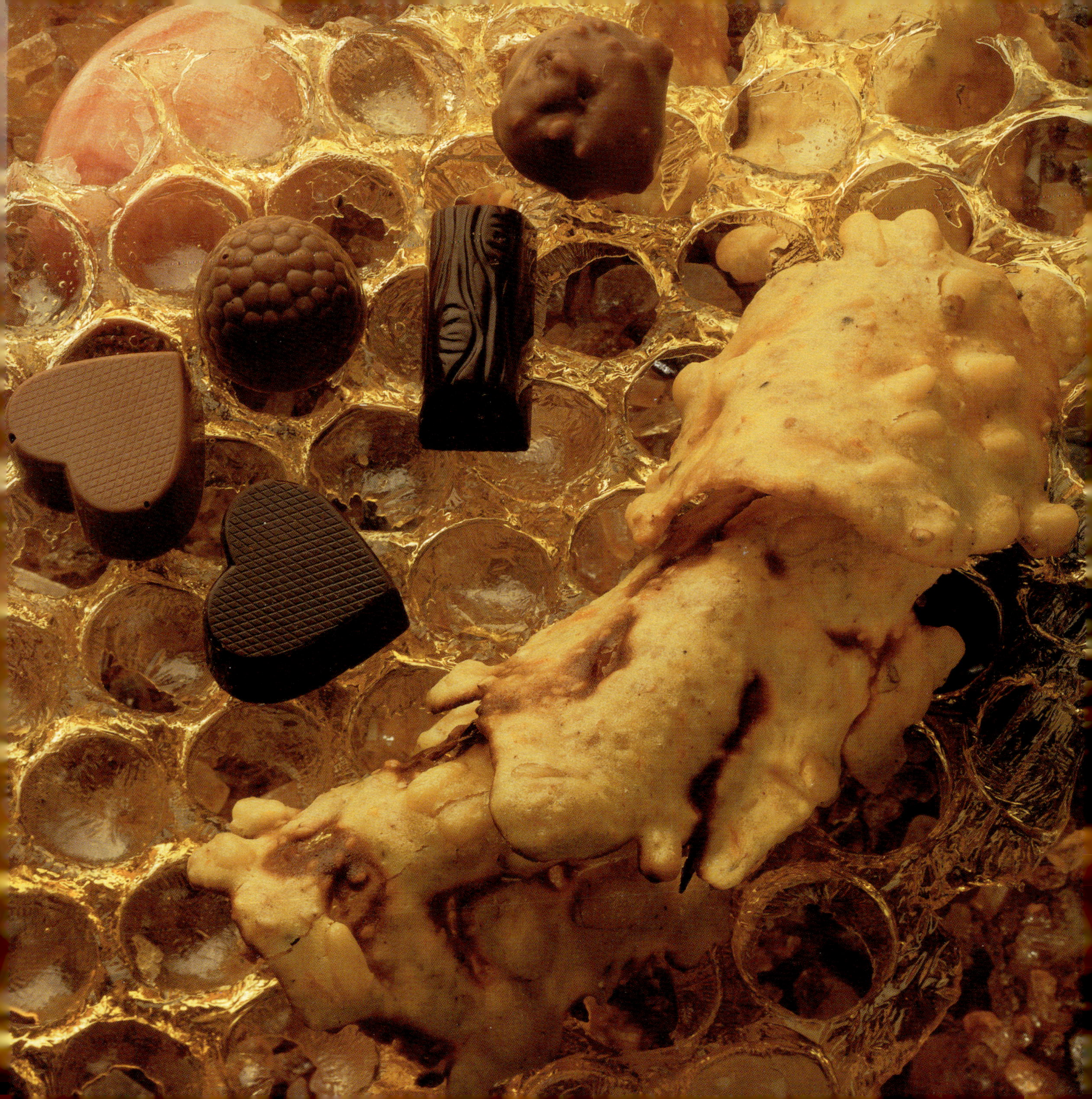

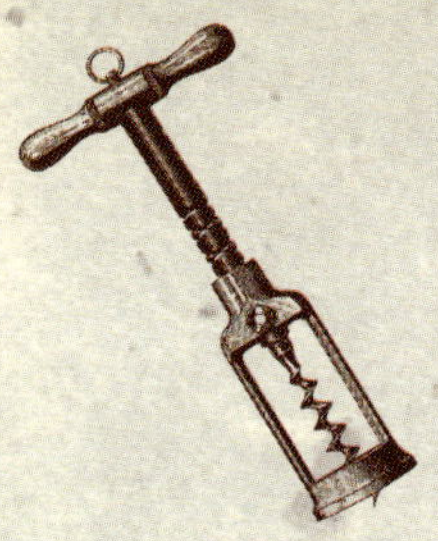

Des vins pour cuisiner et pour boire

Liste de vins dont les prix varient de 8 $ à 14 $

NOM DU VIN	ORIGINE	BLANC	ROUGE	UTILISATIONS
Merlot Fleur de Cap	Afrique du Sud		X	Sauces-Marinades
Emu 999	Australie		X	Sauces-Marinades (Déglaçage) (type porto)
Hardy's/Cabernet Sauvignon	Australie		X	Sauces-Marinades
Hardy's Chardonnay	Australie	X		Sauces-Marinades
Conchay Toro	Chili		X	Sauces-Marinades
Los Vascos	Chili	X	X	Sauces-Marinades
Vina Cumbrero	Espagne		X	Sauces-Marinades
Anjou	France	X	X	Sauces-Marinades
Bichot Réserve	France	X	X	Sauces-Marinades
Chais Baumière	France	X		Sauces-Marinades
Côtes de Duras	France	X		Sauces-Marinades
Fortant de France	France	X	X	Sauces-Marinades
Muscadet de Sèvres et Maine	France	X		Sauces-Marinades
Timberlay blanc	France	X		Sauces-Marinades
Chianti Doc Ruffino	Italie		X	Sauces-Marinades
Torre Di Giano	Italie	X		Sauces-Marinades
Alianga Bairrada	Portugal		X	Sauces-Marinades
Warre's	Portugal	X		Sauces-Marinades (porto blanc)

L'auteur et le photographe

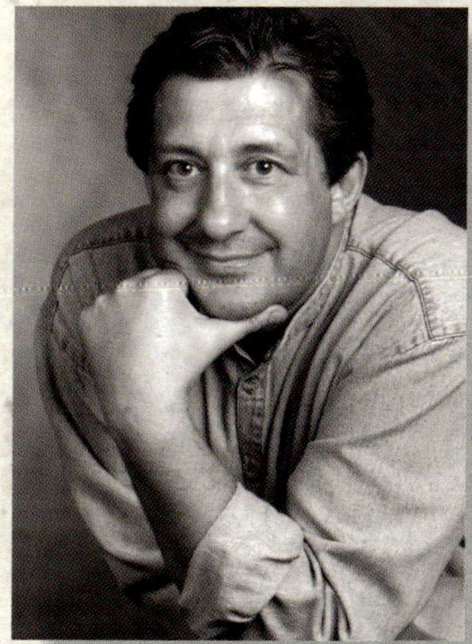

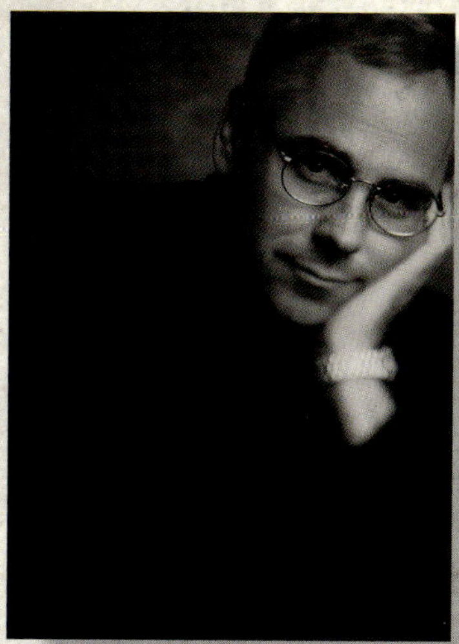

Photo: Dominique Thibodeau

Philippe Mollé est originaire de France. Après des études en hôtellerie, il travaille à Paris chez Gaston Lenôtre, puis à l'hôtel PLM St-Jacques. Il quitte la France, puis il s'installe en Polynésie française où il côtoie des gens célèbres, tels Paul-Émile Victor et Jacques Brel. En 1980, après quelques séjours en Asie, il devient responsable de la cuisine expérimentale du Centre de recherche à l'Institut de tourisme et d'hôtellerie du Québec.

Mandaté par le gouvernement du Québec, il a participé à différentes manifestations à travers le monde, puis, grâce au concours de l'ACDI, il a enseigné en Afrique pendant deux ans. De retour à Montréal, il a ouvert le Restaurant Honoré. Par la suite, il est devenu directeur de la restauration et chef exécutif de l'hôtel Vogue à Montréal où il a travaillé pendant trois ans.

Philippe Mollé est consultant pour bon nombre d'entreprises et d'organismes québécois, dont le Centre de recherche industrielle du Québec et l'Association québécoise de l'industrie de la pêche.

En 1995, il a créé ses propres émissions culinaires à la radio, CKVL, puis, en tant qu'animateur, il a participé à plusieurs émissions de télévision, dont la série *Sur le gril*, à Quatre-Saisons. Philippe Mollé écrit aussi dans de nombreuses publications.

À l'automne 1995, il ouvre l'École de cuisine Philippe Mollé, dans le Vieux-Montréal, où il nous permet de découvrir ses passions gourmandes.

Originaire de Saint-Hyacinthe, c'est au collège que Pierre Arpin découvrit la photo. Mais déjà, la magie de voir apparaître sur une feuille de papier tout un monde d'images l'avait séduit.

De la photo à la communication, il se dirige vers la consultation. Pendant près d'une dizaine d'années, il travaille tant en communication qu'en photographie.

Finalement, c'est la photo qui l'emporte.

Il s'établit donc à Montréal en 1986 en tant que photographe. Depuis, sa passion pour la photo n'a cessé de grandir.

Pour lui, photographier, c'est le plaisir de regarder, d'observer et de communiquer à ses semblables la beauté qui existe en toute chose. Par la création, il veut montrer ce qui est beau.

Lexique

Affiné: Se dit d'un fromage qui a mûri pendant plusieurs semaines, voire plusieurs mois, à la différence d'un fromage frais.

Al dente: Cette expression signifie croquant sous la dent. Quand on coupe un spaghetti cuit, on doit apercevoir un point blanc à l'intérieur.

Atocas: Nom indien donné à la canneberge.

Bacon: Partie de la poitrine de porc ou du flanc de porc déjà fumé. Il existe aussi du bacon de dos (partie de longe également fumée).

Bain-marie (faire un bain-marie ou cuire au bain-marie): Cela consiste à utiliser un récipient dans lequel on a ajouté de l'eau et à mettre à l'intérieur du premier récipient un autre récipient plus petit qui recevra ce que l'on veut faire chauffer.

Balsamique (vinaigre): Vinaigre de vin qui a subi une transformation de vieillissement pouvant aller jusqu'à 25 ans. Ce vinaigre provient de Modène, en Italie.

Baudroie (lotte): Poisson de mer rond et blanc, utilisé dans certaines recettes (la tête de ce poisson n'est jamais présentée).

Beurre ou pâte d'arachide: Généralement faite de cacahuètes broyées, cette préparation peut toutefois contenir d'autres arachides ou noix. Elle peut aussi être salée ou sucrée.

Blanc de poireau: Il s'agit uniquement de la partie tendre et blanche du poireau.

Bocconcini: En fait, ce fromage est de la mozzarella non affinée à l'état frais. La meilleure, conservée dans l'eau saumurée et rafraîchie, est la *di buffalo,* faite de lait de bufflonne.

Bouquet garni: Il se compose ordinairement de tiges de persil, d'une branche de céleri, d'une feuille de laurier et d'une brindille de thym. On y ajoute quelquefois des baies de genièvre ou du clou de girofle.

Broil: Terminologie utilisée sur les fours d'origine américaine. Quand on parle de mettre un plat à *broil*, cela signifie en fait qu'on doit le faire griller ou gratiner.

Casseau: Au Québec, contenant de bois ou de plastique dans lequel on vend certains fruits et légumes, comme les champignons, les fraises, les framboises.

Cassonade: Sucre roux non purifié de sa mélasse.

Chicoutai: Liqueur de mûres, faite au Québec.

Chinois: Passoire conique à trous fins qui ressemble à un chapeau chinois.

Chorizo: Variété de saucisse espagnole pimentée. On l'utilise, entre autres, dans la paella. Peut se remplacer par du pepperoni.

Ciseler: Action de couper très finement, en biseau de préférence. On cisèle la salade, les herbes, etc.

Clamato: Marque de commerce d'un jus de tomate et de palourdes, assaisonné.

Concasser: Opération qui consiste à découper, à l'aide d'un hachoir ou d'un gros couteau, de façon grossière.

Couteau économe: Se dit du couteau avec lequel on épluche. Il porte ce nom parce qu'il économise le légume ou le fruit que l'on épluche.

Crème sure: Produit laitier vendu tel quel. À défaut de crème sure, on peut fouetter de la crème et du jus de citron.

Cuillère à thé: Au Québec, c'est l'équivalent de la cuillère à café utilisée en Europe.

Darne: Tranche de poisson assez épaisse, coupée sur la largeur, avec ou sans arêtes, que l'on appelle souvent steak, à tort.

Déglacer: Action qui consiste à récupérer les sucs de cuisson qui ont caramélisé en ajoutant un liquide.

Doré: Nom d'un poisson de lac ou de rivière. En Europe, il porte le nom de sandre.

Écailler: Opération qui consiste à retirer les écailles des poissons.

Écume: Partie des déchets organiques qui remontent à la surface après ébullition. On dit aussi écumer (ou retirer l'écume).

Épépiner: Opération qui consiste à retirer les pépins. On utilise ce terme pour les tomates ou les raisins.

Extra-vierge: Se dit de l'huile d'olive qui n'a pas subi de mélange et qui est normalement issue d'une première pression à froid.

Fécule: Poudre blanche, généralement de maïs ou de pomme de terre, qui agit à titre de liant quand elle est mélangée à un liquide. Il existe aussi de la fécule ou amidon de riz.

Filtrer: Opération qui consiste à passer un bouillon ou une sauce dans une passoire, dans un filtre de papier ou dans du coton fromage.

Flamber: Opération qui consiste à brûler l'alcool contenu dans un vin ou dans toute autre boisson alcoolisée.

Fromage à la crème (ou à tartiner): Ce fromage se vend sous différentes marques et peut aussi servir à la confection des gâteaux au fromage.

Gingembre confit ou gingembre rose: Se vend tel quel dans les épiceries asiatiques. Il sert, entre autres, à la confection des sushis.

Hass: Variété d'avocat très recherchée pour la qualité et la finesse de sa chair.

Jambon cru: On l'appelle communément prosciutto. Un des meilleurs est celui de San Daniele. On peut aussi utiliser du jambon cru de Parme ou de Bayonne.

Julienne: Ce terme s'utilise généralement quand on veut parler des légumes ou des fruits coupés en bâtonnets très fins.

Lait de coco: Ce lait s'obtient en pressant la pulpe de la noix de coco. On peut aussi le trouver en conserve ou encore surgelé (évitez de faire bouillir).

Levure sèche: À la différence de la levure fraîche utilisée par les boulangers et qui se conserve moins longtemps, la levure sèche en poudre ou en granulés s'utilise en plus petite quantité et se conserve indéfiniment.

Lingots: Variété de haricots blancs secs, utilisés, entre autres, dans le cassoulet et la mojette vendéenne. On peut acheter ces haricots dans les épiceries fines.

Magret: Partie de la poitrine des canards (gras), élevés pour le foie gras.

Mélangeur: Appareil que l'on appelle également *blender*. Il aide à la confection des sauces, coulis ou purées.

Monter (la sauce): Action qui consiste en final à créer une certaine onctuosité ou émulsion: on monte la sauce au beurre.

Nuoc-mâm: On peut se procurer ce condiment dans les magasins asiatiques. Il s'agit d'une fermentation de poissons et de soya.

Patate douce ou patate sucrée: On l'utilise beaucoup dans la cuisine exotique. Sa couleur et son goût la différencient de la pomme de terre classique. On peut la trouver dans les supermarchés ou dans les magasins spécialisés.

Petit-lait: Partie de dépôt du beurre lorsque celui-ci est fondu. Le petit-lait s'utilise dans diverses préparations culinaires comme les scones (pâtisseries anglaises servies à l'heure du thé).

Poche à gravier ou à pierres: Se dit de l'intestin du homard ou d'autres crustacés, comme le crabe et les langoustines.

Pocher: Se dit en principe des œufs, mais peut aussi s'employer dans d'autres expressions comme pocher des os à moelle, ce qui veut dire les faire cuire dans un liquide un temps relativement court, de 3 à 5 minutes. Cette expression s'emploie aussi avec des ingrédients comme le poisson, les crustacés ou les mollusques.

Pommes à l'anglaise: Préparation de pommes de terre, cuites à l'eau.

Presse-purée: Appareil utilisé surtout en Amérique du Nord, appelé également pilon à patates. Cet appareil est bien différent du passe-purée utilisé en Europe.

Quatre-épices: Mélange de quatre ou cinq épices d'assaisonnement vendu tel quel.

Riz parfumé: Plusieurs variétés de riz sont disponibles. Un des meilleurs demeure le riz parfumé de Thaïlande.

Safran: Pistils de crocus qui peuvent être remplacés par du spigol, qui est un succédané moins cher, mais aussi moins bon que le safran.

Salsifis: Racine de légume que l'on trouve à l'état frais, surgelé ou en conserve.

Sauce émulsionnée: Sauce dans laquelle on a créé une émulsion avec des œufs (jaunes) en fouettant et en ajoutant un corps gras.

Semoule polenta: Cette semoule, faite avec du maïs, constitue à elle seule un plat.

Suer: On peut dire, par exemple, faire suer les poireaux. Cette opération consiste à mettre un aliment dans un corps gras pour lui faire rendre de l'eau. La chaleur modérée permet d'éviter toute coloration.

Tamari (*Voir* le chapitre Sel, épices, aromates et condiments): sauce soya.

Tomber: On peut dire, par exemple, faire tomber les oignons. Cette opération consiste à faire brunir rapidement certains légumes dans un corps gras.

Vinaigre de riz: Condiment aromatique fait à base de riz et de vinaigre blanc.

Wok: Appareil de cuisson en demi-lune, utilisé dans la cuisine asiatique. Traditionnellement en métal ou en fonte, on trouve maintenant des woks en téflon.

Worcestershire (sauce): Sauce condiment qui est surtout utilisée dans les cocktails, les sauces froides et quelquefois dans les marinades ou sauces pour relever.

Xérès, sherry ou jerez: Vin semi-doux d'Espagne, excellent pour rehausser consommés, marinades, soupes ou encore salades de fruits.

Index des recettes

Table des matières

Lithographié sur papier Jenson Gloss 200M
et achevé d'imprimer au Canada
sur les presses de l'imprimerie Interglobe.